ÉTIENNE DUPONT

LES PRISONS

DU

MONT SAINT-MICHEL

1425-1864

D'APRÈS DES DOCUMENTS ORIGINAUX INÉDITS

PARIS
LIBRAIRIE ACADÉMIQUE
PERRIN ET Cie, LIBRAIRES-ÉDITEURS
35, QUAI DES GRANDS-AUGUSTINS, 35
1913
Droits de reproduction et de traduction réservés pour tous pays.

IL A ÉTÉ IMPRIMÉ :

5 *exemplaires numérotés sur papier
de Hollande Van Gelder.*

LES PRISONS

DU

MONT SAINT-MICHEL

Copyright by Perrin et Cie *1913.*

DU MÊME AUTEUR

ÉTUDES ANGLO-NORMANDES ET MICHELIENNES

Le Mont Saint-Michel Inconnu, d'après des documents inédits, 8 gravures. Paris, Librairie académique Perrin et Cie, 1912, in-8 écu.
Le Mont Saint-Michel, *Études et Chroniques*. Paris, Lechevalier, 1899, in-8. *Épuisé*.
Le Mont Saint-Michel et les Pays étrangers : *Angleterre, Belgique, Allemagne*. Bruxelles, Schepens, 1902, in-8. *Épuisé*.
Montgommery. Tours, Mame, 1904, grand in-8, illustré par René Lelong, *17e mille*.
Recherches historiques et topographiques sur les compagnons de Guillaume le Conquérant. Nantes, Durance, 1907-1908. 2 vol. grand in-8 raisin. *Épuisé*.
Le Légendaire du Mont Saint-Michel. Paris, Duval, 1911, petit in-8 de XLVII + 174 pages.
Le Pèlerinage d'un enfant au Mont Saint-Michel, au quinzième siècle. Lille, Desclée, de Brouwer et Cie, in-8, illustré.

En préparation :

La Conquête Normande.
Un Grand Abbé au quinzième siècle.

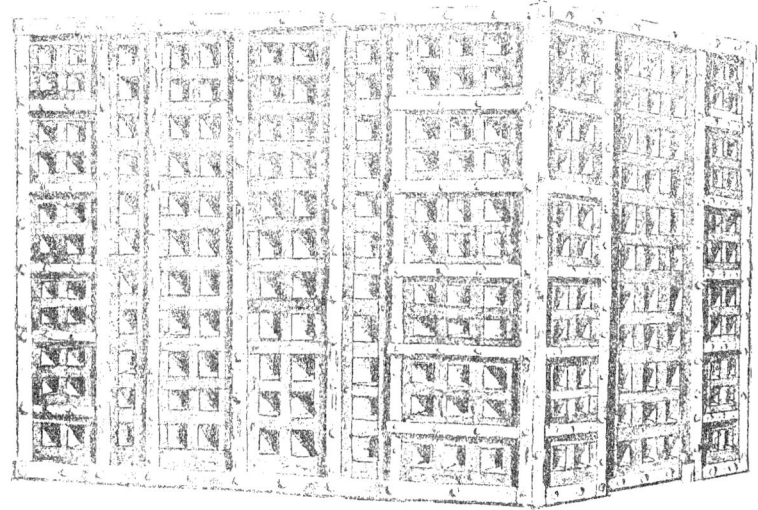

LA CAGE DE FER DU MONT SAINT-MICHEL
(Reconstitution d'après un rapport de 1746 ;
Dessiné par Léon Lemonnier.)

A la mémoire
DE MON PÈRE

AVANT-PROPOS

On a envisagé et décrit le Mont Saint-Michel sous toutes ses faces; des chercheurs patients ont dévoilé les origines mystérieuses de sa fondation; les chartriers privés, les archives publiques, les manuscrits de la célèbre abbaye-forteresse, conservés aujourd'hui, pour la plupart, à la bibliothèque municipale d'Avranches, ont fait connaître la vie de ses abbés et de ses prieurs, de ses commendataires et de ses capitaines. Les chanoines de l'église primitive, les moines de l'ordre de Saint-Benoit, les religieux de la congrégation de Saint-Maur, ont été successivement évoqués, aussi bien que la vie militaire, concentrée dans son enceinte pendant plus de dix siècles. Ce corps gigantesque a été, pour ainsi dire, disséqué dans ses fibres les plus intimes; les architectes ont décrit chaque pierre; et la pierre, à l'appel du savant ou du poète, a répondu ou a parlé; les cérémonies pompeuses du quinzième siècle ont été reconstituées; le géologue a sondé le socle qui sert de base à l'édifice; le botaniste a étudié la flore de ce joli petit bois, dont le bouquet de verdure, taillé en biseau par les vents du large, ondule encore, malgré des coupes sombres, au pied de la sévère et hautaine Merveille. Les chimistes ont analysé la manne fertilisante des sables, cette tangue, souvent perfide, qui, à marée basse, entoure le Mont de sa plaine luisante et molle. Tout semble avoir été dit sur le Mont et sa bibliographie est une œuvre copieuse. Considéré, toutefois, comme lieu de détention, il n'a pas encore trouvé son historien.

Cependant, il paraît certain que, dès le moyen âge, le Mont a servi de prison; son isolement le mettait à l'abri d'une surprise et les bâtiments qui le composent, surtout dans leur partie inférieure, le désignaient spécialement, sinon pour en faire un lieu de détention dans le sens légal du mot, du moins un endroit propre à recevoir des individus qui, pour une cause ou pour une autre, devaient être privés de leur liberté.

Mais, à ce sujet, les documents authentiques font à peu près défaut et il est nécessaire d'arriver au quinzième siècle pour parler d'une façon un peu précise des prisons du Mont Saint-Michel. Il faut, en effet, considérer comme une légende cette assertion d'un auteur n'indiquant pas ses sources et qui accuse l'abbé Suppon (1033-1048) d'avoir enfermé dans les cachots de son monastère une jeune italienne, dont il craignait les scandaleuses révélations. On aurait même trouvé, sous un des piliers de la nef romane, le cercueil d'un très jeune enfant [1]. L'épisode de l'enlèvement de

---

1. Cf. BOUDENT-GODELINIÈRE, *Histoire du Mont Saint-Michel*, *Avranches, Tostain*, p. 11, à propos de M. de Saint-Foix.

la princesse Hélène par un géant espagnol, raconté par le trouvère Wace, dans le roman du Brut, serait même la narration allégorique et déguisée du rapt de Suppon et de l'infanticide commis par cet abbé, de mœurs déplorables.

Il ne faut pas ajouter plus de foi aux emprisonnements ordonnés, dit-on, par Roger (1084-1102), moine profès de Saint-Etienne de Caen et chapelain de Guillaume le Conquérant, lorsqu'il fut revêtu de la dignité abbatiale par le duc de Normandie, monté sur le trône d'Angleterre; aucune chronique ne permet de supposer que cet abbé ait plongé, dans les cachots de son monastère, des religieux turbulents et jaloux de son pouvoir et de son autorité. Enfin, aucun texte sérieux ne donne crédit à cette assertion que Juthaël, évêque de Dol, ait été emprisonné au Mont par une décision de justice ecclésiastique.

L'histoire documentaire rejette ces absurdes hypothèses et la vie pieuse, austère, pleine de loyauté, de science et d'honneur de Robert de Torigni proteste, à elle seule, contre l'accusation dont cet abbé a été l'objet. N'a-t-on pas prétendu qu'il avait fait creuser et construire ces infernales oubliettes, qui recevaient des corps vivants et dont le canal, lavé par des infiltrations naturelles rendait à la mer une pourriture vivante ?

Les oubliettes et les in pace du Mont Saint-Michel n'ont jamais existé que dans l'imagination de romanciers macabres ou de pseudo-historiens, désireux de salir les ordres religieux du moyen âge et plus spécialement la gloire d'une des plus florissantes abbayes du monde. Une connaissance plus approfondie de l'architecture michelienne a démontré que les oubliettes n'étaient que des puisards, des égouts et des cachettes où les trésors de l'abbaye et des cathédrales voisines étaient dissimulés en cas de guerre. Les splendides substructions, nécessitées par l'application du plan génial de Hildebert, se gardant bien d'écrêter le roc naturel, n'ont jamais servi de cachots ou de salles de détention, tout au moins avant le règne de Louis XI.

C'est également commettre une erreur que de faire entasser des prisonniers anglais au Mont Saint-Michel, pendant les longs sièges que soutint, au quinzième siècle, la forteresse défendue par d'héroïques chevaliers : d'abord, on ne faisait guère de prisonniers dans ces combats corps à corps qui avaient lieu autour du Mont ou des bastilles construites par les Anglais, en vue de resserrer le blocus; c'est dans un engagement de ce genre que fut capturé et emmené au Mont le capitaine Nicolas Burdett (1425). On trouve, en effet, aux Archives Nationales, une pièce comptable aux termes de laquelle Jean Helmen, écuyer, lieutenant et gardien de la bastille d'Ardevon, donne quitance à Pierre Sureau, receveur général de la Normandie, d'une somme de 1.160 livres, 16 sous, 6 deniers pour les gages des 43 hommes d'armes et des 120 archers à cheval, pendant le neuvième mois du siège du Mont Saint-Michel (12 mai 1425-12 juin 1425). Il est spécifié que Jean Helmen agit au nom de Nicolas Burdett, « bailli du Cotentin *à présent prisonnier des ennemis du roi notre sire au dict Mont Sainct-Michel*[1] ».

---

1. *Archives nationales*, section historique, K 62, n° 18⁶. Une lettre de rémission, conservée dans les mêmes collections, section historique J. J. 1172, n° 340 et rapportée par M. S. Luce, Chr. du M. S. M. I., p. 128, parle aussi de la détention de Jehan

On comprend parfaitement que les défenseurs du Mont Saint-Michel se souciaient fort peu de faire des prisonniers et de les enfermer. Pour l'unique citadelle de la Basse-Normandie où flottait la bannière du roi de France, une réunion de prisonniers de guerre eût été extrêmement dangereuse dans des murailles si étroites et leur surveillance eût immobilisé de nombreux hommes d'armes, alors que les effectifs étaient déjà insuffisants. On ne concevrait pas non plus que les *Miquelots* se fussent chargés de nourrir des bouches inutiles, à une époque où le Mont Saint-Michel était bloqué par terre et par mer ; les provisions, en vivres et en munitions, s'épuisaient rapidement ; le ravitaillement exigeait les plus grands efforts. On doit donc considérer comme erronée l'assertion de certains auteurs, affirmant que, pendant la guerre de Cent Ans, les cachots du Mont regorgèrent de prisonniers anglais. Il n'y a, sur ce sujet, d'autre texte authentique que celui de la quittance à Pierre Sureau.

On a dit aussi que le Mont avait servi de prison à beaucoup de protestants, lors des guerres de religion qui furent particulièrement acharnées dans le pays avranchin. Or, on ne trouve trace d'aucune détention de ce genre ; le Mont Saint-Michel fut bien l'objet des convoitises des *religionnaires ;* mais les chroniqueurs et les annalistes de l'abbaye, tels que Dom Huynes et Dom Louis de Camps qui ont consigné tant de faits de cette époque troublée, ne soufflent mot de prisonniers enfermés par les catholiques dans l'enceinte du Mont Saint-

Sterre, « escuier du pays d'Angleterre lequel fut prinz prisonnier et mené au Mont Saint-Michel et illec détenu en très griesves et estroites prisons ».

Michel [1]. Il est vrai que nous ne possédons plus un manuscrit qui eût été très précieux pour l'histoire de cette époque et dont Jean Huynes a cité quelques passages ; ce manuscrit avait été composé par un prêtre séculier, Messire Jean Le Mansel ; il relatait tout ce qui s'était passé à l'abbaye de 1572 à 1583. Ce bon ecclésiastique, qui était secrétaire du chapitre et maître des novices, « eut même le col à demi coupé sur la nucque, d'un coup de coutelas [2], lors de la surprise de l'abbaye le 22 juillet 1577, par M. de Touchet, gentilhomme religionnaire ». A la suite de cet audacieux coup de force, les protestants furent maîtres du Mont pendant vingt-quatre heures. Ils n'auraient pas manqué de rendre la liberté à leurs coreligionnaires emprisonnés, comme les Vendéens le firent, en 1793, pour les prêtres insermentés captifs au Mont. Or tous les historiens sont muets sur un élargissement [3] de ce genre.

Ainsi, jusqu'au dix-septième siècle, nous n'avons, pour écrire l'histoire du Mont Saint-Michel considéré comme prison de guerre et comme lieu de détention, que les informations tirées d'une quit-

---

1. On lit toutefois dans le ms. f. l. n° 13818, f°ˢ 412-413 de la Bibliothèque Nationale qu'en 1589, « à la veille de la Saint-Nicolas, M. de Vicques, gouverneur de la place, fit une sortie sur ses ennemis, si sanglante que la plupart (des huguenots) demeura sur les carreaux et le sieur de Lorges Montgommery, leur conducteur et chef fut pris prisonnier et réduit entre quatre murailles durant six mois entiers dans une prison de ce chasteau, d'où il sortit après la mort de M. de Vicques, pour aller mourir devant Séville, contre laquelle il attentait ». Voir aussi THOMAS LE ROY, Curieuses Recherches, II, p. 491.

2. THOMAS LE ROY, Curieuses Recherches, t. II, p. 75.

3. Il n'est pas non plus signalé dans le Vray discours de la surprise et reprise du Mont Saint-Michel, advenues le 22 juillet dernier passé, publié par M. L. D'ESTAINTOT, Société des bibliophiles normands.

tance à Pierre Sureau, un article, très court, du registre de l'Hôtel de Louis XI sur une « femme ostayge » et un long extrait du registre des Tabellions de Cherbourg, relatif à plusieurs gentilshommes écossais, internés dans le château. A part cela, il faut considérer comme inexistant, faute de preuve historique, tout ce qui a été dit et raconté sur les prisons du Mont Saint-Michel, par exemple sur la captivité de Noël Béda, syndic de la Sorbonne et sur le cardinal La Balue.

Peut-être quelques réduits obscurs, quelques pièces aux fenêtres grillées, furent-ils utilisés pour enfermer certaines personnes, dans des circonstances particulières.

C'est ainsi qu'on amenait, souvent, au Mont, des femmes possédées du démon, comme cette Guillemine de Cancale, exorcisée en 1566 devant l'autel de Saint-Michel ; avant de les conduire auprès du sanctuaire, il était indispensable de les maîtriser ; on leur faisait même subir des traitements préparatoires qu'il serait à peine décent d'indiquer en latin [1] ; il n'y aurait donc rien de surprenant à ce que l'abbaye eut eu, sous les Infirmeries par exemple, des cabanons où l'on enfermait provisoirement ces malheureuses hystériques ; il devait y avoir aussi des *chambres fortes* pour y garder les criminels, venus ou plutôt traînés au Mont, en *pèlerinages forcés* [2] ; enfin le monastère pouvait contenir des cellules spéciales où l'abbé et le prieur claustral reléguaient, pendant un certain temps, les moines

---

1. Procès-verbal fait pour délivrer une fille possédée par le malin esprit, à Louvain, publié par A. Benet. Paris, 1883, in-8.
2. Lettres de rémission : pièces inédites du règne de Charles VI, t. II.

qui avaient enfreint la discipline ecclésiastique[1] ; et cependant Odon Rigaud, archevêque de Rouen, dans le récit de la visite qu'il fit à l'abbaye bénédictine, en 1249, ne fait pas mention de moines punis et reclus. Il faut donc encore traiter d'œuvre de pure imagination la page consacrée par Desroches au séjour de l'archevêque de Rouen dans les murs du monastère[2].

Le dix-septième siècle nous apporte des documents plus précis ; nous pouvons puiser désormais à des sources plus abondantes, imprimées et manuscrites. Nous les avons soigneusement indiquées dans les notes figurant au bas des pages ; il en est de même pour le dix-huitième et le dix-neuvième siècles ; nous avons utilisé également les mémoires des détenus politiques, en ayant soin de rapprocher leurs dires des rapports officiels, déposés aux Archives Nationales et dans les départements du Calvados, de la Seine-Inférieure, de l'Ille-et-Vilaine et de la Manche. L'article consacré par M. de Brachet aux Prisonniers de l'ordre du Roi au Mont Saint-Michel et la brochure de M. V. Hunger sur Barbès au Mont Saint-Michel, nous ont été fort utiles pour la période de 1776 à 1786 et pour les années 1840, 1841, 1842, 1843.

---

1. *Registrum visitationum Odonis Rigalti.*
2. « On ne montre pas au pontife cette prison obscure et perpétuelle que les Bénédictins appelaient VADE IN PACE. Ceux qui, d'entre les religieux, avaient eu le malheur de commettre de grandes fautes étaient descendus vivants dans ces oubliettes dont l'entrée était en zig-zag et le jour oblique. On ne leur donnait pour nourriture que du pain et de l'eau et on leur ôtait toute communication avec les vivants. Ces infortunés, las de leur pénible vie, au fond de leurs affreux cachots, mouraient presque toujours de désespoir. Le pèlerin entendait parfois dans les appartements déserts leurs soupirs déchirants. » DESROCHES, *Hist. du M. S.-M.*, I, 401-402.

Enfin du volume de M. Fulgence Girard où, déjà, M. Gustave Geffroy avait retiré pour *l'Enfermé* plusieurs détails curieux, nous avons emprunté des informations que nous avons très soigneusement contrôlées; nous avons consulté aussi avec fruit le *Journal d'Avranches* de 1830 à 1844.

Mais nous avions surtout le meilleur des guides, celui à la mémoire duquel il était juste que ces pages fussent dédiées. Il nous avait révélé de vive voix tant de choses intéressantes sur les prisons du Mont Saint-Michel de 1830 à 1863 ! Plus particulièrement, nous avions aussi les notes si simples, si claires qu'il prenait de tous les événements auxquels participait la petite ville d'Avranches, où il exerça longtemps avec honneur les fonctions de notaire.

Né en 1823, à Bacilly près Avranches, M. E.-L. Dupont s'occupa constamment de l'histoire de l'Avranchin. Ami et conseiller des meilleures familles du pays, il en connaissait les origines et les alliances; il était mêlé à leurs vies et il savait observer et entendre; puis, quand il eut quitté sa charge, il fréquenta, dans ses studieux loisirs, les bibliothèques et les archives. Il n'écrivit jamais une seule brochure et sa modestie se fût offensée de voir son nom imprimé sur la moindre plaquette; mais les notes, qu'il prenait, les faits et les dates qu'il savait si bien retenir, grâce à une mémoire qu'un âge avancé conserva intacte, n'ont pas été perdus pour celui qui se rappelle, avec émotion, les chères causeries d'autrefois.

Ces notes, crayonnées, le plus souvent, en marges de livres aimés, nous les avons relues avec soin; ces souvenirs du pays — faits et gens — nous les avons utilisés comme l'ornement d'un sujet sévère; nous avons essayé de faire vivant, et de rester vrai; en dépit des détracteurs de l'école pittoresque, la chose n'est pas impossible et si, par hasard, nous avions atteint ce but, nous n'en éprouverions aucun orgueil; nous en reporterions le mérite à celui dont le nom est inscrit en tête de cet ouvrage.

Étienne Dupont.

Janvier 1913.

LES PRISONS
DU
MONT SAINT-MICHEL

CHAPITRE PREMIER

LOUIS XI AU MONT SAINT-MICHEL
LES CAGES DE FER

Le départ d'Amboise. — L'escorte royale sur les chemins Montois. L'itinéraire du « Viage ». — Le registre des Comptes de l'Hôtel. — Un déjeuner dans une auberge normande. — Louis XI à Avranches. — Les chiens du roi : la meute, les moutons et les oies. Égorgements et indemnités. — Le protocole de la visite d'un souverain. Le roi pèlerin. — Visite du Mont. Pourboires et aumônes. Souterrains et couloirs. Libération d'une « femme ostayge ». — La prétendue incarcération de Noël Béda. — Un bel anachronisme. — Une légende sur le cardinal La Balue. — La caricature d'un bon diable d'évêque. — Louis XI à Tombelaine. A travers la Normandie; le retour à Amboise. — Les cages de fer ; leur fabrication, leur coût, leur description. La cage de fer du Mont Saint-Michel ; autres cages du royaume. — Comment fut démolie la cage du Mont, d'après Mme de Genlis. Les tortures de Simon de Quingey. Une cage au Japon en 1811.

Vers la fin de juin 1470, Louis XI quittait le château d'Amboise pour se rendre à Tours, où il passait la première quinzaine de juillet. Après un séjour de deux semaines aux Ponts-de-Cé, il rentrait à Tours, le 4 août, et repartait le lendemain, traversait Bouche-Maine, le 6, et gagnait Angers, pour y recevoir la reine Marguerite, le prince de Galles et Warwick, le fameux faiseur de rois. Le 22 août, il était au Mans et tout aussitôt il se disposait à entreprendre un voyage en Normandie.

Il avait une affection très particulière pour cette province. Th. Basin nous affirme que Louis, dauphin, se complaisait à parler de ce pays qui allait être un des plus riches fleurons de sa future couronne. Il devait y faire au moins six voyages, en 1462, 1463, 1466, 1470, 1473 et 1476 [1]; mais, de tous ces voyages, le plus curieux à étudier est certainement celui qui fut entrepris en 1470 et au cours duquel le monarque visita le Mont Saint-Michel. C'était surtout un pèlerinage qu'accomplissait ce roi, dont la piété était voisine de la superstition. Il s'acquittait ainsi d'un vœu fait à l'occasion de la naissance du fils que venait de lui donner Charlotte de Savoie et qui devait être, un jour, Charles VIII [2].

Aussi ce voyage, sauf quelques cérémonies exceptionnelles, conserva-t-il un caractère plutôt privé que rendent particulièrement curieux des documents découverts dans les collections nationales et que M. Adigard a signalés dans une intéressante brochure [3].

---

1. Charles de Beaurepaire, *Précis de l'Académie de Rouen*, 1857.
2. Jehan de Troyes, *Panth. fr. de Buchon*, p. 290.
3. Pierre Adigard, *le Voyage du roi Louis XI en Normandie et dans le Maine aux mois d'août et septembre 1470*. Alençon, 1902.

Du Mans au Mont Saint-Michel la distance, à vol d'oiseau, est d'environ trente lieues ; deux routes s'ouvraient au roi ; il pouvait gagner le fameux sanctuaire en passant ou par Villaines, Javron, Lassay, Septforges et la Basoche, ou en remontant par Domfront, Ambrières et le Passais. Or, le Registre de l'Hôtel sur lequel sont soigneusement notées les dépenses du roi ne fournit sur l'itinéraire aucune indication bien précise ; toutefois, certaines particularités nous font croire que le roi suivit la seconde de ces routes. Tout d'abord un chemin montais, venant du Mans, traversait le Passais ; il était fréquenté par les Manceaux et par les Angevins, dont on connaît le culte pour saint Michel. Les chroniqueurs de l'abbaye normande nous signalent fréquemment plusieurs viages accomplis par les habitants de ces provinces. Nous savons même, par le Registre des Sauf-Conduits conservé aux Archives de l'État, que de nombreux Angevins et Manceaux, hommes, femmes et enfants ne craignirent pas, au moment même où la guerre était déchaînée entre la France et l'Angleterre, de franchir les lignes d'investissement qui encerclaient le Mont Saint-Michel et de s'aventurer sur des grèves ensanglantées par de violents combats[1]. Les pèlerinages vraiment édifiants, entrepris individuellement ou par groupes, se reproduisirent plus nombreux encore dans le cours du seizième et du dix-septième siècle, surtout lorsque les confréries de

---

1. *Bibl. Nat.*, Quittances, t. LXVI, n° 2195, texte rapporté par SIMÉON LUCE, *Chronique du Mont Saint-Michel*, t. II, pp. 28-29, et *Archives nationales*, section historique. Registre des revenus du sceau du duc de Bedford dans le Maine, KK, 824, folios 6, 7, 12, 36-39, 47.

Saint-Michel furent organisées d'un bout à l'autre de la France. Un évêque d'Angers, Guillaume Ruzé (1572-1587), favorisa particulièrement ces pèlerinages, ainsi que Dom Ignace Philibert, abbé de Saint-Vincent du Mans (1647), monastère que des liens étroits rattachaient au Mont non seulement au spirituel mais aussi au temporel

Le chemin montais, venant de l'Anjou et du Maine, voyait donc passer de longues files de *miquelots;* aussi est-il tout naturel de penser que le roi, pèlerin lui-même, ne voulut point s'écarter de cette route du paradis, comme on appelait les voies conduisant au Mont; de plus, on peut découvrir d'autres jalons pour tracer cet itinéraire; c'est ainsi que l'on trouve dans les archives paroissiales du Passais traces d'une fondation faite par Louis XI d'une messe dite messe du roi [1].

Quoi qu'il en soit, Louis couchait à Domfront, dans la nuit du 26 au 27 août; le lendemain il quittait cette ville, après avoir prié à l'église Notre-Dame-sur-l'Eau où l'abbé Robert de Torigné avait tenu sur les fonts baptismaux la princesse Aliénor, fille de Henri II d'Angleterre. Il passait par Saint-Georges, Barenton et Milly et s'arrêtait, vers trois heures du soir, dans une modeste auberge de Paindavaine, aujourd'hui Isigny-le-Buat.

Il aurait pu, cependant, trouver gîte et couvert dans les environs, où plusieurs gentilshommes avaient d'agréables manoirs. Le château des Avenel des Biards était tout proche, ainsi que

---

1. DE CONTADES, *Bibliographie du canton de Passais*. Paris, 1888.

celui des Colin de Brécey; il eût reçu, au castel de Mortrie, non loin de Ducey, une hospitalité loyale et somptueuse; il préféra se restaurer dans une petite auberge, où il ne fit pas grande chère ; il y dépensa neuf écus, pour lui et pour sa suite, neuf écus qui figurent ainsi sur le Registre du Compte de l'Hôtel : « Payés à Moreau pour donner à l'ostesse de Paindavaine, entre Donfront et Avranches, où disna notre dit seigneur. »

A Paindavaine, le roi quitta le chemin montais qui, sous l'appellation de route Biardaise, continuait par Ducey pour aboutir sur les grèves du Mont Saint-Michel, à peu près à l'endroit d'où part aujourd'hui la digue submersible de Roche-Thorin, destinée à favoriser l'exhaussement de la baie, dans l'entreprise des Polders de l'Ouest.

Deux heures après son départ d'Isigny, le roi arrivait à Avranches, où il était chaleureusement reçu par son confesseur et aumônier, Jean Boucart de la Vaucelle, titulaire, depuis 1453, du siège épiscopal. L'évêché était un bâtiment tout neuf, édifié sur la base même de l'ancien palais et qui s'élançait hardiment, fort et sévère, jusqu'à la ligne des remparts, pour s'épanouir ensuite en tourelles, en lucarnes ouvrées, que Louis de Bourbon devait, vingt ans plus tard, agrémenter encore d'ornements plein d'élégance. Des lucarnes aux trois pignons fleuronnés, que bosselaient de nombreux médaillons, on voyait le Mont Saint-Michel qui dressait sur les grèves, à trois lieues de distance, sa pyramide fortifiée à sa base et couronnée de sa nouvelle église au sommet. Le roi prit un plaisir extrême à contempler l'horizon merveilleux qui se déroulait devant lui, depuis la pointe brumeuse de Cancale jusqu'aux plantureuses campagnes de Pontorson et d'Antrain.

Dès le lendemain, le roi quittait Avranches après avoir acheté une épée, dont le coût est porté au compte de l'Hôtel. Rien ne donne créance à cette affirmation de l'Histoire de Barante, prétendant que le roi passa à Avranches la revue des gentilshommes de sa maison, appointés à 20 écus de gages. Il les aurait trouvés si mal équipés qu'il leur aurait fait don d'une écritoire : « Il faudra, Messieurs, me servir de la plume, puisque vous ne voulez le faire par les armes. » L'anecdote est plaisante, mais rien ne nous en garantit l'authenticité[1].

Le petit crochet que le roi avait fait en passant par Avranches, au lieu de suivre directement le chemin Biardais, avait eu pour conséquence de l'obliger à traverser les grèves de Genêts au Mont, en laissant Tombelaine sur sa droite. Le cortège fit une très courte halte au bourg de Genêts, au sortir duquel il se produisit un petit incident. Sur le rivage paissaient de nombreux moutons, de ces moutons dont la chair délicate, nourrie d'une herbe couverte par le flot aux grandes marées et de criste-marine, est connue sous le nom de présalé. Des milliers d'oies prenaient aussi leurs ébats sur les herbus de la côte. Les chiens du roi, qui couraient constamment sur les flancs de l'escorte, étranglèrent plusieurs moutons et une demi-douzaine de volatiles. Le fait n'était pas rare. Le monarque ordonna aussitôt d'indemniser largement les propriétaires des victimes de sa meute. C'est ainsi que le compte, établi par Jean Soret, escripteur du roi, mentionne des indemnités de

---

1. De Barante, t. IX, p. 174, source non indiquée.

un ou deux écus données à des personnes dont
« les bêtes à plumes et à poils ont esté estranglées
par les lévriers de Sa Majesté ».

Le roi était bien attendu au Mont, mais il n'avait
pas annoncé officiellement sa visite ; il voulait y
être reçu, non en roi mais en pèlerin. Autrement
tous les bénédictins, l'abbé à leur tête, seraient
venus au-devant de lui sur les grèves et toutes les
cloches auraient sonné [1]. Les moines ont respecté
même ce quasi-incognito en ne transcrivant pas
sur leurs registres ou même sur leurs notes ou
remarques personnelles, le récit de cette visite.
C'est donc pure imagination de prétendre que le
roi tint, cette année-là, dans la salle des Piliers, le
premier chapitre de l'ordre de Saint-Michel qu'il
avait créé quelques mois auparavant. Dom Huynes,
dom Le Roy et leurs deux continuateurs ne soufflent
mot du voyage de 1470, alors qu'ils nous donnent
des détails assez intéressants sur les visites du
roi au Mont, en 1462 et en 1473 [2].

---

1. « Cum igitur Rex noster Christianissimus accessurus est
ad hunc sanctissimum Montem (*modo se solemniter recipi expe-
tierit et illud idem innotuerit monachis hujusce montis*), omnes
in cappis procedent illi obviam, extra portam urbis, in gra-
viis scilicet. Interius solemniter pulsantur campanae omnes. »
Ceremoniale Montis Sancti Michaelis. Ce cérémonial fut confirmé
par le règlement établi, en mai 1633, par le Chapitre de la Congrégation de Saint-Maur, tenu à Vendôme.

2. « En l'an 1462, Louis XI vint en pèlerinage en ce Mont et
donna pour son offrande 600 escus d'or. Il permit aux religieux
d'adjouster trois fleurs de lys aux armes de ce monastère et
de les charger de dix coquilles ; il n'y en avoit autrefois que
troys seulement. » THOMAS LE ROY, *Cur. Rech.*, I, 397.

En 1473, Louis XI vint au Mont apporter sur l'autel de l'archange une pierre qui avait failli le tuer alors qu'il visitait le
château d'Alençon. On avait cru tout d'abord à un attentat
criminel, mais une enquête démontra que la pierre s'était détachée d'un parapet sur lequel s'appuyaient un page et « sa

Mais, à défaut de nos informateurs habituels, le Compte de l'Hôtel [1] nous permet de suivre un peu le roi dans sa visite de 1470. Il semble bien qu'il s'intéressa vivement aux travaux de la construction du chœur, commencé en 1450; il admira cette œuvre déjà fort avancée et qui devait être un des plus élégants spécimens de l'architecture ogivale française. Il gratifia « les maçons qui y besognaient et grimpa dans le clocher ardument ». Il donna un pourboire « à la guette qui l'avait guidé à monter et à descendre en le dit clocher », dont l'ascension n'était pas chose aisée, à cause de l'usure des marches et de la vétusté des charpentes; le bois dont le clocher était presque exclusivement fait pourrissait vite, exposé, à plus de 300 pieds au-dessus des grèves, aux ardeurs du soleil, aux pluies torrentielles et aux brouillards pénétrants. Cette tour, en bois, avait été édifiée par Bernard du Bec en 1135; elle avait donc plus de trois siècles d'existence, quand Louis XI y monta.

Sur le parvis, le roi fit la rencontre de plusieurs misérables ; des scrofuleux touchèrent ses vêtements, la tradition populaire voulant que le monarque eût le don de guérir les écrouelles [2]. « A plusieurs « ladres et povres hommes », Louis XI fit aumônes et largesses. Puis, descendu sous le parvis, il prit une attention extrême aux substructions de la plate-forme de l'ouest, de la chapelle

---

paillarde laquelle avait fait choir la pierre avec le bas de sa robe ». GILLES BRY DE LA CLERGERIE, *Histoire du pays et comté de Perche et du duché d'Alençon*, Paris, 1620.

1. *Comptes originaux de l'Hôtel* (de 1469 à 1470), Archives nationales, KK, 62.
2. A. LAURENT, *De mirabili strumas sanandi vi solis Galliae Regibus christianissimis divinitus concessa*, Parisiis, op. M. Obry, in-8, 1609.

souterraine et aux fondations de l'église. Les couloirs obscurs et les cachots l'intéressèrent vivement. Eut-il à ce moment l'idée de faire transporter au Mont une de ces cages, où l'on enfermait des personnes de marque ? On ne saurait l'affirmer ; mais il est certain, d'après une ligne du Compte de l'Hôtel qu'il visita les prisons puisqu'il « en libéra une povre femme tenans ostaige pour son mari ».

On se demande, toutefois, où certains auteurs ont puisé le récit vraiment impressionnant de la contemplation muette et sinistre du monarque devant la cage de fer où Noël Béda, principal du collège de Montaigu à Paris, était enfermé, dans un des souterrains du Mont ? L'information, certes, ne vient pas d'une source authentique. La visite de Louis XI au Mont Saint-Michel est de 1470, admettons même que cette scène ait eu lieu lors de la dernière visite en 1477. A cette époque Noël Béda, dont on ignore le lieu exact de naissance, les environs d'Avranches au dire de quelques écrivains, était encore un enfant, si même il était né. Son œuvre de polémique, ses grandes luttes contre Érasme datent de 1519 à 1526 et on l'enferme au Mont en 1470 ou en 1477 ! Les chiffres font bonne justice de cette extraordinaire assertion.

D'autres écrivains ne commettent pas un anachronisme aussi monstrueux; ils placent l'incarcération de Noël Béda pendant la commende du cardinal Le Veneur. On précise encore en disant qu'elle eut lieu à l'époque où Robert Cénau ou mieux Cenalis occupait le siège épiscopal d'Avranches. La détention de Noël Béda se placerait donc à partir de 1532. D'après Monsignor

Deschamps Dumanoir — source non citée bien entendu, — Cénau aurait entretenu de fréquents rapports avec le Mont Saint-Michel où languissait dans les prisons du château son grand ami (?) Noël Béda. Cénau aurait adouci, autant que possible, la rigueur de sa captivité et quand la mort eut frappé Béda dans sa déportation, l'évêque d'Avranches n'aurait pas craint de célébrer pontificalement un service funèbre pour le repos de son âme dans l'église des Mathurins de Paris, le 10 février 1537.

Ces renseignements vaudraient quelque chose si Monsignor Deschamps avait cité, à l'appui de son dire, une autorité respectable. Or, tous les chroniqueurs, tous les annalistes de l'abbaye sont absolument muets sur cette détention qui était, cependant, digne de remarque, pour employer l'expression même de dom Thomas Le Roy, quand il enregistre un fait intéressant ou simplement curieux.

Il en est de même pour l'incarcération de La Balue, sur la captivité duquel nous n'avons découvert aucun document. Fulgence Girard, Deschamps, Boudent, Pigeon et vingt autres, qui se copièrent inlassablement, affirment cette détention et c'est tout.

Ce n'est pas assez et pour des raisons identiques à celles que nous venons de développer au sujet de Béda, nous nous inscrivons en faux contre la captivité au Mont de celui que Louis XI appelait un bon diable d'évêque. On peut être bien certain que si La Balue eût été enfermé dans une cage, les malins annalistes n'auraient pas manqué de nous rapporter sur lui quelque piquante anecdote. On connaît les plaisanteries qui accueillirent le bref de Paul II, élevant Béda au cardinalat[1]. Les continuateurs de dom Huynes et de dom Le Roy auraient saisi l'occasion de nous faire quelques belles considérations sur la fragilité des faveurs royales et le frère Estienne Jobart eût certainement fait allusion à une petite caricature qui circulait prudemment sous le manteau, pendant le règne de Louis XI. Un dessin représentait un homme assis sur un trône et habillé comme un souverain. Au-dessus de sa tête était écrit le mot Faveur. Avec un chalumeau, il gonflait une bulle qui prenait la forme d'un âne, ayant une mitre entre les oreilles et une crosse entre les jambes. C'était Louis XI créant La Balue.

Cette digression qui nous évitera de revenir sur les prétendues détentions au Mont de Béda et de La Balue, nous amène à parler de la cage du Mont Saint-Michel qui, elle, exista bel et bien; mais pour en finir avec la visite de Louis XI et son voyage en Normandie quelques mots sont encore nécessaires.

Le roi « après avoir gratifié le portier du château », comme l'indique le Compte de l'Hôtel, né manqua pas, selon sa coutume, de prendre contact avec les gens de la ville. Il fit quelques emplettes dans les boutiques de quincaillerie et de bimbloterie, où l'on vendait des souvenirs de pèlerinage, médailles, statuettes, cornets, enseignes et autres béatilles. Il achète « un ruban de soie, avec coquilles pour faire une écharpe pour lui ».

Enchanté de son séjour au Mont, il assure les

---

1. Cf. *la Chanson du Chapeau rouge*, Bibliothèque de l'École des chartes, t. IV, 1842-1843, p. 566.

bénédictins de sa bienveillance et, pour témoigner sa sympathie aux moines et aux Montois, il confirme plusieurs privilèges, ainsi qu'il est rapporté dans les archives de l'abbaye et dans les recueils officiels [1].

Tombelaine était trop près (une demi-lieue sépare ce rocher, aujourd'hui désert, du Mont Saint-Michel) pour qu'il ne visitât point cette forteresse occupée par les Anglais de 1419 à 1450 et dont les Français conduits par Louis d'Estouteville s'emparèrent, le 16 mai de cette dernière année.

Le capitaine Ymbert de Baternay, qui commandait le Mont et Tombelaine, lui fit les honneurs de ce château qu'enserraient encore de hautes et solides murailles et qui était armé des pièces d'artillerie que les Anglais, sortis de Tombelaine avec les honneurs de la guerre, y avaient laissées contre une indemnité de 500 écus. Louis XI, après avoir selon son habitude dévotement prié devant Notre-Dame de la Gisante, honorée dans la chapelle du prieuré, regagna Avranches où il demeura jusqu'au 31 août. Il passa cette journée-là à Granville et coucha au château de Chantelou près Bréhal. Il y reçut l'hospitalité de Jean d'Estouteville dont la maison s'était couverte de gloire durant le siège du Mont Saint-Michel. Pour bien marquer aux habitants de Coutances son mécontentement de les avoir vus, trois ans auparavant, accueillir les troupes du duc François de Bretagne, son ennemi, il évita de passer par cette ville, traversa la petite paroisse de Notre-Dame-de-Cenilly, dont il aumôna l'église de Notre-Dame de Piété et gagna Saint-Lô. Là encore,

---

1. Bibl. nat., ms. 5696.

l'évêque Jean Boucard le reçut dans son manoir patrimonial de la Vaucelle. Il y resta deux jours ; puis, par Neuilly et Bayeux, il se rendit à la Délivrande pour y vénérer Notre-Dame ; le 25 septembre il rentrait à Amboise.

Si le roi ne fit pas au Mont une de ces rencontres tragiques qu'il n'était pas mécontent de se ménager avec certaines de ses victimes, il n'est pas téméraire, cependant, de supposer qu'en visitant les substructions du Mont Saint-Michel, il se rendit compte des avantages que l'isolement donnait à ce château, pour en faire une prison politique et y loger une de ces cages où il ne lui déplaisait pas de torturer ses ennemis.

Il est bien certain qu'une cage y fut transportée par son ordre, mais on ignore la date où cet affreux instrument de torture fut placé dans l'abbaye-forteresse ; les annalistes n'en ont jamais parlé. Il faut donc chercher ailleurs que dans dom Huynes et dom Le Roy, des renseignements sur cette cage ; nous essaierons de la reconstituer, en nous aidant de plusieurs documents et d'un récit de Mme de Genlis.

Philippe de Commines[1], qui « avait tasté de ces cages pendant huit mois », nous dit très brièvement qu'elles étaient tantôt en fer, tantôt en bois ; dans ce cas, on les recouvrait de plaques de fer, soit en dehors, soit en dedans. Un compte, publié par Sauval[2], nous apprend que les cages variaient de grandeur suivant la manière dont on voulait torturer le prisonnier. Elles étaient quelquefois si réduites, par un raffinement de cruauté,

---

1. PHILIPPE DE COMMINES, Ed. Dupont, livre VI, chap. xi, t. II, pp. 264-265.
2. SAUVAL, *Histoire de Paris*, t. iii, p. 428.

que le prisonnier était obligé de se replier sur lui-même. La cage où fut enfermé Simon de Quingey[1] était tellement étroite que l'on dut équarrir les solives pour qu'il parvînt à se tenir debout. Les prisons de Loches en contenaient une, dont les dimensions étaient très exiguës, six pieds et demi de hauteur et de largeur ; et encore la mesure est prise au dehors, ce qui réduit la cage à un volume tel que l'enfermé n'y pouvait s'y tenir ni debout ni couché.

Mais on a mieux que des descriptions ou des récits. Un dessin conservé à la Bibliothèque Nationale, Estampes, 2ᵉ volume, Topographie du département d'Indre-et-Loire et qui remonte à 1699, nous représente une de ces cages, d'après Gaignières.

Cette cage paraît être composée de 16 grosses pièces de bois se coupant à angle droit avec 16 autres solives sur la face la plus large. A peu près au milieu de la cage, on remarque une ouverture de trois pouces environ de hauteur ; c'est la trappe destinée à faire passer la nourriture au prisonnier. Celui-ci était introduit dans la cage par une porte s'ouvrant en dehors et sur le côté le plus étroit.

Quelquefois, ces cages étaient suspendues à l'aide d'un crochet ; elles oscillaient alors au moindre mouvement du misérable qui y était enfermé ; mais, le plus souvent, elles étaient élevées au-dessus du sol et adhéraient à la muraille par un de leurs côtés, au moyen d'énormes pattes-

---

1. Simon de Quingey, page de Charles le Téméraire, a été l'objet d'une étude de M. Jules Gauthier insérée dans les *Mémoires de la Société d'émulation du Doubs*. Besançon, 1873. Voir aussi le compte rendu de cette brochure dans la *Bibliothèque de l'École des chartes*, année 1874, XXXV, p. 310.

fiches ou de solides attaches. La cage de Chinon avait même cela de particulier qu'elle tournait sur un pivot ; le détail nous est révélé par une lettre de Mme de la Fuye qui avait visité ce château [1].

La cage du Mont Saint-Michel était attachée au mur supérieur, mais il n'est pas certain qu'elle fût oscillante. Elle était logée dans une des salles de l'Officialité, c'est-à-dire au-dessus de l'entrée de l'abbaye du onzième siècle et non loin du grand escalier. L'arc doubleau de la voûte porte, dit-on, le crochet qui maintenait la cage au-dessus du sol. Cette suspension de la cage du Mont, qu'elle fût oscillante ou non, rend invraisemblable le récit fait, par Mme de Genlis, de sa démolition. Le voici :
« Je questionnai, dit-elle, les religieux sur cette fameuse cage de fer. Ils m'apprirent qu'elle était en bois ; qu'elle était formée d'énormes bûches, laissant entre elles des intervalles à jour de trois à quatre doigts. Il y avait environ quinze ans qu'on n'y avait mis des prisonniers à demeure, car on en mettait assez souvent, quand ils étaient méchants, paraît-il, quoique ce lieu fut horriblement humide et malsain. Alors Mademoiselle et ses frères s'écrièrent qu'ils auraient une joie extrême à la voir détruire. A ce moment, le prieur nous dit qu'il était le maître de l'anéantir, parce que M. le Comte d'Artois en avait positivement ordonné la destruction. Pour y arriver, on était obligé de traverser des souterrains si obscurs qu'il y fallait des flambeaux [2] et, après avoir descendu beaucoup d'esca-

---

1. Bibl. nat., mss. Clairambault, Mélanges, carton 229, p. 327.
2. Ceci est rigoureusement exact : afin de prévenir toute évasion, la porte de l'escalier nord-sud avait été condamnée, bouchée même et, pour se rendre à la cage, il était nécessaire

liers, on parvenait à une affreuse cave où était l'abominable cage. M. le duc de Chartres, avec une force au-dessus de son âge, donna le premier coup de hache à la cage. Je n'ai jamais rien vu de plus attendrissant que les transports et les acclamations des prisonniers pendant cette exécution. C'était, sûrement, la première fois que ces voûtes retentissaient de cris de joie au milieu de tout ce tumulte. Mais je fus frappée de la figure triste et consternée du suisse du château. Je fis part de ma remarque au prieur qui me dit que cet homme regrettait cette cage, parce qu'il la faisait voir aux étrangers. M. le duc de Chartres lui donna dix louis, lui disant qu'à l'avenir, au lieu de montrer cette cage aux visiteurs, il leur montrerait la place qu'elle occupait. »

L'anecdote est jolie et pleine d'humour, elle est délicate et flatteuse pour le comte d'Artois et le duc de Chartres ; mais il semble bien qu'elle ne soit pas rigoureusement exacte. Mme de Créquy, dont les Mémoires, on le sait, sont apocryphes, s'étonne à juste titre du récit de Mme de Sillery, qui n'est autre que la comtesse de Genlis : « C'était, dit-elle, une grande chambre dont le plancher supérieur était soutenu par des poteaux, et je ne vois pas ce que M. le duc de Chartres y pouvait démolir sans y faire tomber le plancher sur sa tête. » S'il faut sourire de l'euphémisme *grande chambre*, on doit retenir ceci : la cage était suspendue en l'air ou mieux soutenue par des poteaux, ce qui rendait tout à fait impossible la démolition immédiate de cet instrument de torture, justement odieux au jeune prince.

de s'engager dans un corridor très étroit conduisant à l'Infirmerie bâtie par Robert de Torigni.

La cage du Mont avait également fait impression sur un gentleman anglais qui, en 1776, avait visité le château [1], la description qu'il nous en donne ne nous apprend pas grand'chose : « Nous entrâmes, dit Wraxhall, dans une longue allée ; le Suisse nous mena dans un appartement où il y avait une cage, construite de barreaux de bois prodigieux ; le guichet, par où on y entre, avait une épaisseur de dix à douze pouces. J'entrai dans l'intérieur de cette cage, l'espace en était d'environ douze à quatorze pieds carrés et la hauteur d'environ vingt pieds. »

En convertissant ces chiffres en mesures actuelles, on trouve que la cage avait 4 m. 23 environ de surface et un volume de 27 mètres ; toutefois la hauteur donnée par Wraxhall, 20 pieds ou 6 m. 40, nous paraît excessive. Elle aurait été plus haute que large et cette particularité frappante n'est signalée par aucun écrivain.

Cette cage n'avait certainement pas été faite au Mont Saint-Michel ; elle devait être l'œuvre du fabricant ordinaire, Hans Ferdagent, ouvrier habile, d'origine allemande, auquel le roi avait commandé la construction de plusieurs cellules de ce genre [2]. La première aurait été faite en 1471 et son premier hôte aurait été le cardinal La Balue, leur inventeur, affirme-t-on.

Mais ce fut surtout en 1479 et en 1480 que le sinistre forgeron d'Allemagne en livra plusieurs au roi. D'après le compte de Louis XI, pour l'année 1480, la matière première de ces cages fut

1. WRAXALL JUNIOR, *Tournées dans les provinces occidentales de la France*. Rotterdam, 1777, p. 20.
2. Bibl. nat., ms. fonds Gaignières, n° 772[2], p. 716. Extrait des comptes de Louis XI pour l'année 1480.

achetée de Jean Daulin, marchand à Tours, dont un seul mémoire s'élève à 3.457 livres et demie [1].

Ces cages furent réparties en divers châteaux. Il y en avait une à l'hôtel des Tournelles, à Paris, une autre dans la cour de la Bastille; on y logea Guillaume de Harcourt, évêque de Verdun [2]. En 1479, Louis XI fit même établir trois forges, dans son château de Plessis-lès-Tours, afin de faire exécuter sous ses yeux une cage à laquelle il attachait une importance toute particulière [3]. On croit qu'il y en avait deux à Loches, une à Chinon et une à Angers. Celle où fut renfermé Simon de Quingey paraît être la cellule de Plessis-lès-Tours. Enfin on connaît celle du Mont Saint-Michel.

Il n'y aurait rien d'étonnant à ce que la cage du Mont eût été construite à Plessis-lès-Tours et fût sortie des forges particulières de Louis XI. Ces cages étaient transportables sur des chariots, nous en trouvons la preuve dans le récit d'un incident de la captivité de Simon de Quingey.

L'infortuné page de Charles le Téméraire avait été transféré de Verdun à Tours, en mars 1480 ; il avait même fallu abattre certain mur du donjon pour y faire entrer la cage que surveillaient, nuit et jour, deux hommes d'armes et deux geôliers. La cage était tellement étroite que le malheureux y dépérit. Louis XI, après avoir envoyé un médecin pour constater l'état de son prisonnier, ordonna de le délivrer des chaînes dont il était chargé et d'élargir la charpente pour que Simon pût se tenir debout. Cet adoucissement relatif

---

1. Id., *ibid.* Voir aussi Cimber et Danjou, *Archives curieuses de l'Histoire de France*, t. I, p. 92.
2. Sauval, t. III, 428.
3. Cimber et Danjou, *loc. cit.*, p. 101.

améliora l'état de santé du détenu; un jour, celui-ci crut que sa libération était proche ; une grande animation régnait dans le donjon ; on lui fit connaître que le roi voulait le voir ; tout aussitôt une équipe d'ouvriers posa la cage sur des rouleaux, la sortirent du château et la hissèrent à grand'-peine sur un char ; on arriva sans trop d'encombre à Plessis-lès-Tours, où était le roi. Après trois jours de conférences avec le monarque qui ne put vaincre la fermeté de son adversaire, la cage fut renvoyée à Tours avec son malheureux habitant ; mais, en cours de route, l'essieu se rompit sous le poids de l'affreuse cellule ; la réparation eut lieu sur place et, après de longs et pénibles efforts, le chariot reprit son sinistre voyage. De longs mois devaient encore s'écouler avant que Simon de Quingey fût enfin élargi de sa terrible prison [1].

Au dix-huitième siècle, un pamphlétaire peu recommandable devait subir au Mont Saint-Michel un traitement identique ; en racontant la captivité de Dubourg, nous essayerons de la dégager de toute légende, en nous basant uniquement sur les documents d'une authenticité incontestable que M. Eugène de Beaurepaire a mis en lumière dans une petite étude qu'il a consacrée à Dubourg [2].

Les Orientaux, qui sont des maîtres dans l'art de torturer, usaient aussi de cages semblables. En 1811, un capitaine russe, Golowine, fut fait prisonnier par les Japonais, ainsi que deux de

---

[1]. Il fut mis en liberté, par ordre de Charles VIII. (Lettres patentes du 2 avril 1485) ; ses biens lui furent restitués.

[2]. EUGÈNE DE BEAUREPAIRE, *la Captivité et la mort de Dubourg*. Caen, 1889.

ses officiers et quatre matelots. Ils furent enfermés dans de petites cages, mesurant 6 pieds de long, 1 m. 70 de large et 2 m. 30 de haut. De demi-heure en demi-heure, les gardiens réveillaient, par barbarie, les malheureux captifs[1].

1. *Magasin pittoresque*, année 1841, IX, p. 371.

CHAPITRE II

LES PRISONNIERS ÉCOSSAIS AU MONT. — L'ÉVASION
DE KIRKCALDY ET DE SES COMPAGNONS

Le Mont en 1549 ; les transformations de l'armement et de l'architecture militaire. — Le jour des Rois en Basse-Normandie. Bombances et Beuveries. — La fuite des « Scots ». Le récit de Charles de Bourgueville. Recherches sur l'identité des prisonniers. Le registre des tabellions de Cherbourg pour 1547. Noms estropiés, noms véritables. — Les meurtriers du cardinal Beaton. — Knox et ses partisans. — De Rouen aux galères de la Loire et aux prisons du Mont. — Un prieur frivole et un lieutenant débauché. Ribaudes et sergents d'armes ; moines et hérétiques. Pression religieuse. Projets d'évasion : un cas de conscience, Knox et l'effusion du sang. La ruse des Écossais : l'auberge où l'on s'amuse. En pleine ivresse. Comment fut franchie la Porte du Roi. La fuite sur les grèves. — De Saint-Malo au Conquet. Le navire sauveur. En route pour l'Écosse : la petite ferme de la Grange, en Kinghorn.

Le lundi 7 janvier 1549, vers cinq heures du matin, les habitants de la petite ville du Mont Saint-Michel furent réveillés par le bruit de quatre coups de canon, tirés, de suite, par la batterie installée sur le bastion de la demi-lune, à la porte du château. Cette batterie, dont l'utilité était contestable au point de vue de la défense, avait été conservée par ordre de Gabriel du Puy, très expert dans l'art de la guerre et surtout dans celui des fortifications ; mais il n'avait pas voulu démunir le château des ouvrages édifiés par ses prédécesseurs, au cours des siècles antérieurs ; il les avait seulement transformés en tenant compte des progrès faits dans l'armement des places, en raison aussi de la portée des grosses pièces, dont les effets, déjà puissants dans les premières années du quinzième siècle, avaient modifié les conditions de l'attaque et par conséquent de la défense des citadelles et des villes de guerre. Il avait estimé qu'un bouleversement général pouvait être nuisible au Mont Saint-Michel ; que, sans doute, il était nécessaire de suivre les progrès d'une arme nouvelle, mais qu'il était imprudent de tout sacrifier à une stratégie et à une balistique, d'origine récente ; qu'il était bien préférable d'attendre de l'expérience des avertissements et d'utiles leçons. Merveilleusement, il avait respecté l'état ancien, en transformant aux moindres frais la ligne des défenses primitives et innové seulement aux endroits où la nature n'avait pas suffisamment prémuni le Mont contre des attaques inopinées.

Par sa position exceptionnelle, le Mont semblait être à l'abri des coups de force ; mais l'histoire avait enregistré des assauts dont la hardiesse déconcertante avait failli plus d'une fois les faire tomber aux mains de ses pires ennemis. Tout l'effort, aux siècles précédents, se concentrait sur les portes ; maintenant qu'elles pouvaient être battues de loin, on les renforçait par des avancées afin de cracher aussi loin que possible une mitraille serrée sur le flot sans cesse renouvelé des assaillants furieux. Toutefois à côté des bastillons à batteries rasantes, dont la tour Gabriel est le modèle achevé, on avait conservé les anciens fortins ; on s'était dit qu'un jour, lorsque des découvertes nouvelles auraient été appliquées, ces bastions pourraient reprendre leur utilité première. N'a-t-on pas vu, tout récemment, des ouvrages fortifiés jugés inutiles, déclassés même par le génie militaire, sur l'avis du conseil supérieur de la Guerre, et distraits du domaine public, vendus à vil prix et rachetés à nouveau par l'État à des conditions exorbitantes ?

Aussi, Gabriel du Puy, en respectant le passé, prouva qu'il était un ingénieur militaire prudent, averti et sans parti pris, soucieux des deniers publics. Il n'eut pas la stupidité de détruire des fortifications et d'aliéner des terrains pour les racheter à nouveau et y faire de nouvelles constructions. Cet homme de guerre ne gaspillait ni le temps ni l'argent.

La batterie haute fut donc longtemps conservée sous le Châtelet et ses pièces servaient aux tirs à blanc, lors des principales fêtes micheliennes, à la réception des capitaines et des gouverneurs, à l'élection des abbés, aux pèlerinages des rois, des princes du sang et des dignitaires de l'Église, aux grandes solennités religieuses et aussi à signaler les évasions des détenus du château, dès qu'on s'apercevait que ceux-ci avaient pris la clé des champs.

Le mois de janvier est particulièrement mauvais au Mont Saint-Michel, la pluie et le vent y font rage. Du nord-ouest accourent de grosses nuées qui se résolvent en ondées torrentielles et glaciales : les trois vallées de la Sée, de la Sélune et du Couesnon, convergeant vers l'îlot, impriment des mouvements giratoires aux masses d'air qui se précipitent de l'Atlantique, en se comprimant dans le passage de la Manche. Le vent se coupe aux arêtes des bâtiments, se relève au fond des cours, fouette les murs et rejaillit en trombes ; il s'infiltre sous les ardoises, arrache les plombs, refoule le jet des monstrueuses gargouilles et taille en biseau les pauvres arbres qui lui résistent dans le petit bois de la Merveille. Les cheminées, dont les têtes sont cylindriques ou octogonales, afin de permettre le glissement des molécules d'air, forment de véritables tuyaux, dont les anches sont figurées par des encorbellements de six pieds de diamètre. Quand un ouragan passe sur les grèves et souffle sur le Mont, une musique diabolique enveloppe le palais de l'archange. Les gens du pays entendent alors, disent-ils, les orgues de saint Michel.

Elles ronflaient diablement, dans la nuit du 6 au 7 janvier de cette année-là. Cependant, le vent s'était un peu apaisé au matin et le canon fut très bien entendu de la rive normande ; mais, comme on n'était pas en guerre à cette époque, la milice ne prit point les armes, non plus que les vassaux de la côte. On devina tout aussitôt qu'il s'agissait d'une quadruple évasion et la prime de cinq livres, promise pour chaque capture, fit mettre rapidement sur pied les petits villageois du Mont et plus encore les misérables pêcheurs. Les soldats du corps de garde du Châtelet descendirent, quatre à quatre, le Grand Degré et la rue de la ville. Déjà les Montois mettaient le nez aux fenêtres :

« Les Scots sont partis ! » clamait un malheureux sergent, chef de poste préposé à la garde des prisonniers. — « Arrêtez-les ; arrêtez-les. »

Ce n'était pas chose aisée ; car ils couraient depuis minuit et l'on se doutait bien qu'ils ne s'étaient pas arrêtés pour réciter les litanies de la Sainte Vierge, devant la statuette de la Porte Notre-Dame, ni pour faire leurs dévotions dans les prieurés micheliens de la rive, entre Ardevon et Saint-Brolade.

Cependant, une vingtaine d'hommes d'armes sortirent précipitamment du château et s'éparpillèrent sur les grèves, les uns dans la direction de Genêts et de Tombelaine, les autres vers Pontorson et Avranches, dans l'espoir de rejoindre ceux qui venaient ainsi de fausser compagnie à M. le lieutenant du roi, commandant du Mont Saint-Michel, et auquel ils avaient été très spécialement confiés.

Quels étaient donc ces prisonniers ?

Aucun annaliste de l'abbaye, ni dom Huynes, toujours bien informé, ni dom Leroy, toujours curieux, ni leurs continuateurs Louis de Camps et Étienne Jobart ne disent mot de ces détenus. Ils n'ont même pas l'excuse d'une surcharge d'événements d'importance à cette époque ; les fastes sont plutôt maigres vers le milieu du seizième siècle. Les chroniqueurs ont, tout au plus, l'occasion d'enregistrer la fondation d'un obit, la construction d'une cloison dans le chœur de l'église ou l'apposition, sur le grand autel, des armoiries du cardinal Jacques d'Annebault.

C'est seulement dans les Mémoires de Charles de Bourgueville, sieur de Bras, Caennais de marque et écrivain de valeur, que nous trouvons, sur ce sujet, une note sèche et rapide :

Viron ce temps, dit-il, trois gentilshommes écossais qui avoient tué le cardinal David, au chasteau de Saint-André en Escosse, furent mys prisonniers, par l'autorité du roy au Mont Saint-Michel, dont ils s'eschappèrent à la faute de bonne garde et par la négligence du cappitaine, le sieur de Montbrun. Monsieur le bailli de Caen et moi fûmes desputés comme commissaires par Sa Majesté pour informer de ceste évasion et eschappement et le dit cappitaine Montbrun privé de son Estat.

De Bourgueville ne nous dit ni le nom de ces gentilshommes, ni les circonstances de l'événement; mais, sans avoir recours aux historiens d'outre-Manche, nous sommes renseignés, à ce sujet, par deux documents du registre des Tabellions de Cherbourg, pour l'année 1547.

Le VII décembre, à Cherbourg, devant Jehan Guiffart et Jehan Le Vallois, tabellion et notaire, commis et establi au siège de Cherbourg pour le Roy, furent présens nobles hommes, Jehan de Fontagnes, seigneur de la Faye et hommes d'armes de la garnison du dict lieu de Cherbourg [*Suit une énumération sans intérêt de plusieurs hommes d'armes*]; lesquels nous ont affirmé et attesté que, le VIᵉ jour d'octobre, dernier passé, fut baillé par les seigneurs généraux de Rouen et mis en la saisigne et garde de noble homme Janot de Lasne, lieutenant en la ditte ville et chasteau de Cherbourg, troys gentilshommes écossais, scavoir : Nirmont Lessetay, cappitaine du chasteau de Saint-André, Millort de Grange, et le seigneur du Petit Mel, suivant le commandement et le vouloir du roy, nostre dict seigneur, dont nous a esté requis le présent certificat pour servir et valloir ce qu'il appartiendra. — Présens pour tesmoins Thierry de Goberville, escuier et Jullien Fouache de la garnison.

Une annotation du même registre dit encore :

Les prisonniers furent envoyés par le roy, au Mont Saint-Michel, où ils ont été prisonniers viron dex ans, comme du Mont Saint-Michel eschappèrent, dont le cappitaine de dict lieu eut bien à faire.

Aucun doute n'est possible sur l'identité de ces Écossais, bien que leurs noms soient défigurés dans le texte de l'acte notarié. Nirmont Lessetay n'est autre que Norman Leslie, Millort de Grange William Kirkcaldy of Grange et le seigneur du Petit Mel, Pitmillie.

Ces détenus étaient des personnes de marque. Norman Leslie fut, on le sait, un des champions les plus distingués mais les plus violents de la Réforme en Écosse. En 1547, Leslie, à la tête d'une petite troupe de quinze hommes, égorgea le cardinal Beaton, au château de Saint-André et s'enferma dans la place qu'il venait de prendre avec Knox, le grand réformateur de l'Écosse. Henri II, roi de France, qui soutenait les catholiques dans ce pays, envoya Strozzi assiéger le château qui se rendit peu après. Leslie et ses partisans furent faits prisonniers de guerre, ramenés en France et internés dans différents châteaux et places fortes.

L'information de l'écrivain caennais et les notes des actuaires cherbourgeois sont trop laconiques pour ne pas être complétées par les récits des historiens écossais, qui ont puisé d'intéressants détails de cette évasion dans les relations faites par les prisonniers eux-mêmes.

Mais il convient, tout d'abord, de faire plus ample connaissance avec les prisonniers du Mont, qui n'étaient pas trois, mais bien quatre, savoir : William Kirkcaldy of Grange, Peter Carmichaël, Robert et William Leslie.

Tout d'abord, le groupe pris à Saint-André, avait été dirigé sur Cherbourg. John Knox et Balfour, ainsi qu'une demi-douzaine d'individus de moindre qualité, avaient été expédiés sur les galères de la Loire, Henri Balneaves, retenu à Rouen et James Melville, relégué au château de Brest, où il mourut peu après son internement.

De Cherbourg furent envoyés au Mont les deux Leslie, Carmichaël et Kirkcaldy. Ils y furent écroués vers la mi-décembre 1547, mais il semble bien que leur détention cessa bientôt d'être rigoureuse ; la facilité relative avec laquelle devait s'opérer, treize mois après, leur évasion, le démontre d'une façon certaine ; il n'est pas inutile, non plus, pour l'expliquer, de rechercher quelle était, à cette époque, la situation administrative de la fameuse abbaye, forteresse à laquelle le roi confiait des personnages aussi importants.

Le Mont Saint-Michel avait alors pour abbé Jacques d'Annebault, très noble seigneur de Normandie, ami du faste et des plaisirs : « L'air du monde, dit dom Huynes, estant plus essentiel à son naturel que celui des cloistres, cette solitude lui fut bientôt insipide. » Il quitta sans regret son abbaye pour la cour royale et finit par oublier ses moines, mais non ses revenus. Le capitaine de la forteresse n'était autre que le prince de Tende, personnage inquiet et maladif, qui ne tarda pas à trouver bien étroite l'enceinte de la place qui lui était confiée. Il la quitta bientôt pour y mettre M. de Montbrun. Celui-ci se déchargea lui-même de son service, en le transmettant au lieutenant Renault Quintel. Le Mont Saint-Michel, forteresse et abbaye, était donc aux mains d'agents subalternes. Les chats partis, les souris dansaient. Un prieur claustral, d'un caractère frivole et insouciant, un lieutenant paresseux et débauché, demeurèrent donc seuls au Mont, dont le gouvernement spirituel et temporel se relâcha d'une scandaleuse façon. Renault Quintel, lieutenant et morte-paie du château, n'eut plus aucune autorité sur ses hommes et le désordre, matériel et moral, envahit tout à la fois le cloître et le château. Jusqu'à cette époque, les femmes avaient été rigoureusement éloignées du Mont. Non seulement les ribaudes, mais celles que le pudibond chroniqueur déclare ne pouvoir désigner, avaient défense de franchir la porte de la ville ; il était aussi interdit aux autorités civiles et militaires de faire venir leurs familles. Le lieutenant transgressa cette prohibition, « en voulant tenir sa femme et ses servantes à l'intérieur de ce Sainct Mont ». Il en résulta des scandales et le comte du Boschage, capitaine et successeur du prince de Tende, en 1548, eut toutes les peines du monde à faire déguerpir, après avoir pourtant obtenu une sentence sans appel du juge d'Avranches, la femme et les « meschines[1] » de Renault Quintel qui se consolaient de l'isolement affreusement triste du Mont, en entretenant les meilleures relations avec les sergents et les hommes du guet, voire les bourgeois du corps de garde. On n'avait plus à redouter les attaques nocturnes des Anglais, et le petit bois de la Merveille où, cent ans auparavant, on risquait fort d'être transpercé de flèches ou de traits d'arbalètes, était propice, en ce milieu du seizième siècle, aux rêveries d'amour et « aux gentils esbattements ».

Les quatre Ecossais furent tout d'abord accueillis

1. Servantes.

avec défiance par les moines et par les soldats. Pour les bénédictins c'étaient d'abominables impies ; pour les militaires, des ennemis du roi de France ; ils parlaient presque la même langue que ces odieux *godons* du siècle précédent. On savait qu'ils traitaient de mômeries les cérémonies du culte catholique, qu'ils tournaient la messe en dérision, qu'ils se répandaient en injures grossières contre le pape, dont ils méconnaissaient l'autorité. A Cherbourg, le gouverneur du château avait fait l'impossible pour déterminer les Ecossais à assister à la messe. Ils ne s'étaient émus ni de ses menaces, ni de ses promesses. Ils avaient répondu que, si on les contraignait à assister à un office romain, ils invectiveraient les prêtres : « Au surplus, avaient-ils ajouté, nous voulons bien entendre la messe, mais à la condition que vous nous donniez des bâtons ; nous en rosserons le célébrant. »

Les bénédictins avaient frémi en entendant le récit de ces blasphèmes horribles, et leur indignation fut extrême, quand ils apprirent, peu de jours après l'internement des Écossais dans les murs de leur moustier, que leur chef et leur ami Knox avait jeté dans la Loire, avec un éclat de rire satanique, une statue de la Sainte Vierge que tout le pays révérait depuis des centaines d'années !

Au fond, les moines étaient surpris des ordres que le pouvoir royal avait donnés de traiter les quatre prisonniers sans rigueur inutile et avec toutes les prévenances compatibles avec les mesures de sûreté.

Kirkcaldy, Carmichaël et les deux Leslie jouissaient, au Mont, d'une liberté relative. Ils n'étaient pas tenus constamment enfermés dans la Tour

Perrine, où ils occupaient de vastes et confortables chambres ; sous la surveillance bienveillante des gardiens, ils descendaient souvent dans la petite ville montoise, jusqu'à la Porte du Roi qui leur était assignée comme limite extrême à leurs promenades. Bientôt ils furent connus, appréciés, aimés des habitants du Mont. Ceux-ci s'étaient vite aperçus que ces étrangers pouvaient bien être des fanatiques, mais non des bandits ; que leur religion, sans doute, était différente de celle des catholiques ; mais que, comme eux, ils aimaient Notre-Seigneur Jésus-Christ, et qu'ils se conduisaient en honnêtes gens.

Ils avaient aussi de l'or dans leurs poches et cette circonstance contribuait bien un peu à les rendre sympathiques à ces excellents Normands. Il n'était pas rare qu'ils achetassent, sans marchander, des denrées pour améliorer leur ordinaire, pour se procurer de petites douceurs et leurs gardiens étaient les premiers à rendre hommage à leur bon cœur et à leur générosité. Tout d'abord, nous l'avons dit, l'opinion générale leur avait été défavorable. On n'ignorait pas qu'ils étaient nés, de l'autre côté de la mer, sur cette grande île conquise par Guillaume ; on ne les différenciait guère des Anglais ; leur langage rappelait celui que parlaient les Bedford, les Suffolk, les Poole et tous ces ennemis qui, cent vingt ans auparavant, s'étaient rués contre le Mont Saint-Michel. Toutefois on ne les traitait ni de *godons* ni d'*anglisches* ; on les nommait les Scots, les Scaûx, d'après la prononciation traînante des paysans de Basse-Normandie.

Des quatre prisonniers, Kirkcaldy of Grange devint bientôt le plus sympathique. Il dut, sans doute, ce privilège, à ses manières de gentilhomme et à sa connaissance de la langue française; il sut se créer, dans la petite ville, des relations amicales ; grâce à elles et à l'argent semé par une main largement ouverte, il réussit bientôt à correspondre avec ses parents d'Écosse, et, en France, avec ses coreligionnaires, embarqués sur les galères de la Loire.

Naturellement des projets d'évasion s'élaborèrent sans tarder. Kirkcaldy écrivit à Knox que l'évasion du Mont Saint-Michel était chose difficile, mais non impossible et il supplia son conseiller de lui dire si ses compagnons et lui avaient le droit, en face de Dieu, de s'échapper de leur prison. Knox lui répondit : « Vous ne commettrez aucune faute morale en saisissant la première occasion de sortir furtivement du Mont Saint-Michel pour reconquérir votre liberté, à la condition expresse que la chose se fasse sans effusion de sang. »

Sir James Kirkcaldy fut, lui aussi, mis au courant des projets d'évasion de son fils; mais il semble bien que le vieil Écossais encouragea peu William dans cette voie; il lui représenta, non sans raison, que si la tentative échouait, la détention deviendrait fatalement beaucoup plus rigoureuse.

William et ses trois compagnons hésitèrent longtemps avant de prendre la décision suprême ; mais l'éloignement du pays natal, l'attachement à la cause qu'ils défendaient si énergiquement, enfin et surtout cette soif ardente de la liberté qui torture tout prisonnier, quelle que soit sa geôle, les déterminèrent à agir au plus vite. Il y avait plus d'un an qu'ils étaient internés au château.

. Ils n'y étaient pas restés oisifs.

Observateurs pleins d'attention, ils avaient non seulement étudié la disposition des bâtiments, le mode de fermeture des portes, les habitudes des gardiens, les coutumes des Montois, mais encore les usages particuliers du pays et ils s'étaient vite aperçus qu'il n'y avait pas de fête chez les Normands sans agapes ni beuveries.

Le 6 janvier, on devait célébrer la fête de l'Épiphanie. Dans chaque maison, dans chaque ménage, on ferait, selon ses moyens, bonne chère et franche lippée. La fête des rois, en Normandie, c'est le Christmas de l'Angleterre. Les Écossais avaient pu s'en convaincre, en voyant célébrer l'Épiphanie de 1548. Les mêmes festins se reproduiraient certainement; l'occasion était à saisir.

Donc, ce jour-là, nos quatre Écossais, sans donner le moindre signe de trouble ou d'agitation, passèrent bien tranquillement leur matinée dans leurs chambres, mais obtinrent, l'après-midi, l'autorisation de sortir du château, sous la surveillance de leurs gardiens. Avant de quitter leurs « chambres fortes » ils avaient passé des habits de marin sous leurs vêtements ordinaires. Ils avaient réussi, à l'aide d'infinies précautions et de manœuvres ingénieuses, à se procurer des pantalons de grosse toile écrue, des vareuses et des bérets. Un pêcheur montois, Jean Chevrel, les avait munis de ce costume indispensable pour traverser des contrées où les délateurs, friands d'une prime importante, étaient loin de faire défaut. Jean Chevrel, misérable pêcheur de coques, connaissait admirablement les grèves, ces grandes grèves qu'ils apercevaient par les étroites fenêtres de leurs cellules.

On fêtait joyeusement les Rois au Mont Saint-Michel.

Dans toutes les hôtelleries qui bordaient l'unique rue de la petite ville montoise, la *pendula villa* des anciennes chroniques, on n'entendait que rires et que chansons. A *la Teste d'Or*, des gens de qualité, venus d'Avranches, de Pontorson et de Fougères, se délectaient d'oies rôties, de gigots de pré-salé cuits à point sous la claire flambée des bûches de pommier. Dans les guinguettes plus modestes, *Au Lion d'Argent*, *Au Petit Saint-Pierre*, *A l'Écu de Bretagne*, des gens du peuple, des marins, des pêcheurs, des laboureurs, des ouvriers goûtaient le cidre nouveau, le cidre *gouleyant* et légitime de Lolif-sous-Avranches et de Bacilly, dont l'or liquide commençait à pétiller dans les verres, au sortir des cruchons emplis à la mi-novembre. On chantait à tue-tête :

>Amis, puisqu'on est tous ensemble,
>Faut savoir qui sera le Roi,
>En chantant pour que tout en tremble
>   D'une voix :
>   Le Roi boit !
>Puisque nous sommes bien ensemble
>Partageons cet épais gasteau,
>Mais c'est au plus vieux qu'il nous semble
>De couper le friand morceau :
>   Dieu nous voit
>   Le Roi boit !

A peine fut-il au bas du Grand Degré, à peu près en face de la Tour du Nord que Kirkcaldy offrit une « tournée » à ses aimables gardiens. Ceux-ci refusèrent tout d'abord, mais mollement. Ils invoquèrent les règlements qui leur défendaient d'accepter quoi que ce fût, des prisonniers. « Le lieutenant, dirent-ils, nous punirait sévèrement. Nous pourrions même perdre notre place... Pour ce qu'elle est agréable », achevèrent-ils avec un geste découragé !

Toutefois l'un d'eux fit observer que, dans une des venelles se détachant de la rue, vers le chemin de ronde, on pourrait découvrir un cabaret, très discret, dont le tenancier était précisément un de ses parents. On les accueillerait avec plaisir dans une petite salle très retirée que connaissaient bien les ribaudes et les sergents de la garnison ; mais, à la suite de certains scandales, l'auberge était consignée à la garnison et le pauvre cabaretier se morfondait de voir proscrit un établissement qu'il affirmait être aussi bien tenu que telle auberge de la basse ville, où maint seigneur des environs abritait ses amours faciles avec les belles dames venues au Mont sous le prétexte d'y faire des neuvaines à l'autel privilégié du grand archange !

Kirkcaldy commanda un repas soigné. On arrosa le mouton grillé de plusieurs pichets de cidre de Bacilly, le meilleur cru de pays, et le vin de Brion, récolté sur le domaine des abbés du Mont Saint-Michel, fut apprécié par les geôliers, bien qu'il fût connu sous le nom de « rompt-ceinture », à cause de son âcreté laxative.

Les gardiens buvaient comme des tanches, mais les Écossais touchaient à peine à leurs verres. On s'en étonna.

« C'est, dit Leslie, que notre religion nous défend de prendre part à toute réjouissance catholique. Or, la fête que nous célébrons aujourd'hui est considérée par nos prêtres comme une idolâtrie ; mais nous respectons vos croyances et nous sommes heureux de vous voir vous réjouir ainsi. »

La vérité, on le devine, était que Kirkcaldy, les Lesley et Carmichaël voulaient garder leur sang-froid pour les événements du soir.

Six coups frappèrent dans la tour de l'horloge qui dominait l'église abbatiale ; c'était l'heure fixée pour la réintégration des prisonniers. Les gardiens auraient oublié le règlement, si les Ecossais n'avaient pris soin de le leur rappeler. Ils tenaient à ce que rien n'éveillât les soupçons.

Les gardiens, en veine de boire, hasardèrent alors timidement qu'après le couvre-feu, à neuf heures, on pourrait encore faire bombance, hors du château. Il fut convenu qu'ils ouvriraient les portes des cellules, la grille inférieure de la Tour Perrine et qu'ils sortiraient avec les détenus, par une poterne, dont l'un d'eux avait la clé, et qui donnait accès au chemin de ronde du sud. De là à l'auberge, il n'y avait point cinquante pas.

Ce qui fut dit fut fait. Tout se passa sans incident, sans le moindre accroc ; les quatre Écossais dont le costume de marin était recouvert de leur habituel vêtement, prirent soin d'emporter tout l'argent qu'ils possédaient : environ cent livres tournois économisées en prévision de leur fuite, sur les subsides qu'ils recevaient de leurs familles et de leurs amis : ils avaient d'ailleurs promis de remettre vingt livres au pêcheur Jean Chevrel, qui devait les attendre derrière la Tour Gabriel, pour les guider jusqu'à la rive, s'ils réussissaient à sortir du Mont. Jean Chevrel avait été prévenu, le matin même.

La beuverie recommença, comme de plus belle, au Pot d'Etain ; ils en étaient les seuls clients ; tout allait pour le mieux ; ils invitèrent le patron à s'asseoir à leur table. Le gardien et lui ne refusèrent aucune rasade ; le vin de *Gascogne* coula à flots, payé généreusement à l'avance. Les Écossais n'y trempèrent même pas leurs lèvres ; mais les explications qu'ils avaient données, l'après-midi, à leurs gardiens avaient satisfait pleinement ces brutes. Avant onze heures, geôliers et patron étaient ivres ; ils roulèrent sous la table et s'endormirent pesamment.

L'heure était venue pour les Écossais de fausser compagnie à ceux qu'ils avaient saoulés d'une façon si habile. En un clin d'œil, Kirkcaldy et ses compagnons se dévêtirent de leurs habits et ne conservèrent que leur costume marin ; ils troquèrent leur feutre contre un béret et, en descendant doucement la petite venelle qui s'amorçait sur la grande rue, ils gagnèrent la Porte du Roi.

Le cœur leur battait violemment.

N'allaient-ils pas trouver le poste éveillé, faisant bonne garde auprès du râtelier où pendaient les clés de la Porte du Roi, de la Barbacane et de la Bavole. Kirkcaldy, seul, s'approcha à pas de loup ; le corps de garde était éclairé ; il vit les deux soldats étendus sur le lit de camp ; sur le plancher gisaient plusieurs bouteille vides et des reliefs de victuailles prouvèrent à l'Écossais que les deux gardiens de la Porte du Roi avaient copieusement fêté l'Épiphanie. Une minute suffit à Kirkcaldy pour s'emparer des trois clés des poternes et pour enfermer, tout doucement, les deux soldats dans le corps de garde, pour le cas où ils viendraient à se réveiller et à s'apercevoir de la disparition des clés.

Les Écossais avaient vraiment de la chance ; leur plan se déroulait sans à-coup, méthodiquement; la nature même semblait être leur complice ; depuis dix heures le vent s'était élevé et la tempête commencait à faire rage, absorbant, dans son vacarme, tout autre bruit que celui des ardoises qui claquaient comme des castagnettes, et des grandes feuilles de plomb sur lesquelles roulaient les rafales.

Enfin, il était plus facile de sortir du Mont Saint-Michel que d'y entrer, puisque tout avait été disposé contre un assaillant venu, par conséquent, de l'extérieur. On trouvait tout d'abord, après avoir monté la patte d'oie dallée qui formait radier et éventail sur la grève, une porte dite Bavole, en raison de sa fermeture légère et de sa manœuvre aisée. Cette première défense formait l'entrée, près de laquelle s'élevait la potence des abbés du Mont, ayant droit de haute et basse justice. Il y avait porte et poterne. Pendant le jour, une simple barrière fermait la porte; mais, le soir, la Bavole était consolidée par une poutre dont on distingue encore facilement les rainures et le trou d'attache de la barre. On entrait alors dans la Place d'Armes appelée aussi le Ravelin et, de nos jours, la Cour du Lion, à cause de l'écusson de granit encastré dans le mur et que Robert Jolivet avait fait sculpter dans une niche de remparts ; il fut déplacé vers 1806 et les travaux de restauration l'ont réintégré à son lieu primitif.

La Porte Notre-Dame, protégée par une demi-lune et couronnée de créneaux, donnait accès au second ravelin du boulevard. Cette partie a été profondément modifiée, vers la fin du dix-huitième siècle. Enfin, on se trouvait devant la Porte du Roi. Elle comprenait deux ouvertures, une porte

Arrivée d'un Convoi de Prisonniers, vers 1835
(D'après une gravure anglaise de l'époque)

principale destinée aux chariots et une poterne latérale donnant accès à la ville. Au-dessus de la porte était une vaste pièce dite le Logis du Roi.

Les Écossais n'eurent pas à faire jouer le vantail postérieur qui s'ouvrait en dehors sur la rue de la ville ; il était resté ouvert par suite de l'incurie des hommes de garde ; quant au vantail antérieur, doublé de la herse, ils n'avaient pas à s'en préoccuper ; il leur suffisait d'avoir la clé de la poterne latérale.

Les trois portes furent ainsi franchies, sinon sans bruit, du moins sans que le grincement des serrures et la chute des leviers fussent particulièrement perceptibles dans le vacarme de la tempête.

Arrivés sur la grève, à mer basse, les quatre Écossais s'arrêtèrent. Une ombre vint vers eux ; elle s'était détachée de la Tour Gabriel. C'était le pêcheur Jean Chevrel ; ils s'étaient abouchés avec lui, parce qu'il connaissait admirablement les grèves et qu'il leur fallait un guide pour les conduire jusqu'à la côte, par la nuit noire, sur des grèves extrêmement dangereuses, en raison des sables mouvants.

Une demi-heure après les cinq hommes arrivaient au pied d'une petite dune de tangue, appelée *mondrin* par les gens du pays. Les Écossais se firent donner encore par leur guide certaines indications sur le pays, noyé dans l'ombre épaisse, mais dont ils connaissaient la topographie générale, pour l'avoir aperçu à travers les fenêtres grillées de leurs cellules. Pontorson était à deux lieues au sud ; Avranches à trois, vers l'est ; Granville à cinq au nord et Saint-Malo à douze, à l'ouest ;

4

mais, comme ils faisaient à leur guide la remise de la somme convenue, le pêcheur se montra exigeant et se plaignit violemment de la modicité de son salaire. Il exigea que les étrangers lui versâssent tout l'argent qu'ils avaient sur eux. Sa prétention indigna les malheureux évadés. Il leur vint à l'esprit d'étrangler cet homme sans foi ni probité. La chose eût été vite faite; ils étaient quatre contre un; mais ils se rappelèrent les conseils impérieux de Knox ; ils vidèrent leur bourse dans les mains du misérable qui disparut bientôt dans la nuit.

C'est alors que se passa une scène émouvante. Afin de ne pas trop attirer l'attention dans les pays qu'ils devaient traverser, ils avaient résolu de se séparer en deux groupes et de prendre une direction différente. Les deux Leslie allaient se diriger vers Rouen et non vers Rohan de Bretagne, comme l'écrit Calderwood trompé, sans doute, par une similitude de prononciation. William Kirkcaldy et Carmichaël chercheraient à s'embarquer dans un petit port breton...

Une étreinte silencieuse réunit les quatre Écossais ; quelques paroles d'espoir et de réconfort, une courte prière à la Providence et ils se séparèrent...

Vingt jours après, William et Robert Leslie arrivaient à Rouen sans encombre, après avoir traversé la Normandie ; mais Kirkcaldy et Peter Carmichaël eurent mille périls à affronter. Ils ne pouvaient guère voyager que la nuit ; le jour, ils se cachaient dans les bois ou dans les anfractuosités de la côte. A Saint-Malo, aucun navire n'était en partance pour l'Angleterre; rien non plus à Saint-Brieuc ni à Paimpol, ni à Morlaix.

A Roscoff où, d'habitude, venaient d'Irlande et de la Cornouaille anglaise de petits caboteurs pour charger des légumes et des fruits, ils ne découvrirent aucun bateau susceptible de les rapatrier. Une petite chapelle leur rappela leur pays, celle de Saint-Ninian, où avait prié auparavant, la jeune princesse Marie Stuart, celle-là même qui avait été baptisée par le cardinal Beaton. Cette vue et ce souvenir ranimèrent encore leur courageuse ardeur ; leur pays avait besoin d'eux. Vaillamment, quoique fatigués par les courses pénibles entreprises depuis près de deux mois, ils se remirent en route, en suivant le littoral tourmenté de la côte septentrionale du Finistère. Un soir ils arrivèrent au Conquet ; dans ce petit port, ils aperçurent un navire gréé comme ceux que l'on voit sur la Clyde. Avec prudence, ils s'approchèrent du bord et écoutèrent ; la langue maternelle vint frapper leurs oreilles avec une douceur infinie. C'était bien un dundee d'Écosse ; le capitaine était précisément sur le pont ; ils lui demandèrent de les autoriser à venir lui parler à bord. Ils apprirent avec joie que le capitaine était un de leurs coreligionnaires. Ils lui dirent qui ils étaient : ils furent accueillis à bras ouverts.

Le lendemain, le dundee, ayant comme passagers William Kirkcaldy of Grange et Peter Carmichaël, s'éloignait, à l'aube naissante, de la terre bretonne ; l'île d'Ouessant disparaissait bientôt dans les lointains vaporeux et le petit navire, poussé par une bonne brise du sud-est, prenait rapidement la haute mer. Sur le pont, têtes nues, les deux Écossais faisaient une prière d'actions de grâces. C'était enfin la liberté et, derrière les froides brumes qui s'étendaient vers le nord, c'était la patrie prochaine et pour Kirkcaldy le petit domaine de Grange.et la maison familiale, dans la jolie paroisse de Kinghorn [1].

1. Kinghorn est situé sur le rivage nord de Fifth of Forth, Écosse. — On y remarque encore la maison de ferme, connue sous le nom de La Grange. C'est le siège ancestral des Kirkcaldy. Les anciens bâtiments ont à peu près disparu et la date de 1687, accompagnée d'un monogramme illisible, gravé dans le linteau de la porte intérieure, indique l'année des nouvelles constructions. Toutefois un pigeonnier et une tour d'angle; que les gens du pays disent protéger un souterrain allant jusqu'à la chapelle de Sainte-Marie; à la limite des terres des lairds of Grange, pourraient bien être contemporains des Kirkcaldy du quinzième siècle, époque à laquelle Sir George de Kirkcaldy était grand propriétaire foncier dans le pays de Scafield et de Tyrie.

CHAPITRE III

L'INTERNEMENT D'AVEDICK, PATRIARCHE DES ARMÉNIENS

L'abbaye sous Étienne Texier de Hautefeuille et sous Frédérick Karq de Bébambourg. — Les recherches de dom Julien Doyte, prieur. — Le salon de l'Abbé et la salle du Gouvernement. — L'installation d'un prisonnier de marque. La cellule d'Avedick. — Les aventures du patriarche des Arméniens. — Démêlés avec le marquis de Ferriol. — L'ambassadeur de France viole le droit des gens. L'enlèvement de Chio. — Avedick en France. Son transfert de Marseille au Mont Saint-Michel. Les instructions gouvernementales : au secret. — La correspondance officielle : Pontchartrain et le Père Louvel. — Un religieux mouton. Les secours de la religion : la confession du patriarche.

Le 27 octobre 1706, vers 3 heures de l'après-midi, dom Julien Doyte, prieur du Mont Saint-Michel, s'occupait, dans la chambre de l'Abbé, à mettre en ordre une liasse de papiers se rapportant à la prélature de Mgr Étienne Texier d'Hautefeuille. Il s'agissait de retrouver certains titres de noblesse relatifs à plusieurs chevaliers de Saint-

Michel. On s'était aperçu qu'il s'était introduit une infinité de contraventions aux règlements de cet Ordre ; c'est pourquoi l'autorité royale avait prescrit de minutieuses vérifications sur les certificats des titulaires [1].

Bien que le Mont n'ait joué aucun rôle important, comme on l'a dit et répété, ni dans la création de cet ordre, ni même dans la tenue de ses chapitres, les archives de l'abbaye possédaient toutefois des documents relatifs aux premiers chevaliers, institués par Louis XI. Dom Julien Doyte était précisément en train de compulser ces pièces, quand on lui annonça la visite du gouverneur du château.

Ses rapports avec cet officier étaient plutôt froids. Les deux autorités suprêmes qu'ils représentaient, subissaient souvent des heurts et des chocs ; la vie religieuse et la vie militaire voisinaient étrangement dans ces murailles étroites, où l'abbaye se mêlait toujours très intimement à la forteresse. Les religieux de Saint-Maur, jaloux de leurs prérogatives écrites dans le concordat de 1622 luttaient depuis un siècle contre les empiètements du pouvoir civil. Le Mont avait été le théâtre de dissentiments graves entre moines et soldats, entre sergents d'armes et frères portiers ; des contestations violentes s'étaient même élevées entre capitaines et prieurs, entre gouverneurs et abbés ; moins de cinquante ans aupara-

---

1. Dès 1665, Louis XIV avait rendu une ordonnance aux termes de laquelle le nombre des chevaliers de Saint-Michel était réduit à cent. Cf. la préface de l'ouvrage de M. GASTON DE CARNÉ, *les Chevaliers bretons de Saint-Michel*. Nantes, 1884. Étienne Texier de Hautefeuille fut abbé commendataire du Mont de 1670 à 1703 : il ne s'occupa nullement de son abbaye. On ne cite de lui que sa prise de sa possession et sa mort.

vant, des événements tragiques auxquels se mêlaient des scènes burlesques, avaient signalé le capitanat de M. de la Chastière-Candé dont la femme était, au dire des religieux, la plus astucieuse, la plus fourbe et la plus frivole qui existât à vingt lieues à la ronde. Dom Estienne Jobert nous en a brossé, de main de maître, un portrait peu flatteur [1].

Cependant le gouverneur et dom Julien Doyte étaient hommes de trop bonne éducation pour provoquer des scènes pénibles, dont le scandale avait écœuré le pays ; mais, tous les deux étaient jaloux de leurs titres et de leurs droits, guettaient la moindre incorrection pour se plaindre à leurs supérieurs et vivaient comme chien et chat. Le gouverneur montrait les crocs ; le prieur sortait les griffes.

Le capitaine fut aussitôt introduit dans la chambre de l'Abbé.

C'était une superbe pièce, faisant partie des édifices construits, dans la seconde moitié du treizième siècle, par Richard Turstin, architecte élégant de ces bâtiments abbatiaux, aspectés au sud du Mont et que des transformations successives ont mutilés d'une façon lamentable.

Le salon de l'abbé était éclairé par trois ouvertures, dont l'une, à croisillons, était percée dans le mur oriental. Deux autres fenêtres s'ouvraient au midi. Dans l'ébrasement profond de ces fenêtres, un banc de pierre permettait de s'asseoir et de contempler à loisir la mer, les grèves et ces plantureuses campagnes normandes qui fuyaient en s'étageant jusqu'aux horizons bleuâtres

---

1. Manuscrit n° 209 de la Bibliothèque d'Avranches ; cahier interfolié, f° 150, f° 151.

du Mortainais. Le haut des fenêtres était formé de deux arcades géminées, ornées de trilobes et garnies de jolis vitraux peints qui projetaient une lumière chatoyante et irisée sur la hotte d'une cheminée monumentale, semée de coquilles et de fleurs de lis. Une statuette de saint Benoît, rapportée d'Italie au siècle précédent, faisait face à un saint Maur en pierre de Caen. Un grand bahut Henri II, offert par Mgr de Cossé-Brissac[1], se dressait devant la cheminée et derrière une table de travail, couverte de papiers, d'écritoires, de plumes d'or et de cire. Ce bahut servait au classement des pièces courantes; les documents des prélatures antérieures étaient conservés dans le Chartrier, petite tourelle à trois étages, réunis entre eux par une vis de Saint-Gilles et qui flanquait, depuis Pierre Le Roy, son constructeur, le pignon nord-ouest de la Merveille.

De beaux sièges sculptés « par ces fins ouvriers en menuiserie », comme l'écrit le chroniqueur Thomas Le Roy, qui, dans l'effloraison de la Renaissance, avaient fouillé les stalles du chœur, étaient rangés autour de la pièce, dont les murs étaient ornés de bons tableaux et d'une pancarte armoriée représentant les armoiries des 119 chevaliers défenseurs. Deux fauteuils profonds, en cuir gaufré et bronzé, offerts jadis par des pèlerins de Malines, se voyaient en face de la table du prieur.

Celui-ci en indiqua un à l'officier en l'invitant à s'asseoir.

1. Celui-là même qui, en 1571, avait ravi « la belle croce d'or de dix mille escus » et que l'annaliste dom Huynes appelle avec raison « véritable loup quoique pasteur ».

— « Monsieur le Prieur, dit immédiatement le gouverneur, croyez bien que ma visite n'est pas importune ; elle est nécessitée par un ordre que je viens de recevoir de Sa Majesté. Le roi me prescrit d'avoir à préparer incontinent une chambre forte pour un prisonnier, dont il ne me fait pas connaître le nom et dont l'identité me sera révélée par un pli scellé que me remettra l'officier de l'escorte. Sa Majesté m'invite à m'entendre avec vous sur les dispositions à prendre au sujet de ce mystérieux personnage. Voilà pourquoi, je suis auprès de vous. »

— « Monsieur le Gouverneur, réplique aussitôt, d'un ton sec, dom Julien Doyte, vous êtes seul qualifié pour veiller à la garde de celui qu'il plaît à Sa Majesté de vous confier. La surveillance est dans vos attributions ; la communauté a la charge de certaines dépenses d'alimentation et d'entretien ; la charité chrétienne et notre caractère sacerdotal nous font un devoir de veiller sur nos prisonniers, au point de vue spirituel, en leur donnant tous les secours de notre sainte religion. Nous n'avons rien à faire de plus. »

— « Nous sommes absolument d'accord, Monsieur le Prieur, répondit vivement l'officier, mais croyez bien que si Sa Majesté ne donnait pas expressément l'ordre de m'entendre avec vous, je n'aurais certainement pas l'honneur de vous entretenir ici dans le somptueux salon d'un religieux qui a fait vœu de pauvreté. »

Le Prieur ne releva pas l'impertinence, il prit sans sourciller le parchemin que lui tendait le gouverneur jaloux, au fond, de la superbe installation du Prieur.

— « Vous voudrez bien remarquer, monsieur, re-

partit dom Julien Doyte après avoir lu la pièce avec une extrême attention, que Sa Majesté dit ceci :
« Monsieur le Prieur de la royale abbaye va rece-
« voir incessamment de M. le baron Jean de Be-
« bambourg[1], auquel il m'a plu d'octroyer la com-
« mende du Mont Saint-Michel, des instructions
« particulières pour l'internement de cet étran-
« ger. »

« La lettre de M. l'abbé ne m'étant pas encore parvenue, je ne saurais, Monsieur le Gouverneur, traiter de cette affaire, avant de connaître ce dont est cas. Aussitôt que le mandement me sera parvenu, je m'empresserai de m'aboucher avec vous. »

Piqué du ton légèrement impertinent de cette réponse, contre laquelle, d'ailleurs, il n'y avait rien à dire, le gouverneur se leva, salua et sortit.

Le lendemain matin, un courrier venu exprès d'Avranches, remettait à dom Julien Doyte et en mains propres, suivant la recommandation du bailli de cette ville, un pli scellé aux armes de l'abbaye, c'est-à-dire d'azur au mot Pax, accompagné, en chef, d'une fleur de lis d'or et, en pointe, d'un faisceau des trois clous de la Croix d'argent.

La lettre émanait de Jean Frédérick Karq, dont Julien Doyte était le procureur, puisque l'Abbé ne résidait pas au Mont ; il n'y avait même jamais mis les pieds ; les bénéfices seuls l'intéressaient.

---

1. Jean Frédéric Karq, baron de Bébambourg, chancelier de l'électeur de Cologne. Après les abbés réguliers, les commendataires, après les commendataires, les étrangers ; un Allemand sur le siège de Robert du Mont, un étranger, chef de la forteresse invaincue, telle était la décadence ! Cf. Le Héricher, *Mont Saint-Michel*, p. 107.

La lettre n'était qu'une missive de transmission ; elle contenait une dépêche, absolument confidentielle, signée de Louis XIV, avisant l'Abbé que son Prieur allait recevoir incessamment le patriarche des Arméniens, Avedick[1]. Ce personnage, dont l'identité ne pouvait être révélée à personne, si ce n'est au gouverneur, devrait être gardé très étroitement « sans qu'il lui fût permis d'avoir communication avec qui que ce soit, de vive voix ni par écrit. ». Il était expressément ordonné au prieur de s'entendre avec M. le gouverneur de toutes les mesures à prendre pour prévenir la possibilité d'une évasion. Sa Majesté insistait d'une façon particulière pour que la détention du patriarche fût très rigoureuse, sans toutefois que l'incarcération fût préjudiciable à la santé générale du prisonnier.

A peine le prieur fut-il en possession de cette dépêche qu'il fit demander au capitaine l'heure à laquelle celui-ci consentirait à le recevoir.

Il fit répondre qu'il se trouverait à trois heures de l'après-midi dans la salle du Gouvernement.

Cette salle servait généralement de lieu de réunion aux officiers de la garnison ; mais, depuis que, pour des raisons d'économie fiscale, leur nombre avait été très réduit, cette pièce était utilisée par le gouverneur seul, qui y avait transporté les archives administratives ; c'était, pour ainsi dire, son cabinet de travail.

On y accédait, de la salle des Gardes, par un petit escalier intérieur et détourné. Au nord et au sud, de belles fenêtres géminées l'éclairaient abondamment ; sur sa face Est, s'ouvraient encore

---

1. Depping, *Correspondance administrative du règne de Louis XIV*, t. IV, pp. 204-205.

quatres fenêtres longues et étroites, encadrées, extérieurement, par des colonnettes supportant des arcatures reproduites à l'intérieur. Elle communiquait encore avec la Tour Perrine, dans laquelle on avait aménagé plusieurs cellules pour les détenus.

Cette salle très grande, aux murs nus, où la lumière pénétrait à flots, n'était presque pas meublée; aux murailles étaient fixés des râteliers de bois où étaient rangées des armes blanches, des dagues, des piques, des pertuisanes et quelques mousquets. L'aspect en était plutôt sévère, triste même, et les visiteurs, qui avaient été reçus au somptueux et confortable salon de l'Abbé, trouvaient, à bon droit, que le Gouverneur n'était guère favorisé.

Le Gouverneur reçut le Prieur avec cette politesse froide qui marquait bien la nature des rapports entre ces deux autorités et tout de suite, dom Julien Doyte tendit au gouverneur la dépêche royale.

En la lisant, le Gouverneur fronça le sourcil et il ne put réprimer un mouvement de mauvaise humeur.

— « Tous mes compliments, Monsieur le Prieur, dit-il d'un ton un peu acerbe; bientôt je ne serai plus que votre lieutenant; Sa Majesté vous fait connaître, avant que j'en sois informé, l'identité de la personne qu'il lui plaît de nous envoyer... Il est vrai que le nom de cet Avedick ne me dit pas grand'chose ! ... »

Le Prieur ajouta malicieusement :

— « Avedick n'est, à l'heure actuelle, que le personnage le plus important de la Turquie; il faut être au courant des affaires religieuses à l'étranger et de la politique en Orient pour avoir entendu parler du patriarche des Arméniens. Un de nos religieux qui revient de Rome m'a fait le récit des événements qui se sont déroulés à Constantinople et de l'enlèvement d'Avedick, par ordre de l'ambassadeur de Sa Majesté auprès du Sultan, en raison des persécutions dont le patriarche accable les fidèles catholiques. C'est donc un ennemi de Sa Majesté et de notre sainte Religion que nous aurons à garder ici et il me semble qu'il est temps de se préoccuper de l'endroit où nous enfermerons le prisonnier. Son arrivée est incessante. ».

Alors, faisant trêve à leurs propos piquants et à leurs réflexions désobligeantes, le Prieur et le Gouverneur passèrent en revue les divers logements susceptibles de recevoir Avedick. Ils se mirent facilement d'accord. Les cachots, creusés sous la plate-forme de l'ouest, étaient vraiment trop malsains; l'ordre royal n'était-il pas d'exercer une surveillance étroite, mais d'éviter tout traitement préjudiciable à la santé? La cage de fer était toujours là; mais Sa Majesté, seule, pouvait en prescrire l'usage, sauf le cas de punitions temporaires; les cellules des *Exils* étaient presque toutes occupées par des prisonniers de l'ordre du roi, jouissant, pour la plupart, d'une liberté relative, ce qui rendait difficile la surveillance des corridors et des escaliers et la fermeture des portes. Seule, la tour Perrine convenait à un prisonnier de marque et offrait toutes garanties de sécurité.

Cette tour avait été construite, au quatorzième siècle, par Pierre Le Roy, un des plus grands Abbés du Mont Saint-Michel, d'où son nom : la Perrine. « De l'autre côté de Belle-Chaise, joignant icelle, il fist bastir la tour quarrée, qu'on nomme la Perrine, nom dérivé de cette abbé Pierre; et, tant dans cette tour que dans le dongeon, il y fist accomoder plusieurs petites chambres pour la demeure de ses soldats, car il estoit aussi cappitaine de ce Mont[1]. »

La Perrine se trouve dans l'angle rentrant des bâtiments que Richard Turstin édifia vers le milieu du treizième siècle. Sa forme générale est un carré barlong, contourné à l'angle de la façade et d'un seul contrefort; la face ouest fait corps avec les bâtiments abbatiaux et celle du nord-est très rapprochée de Belle-Chaise sur le côté sud; la tour bouche, en partie, les fenêtres de la salle du Gouvernement.

La Perrine se compose de six chambres superposées et est couronnée par un beau crénelage. Un escalier, placé en encorbellement à l'angle sud-ouest, dessert quatre étages de la tour. Entre le quatrième et le cinquième étage, on remarque un mâchicoulis, permettant de défendre l'escalier établi sur le flanc sud-est qui met en communication les bâtiments abbatiaux avec les terrasses et les chemins de ronde extérieurs. Cette tour a subi, depuis la Révolution, plusieurs transformations qui n'ont pas nui à sa beauté extérieure, mais qui ont bouleversé son plan interne. On a, notamment, mutilé une cheminée afin d'établir une porte destinée à relier le corps de garde avec la chambre du rez-de-chaussée, dont on a fait la Porterie.

C'est au troisième étage de la Perrine que fut aménagée pour Avedick une cellule spacieuse, bien

---

1. DOM HUYNES, *Histoire Générale de l'abbaye du Mont Saint-Michel au péril de la mer*, édit. Eugène de Beaurepaire, t. I, p. 191.

aérée, aspectée au sud; une large fenêtre grillée l'éclairait abondamment. Un lit de fer, une table, deux escabeaux de bois, le seau indispensable et quelques tablettes sur les murs meublaient cette chambre.

Avedick devait y passer de longs mois.

Le patriarche des Arméniens était alors un personnage assez mystérieux en France et longtemps sa personnalité piqua la curiosité publique. Il eut même l'honneur d'être considéré comme l'homme au Masque de Fer : « J'ai découvert l'homme au masque de fer et il est de mon devoir de rendre compte à l'Europe et à la postérité de ma découverte! » s'écriait le chevalier de Taulès, ami et correspondant de Voltaire. Mais l'enthousiaste historien, tout fier d'une découverte qu'il étayait sur des bases qui n'étaient pas sans apparence de vérité, reçut bientôt une terrible douche. M. de Vergennes ordonna des recherches dans les archives du ministère des Affaires étrangères. On découvrit qu'Avedick se trouvait encore en Turquie dans les premiers mois de 1706. Il ne pouvait donc être le prisonnier, amené par Saint-Mars, des îles Sainte-Marguerite, à la Bastille de Paris, le 18 septembre 1698 et mort dans cette forteresse le 19 novembre 1703.

Mais si les recherches prescrites par M. de Vergennes ont ruiné le système imaginé par le chevalier de Taulès, elles ont eu l'avantage de fournir quelques jalons pour tracer l'existence d'Avedick. Grâce à elles et aux habiles investigations de M. Marius Topin nous connaissons mieux la vie du patriarche arménien [1].

---

1. MARIUS TOPIN, *l'Homme au Masque de fer*. Paris, 1883.

Né d'une famille obscure, à Tocate, à une date qui n'est pas rigoureusement établie, mais qui se place vers 1646[1], Avedick, Arwedik ou Aviedick se consacra, de bonne heure, à l'étude des doctrines de l'Église Arménienne. Devenu archevêque, Avedick, par ses propos violents contre le roi de France, avait attiré sur lui l'attention du grand vizir, sur lequel le marquis de Ferriol qui n'était pas encore ambassadeur à Constantinople, mais qui résidait en Hongrie au camp des Turcs, avait une influence considérable.

Exilé par le grand vizir, Avedick entra en grâce en 1701 et devint puissant, en raison de son amitié avec Feizoulah Effendi, le premier dignitaire de la foi musulmane ; Ferriol essaya encore de perdre Avedick en intriguant contre lui auprès du grand chancelier de l'Empire, mais l'ambassadeur se brisa à la volonté des autorités de Constantinople ; une révolution qui renversa le sultan Mustapha II et, du coup, priva Avedick de son protecteur, le livra à nouveau aux ressentiments de Ferriol. Celui-ci réussit à le faire emprisonner dans la forteresse des Sept-Tours, la principale prison d'Etat de Constantinople au fond « d'un cachot plein d'eau d'où le patriarche ne pouvait voir le jour[2] ».

1. L'acte de décès d'Avedick (Registre des convoys et enterrements à l'église paroissiale de Saint-Sulpice, à Paris), indique bien l'âge de 54 ans ou environ ; mais d'après *l'Histoire de l'Empire Turc* d'Hammer, Avedick était très lié à Erzeroum avec le muphti Feizoulah-Effendi. L'année assignée par Hammer au séjour du muphti à Erzeroum ne permettrait pas d'y faire vivre Avedick à la même époque que son ami. Le patriarche avait environ 60 ans, quand il fut enlevé par l'ordre de Bonnal, aidé du jésuite Tarillon, à Chio, en août 1706.
2. Dépêche de Ferriol à Pontchartrain, du 12 juin 1704. *Archives, Ministère des Affaires étrangères*. Turquie, 41-45, etc.

Mais l'affection des Arméniens finit par être plus puissante que la haine de Ferriol. « La somme énorme de quatre cents bourses (880.000 francs) fut réunie par les schismatiques et tenta la cupidité du grand vizir et de ses principaux officiers. Les promesses faites à Ferriol furent oubliées et, un an après avoir été déposé, Avedick remonta sur le trône patriarcal. « Il s'était joint avec les Grecs, écrit Ferriol à Pontchartrain, et je prévois des persécutions terribles contre les catholiques. » A force d'intrigues, et par des moyens qu'il serait trop long d'exposer ici[1], Ferriol réussit encore à faire déposer Avedick. Cela ne lui suffisait pas ; il le fit enlever, avec la complicité de M. Bonnal. vice-consul de France à Chio et des Jésuites Tarillon et Braconnier[2]. Le chiaoux, chargé de la garde de l'ancien patriarche, le fit monter sur un petit bâtiment de commerce commandé par un Français, qui fit voile sur Marseille. Là, il fut remis entre les mains de M. de Montmor, intendant des galères, et écroué à l'arsenal maritime.

Quelques auteurs ont prétendu qu'Avedick fut enfermé soit dans les prisons de Messine, soit aux îles Sainte-Marguerite ou encore à la Bastille. La vérité est qu'il fut immédiatement dirigé sur le Mont Saint-Michel.

Cela s'explique.

L'enlèvement odieux de l'infortuné patriarche, fait en violation du droit des gens et qui consti-

---

1. On les trouvera dans MARIUS TOPIN, *l'Homme au Masque de fer*, chap. XII, XIII et XIV.
2. Il n'est pas douteux que la Compagnie de Jésus prit une part active, quoique secrète, à cet enlèvement. Cette immixtion a été contestée par le révérend Père Turquand, dans un article publié le 15 août 1869 par *les Études religieuses et littéraires*.

tuait, à lui seul, un véritable *casus belli* avec l'empire ottoman, était connu de toute l'Europe ; on ignorait toutefois l'endroit où Avedick avait été transporté. Louis XIV était trop prudent et trop avisé pour laisser dans un port ou dans une île de la Méditerranée un personnage aussi important et aussi sympathique que le patriarche des Arméniens ; dès qu'il apprit le débarquement d'Avedick à Marseille, il dépêcha un exempt à M. de Montmor, avec ordre de retirer l'Arménien des galères de l'arsenal et de le conduire « sous bonne et sûre garde au Mont Saint-Michel[1] ».

Le patriarche y arriva, sous escorte, dans la dernière semaine de novembre. Le gouverneur et le prieur croyaient voir un personnage hautain, impérieux, robuste et jeune encore. Ils se trouvèrent en présence d'un homme d'une soixantaine d'années, pâle, affaibli et silencieux. Il entendait à peine le français. Il ne protesta ni par paroles ni par gestes contre son incarcération et examina avec beaucoup d'attention la cellule où il fut immédiatement enfermé. Il la trouva, sans doute, moins humide et moins obscure que l'affreux cachot où Ferriol l'avait précipité, dans la prison des Sept-Tours et un pâle sourire éclaira son visage qu'encadrait une belle barbe blanche.

Il s'approcha de la fenêtre et, à travers les grilles, il contempla le spectacle qu'il avait de-

1. Ordre du 10 novembre 1706 : « Il est ordonné à ... de se transporter dans les prisons de l'arsenal de Marseille pour en tyrer le prisonnier qui lui sera remis par le sieur de Montmor, intendant des galères, et le conduire sous bonne et seure garde à l'abbaye du Mont Saint-Michel et enjoint à tous gouverneurs, maires, scindics et autres officiers de luy donner toute protection, secours et main forte en cas de besoin. » *Reg. dépêch. comm.*

vant lui. La mer était retirée ; de vastes grèves grises s'étendaient entre la base du Mont, dont il voyait à deux cents pieds au-dessous de lui les remparts hérissés d'échauguettes, bordés de créneaux et d'où se détachaient quatre ou cinq grosses tours rondes. Entre les murs de défense et la base des bâtiments où il était logé, se pressait la petite ville, dont l'église paroissiale se reconnaissait à son humble clocher en mitre d'évêque ; tout auprès, un beau logis montrait une façade égayée d'armoiries et d'écussons ; des jardins en terrasses s'étageaient au pied de l'abbaye ; il vit avec plaisir des figuiers vigoureux lui rappelant ceux de son pays. L'après-midi touchait à sa fin ; le soleil descendait, peu à peu, derrière le Mont en projetant sur les sables sa silhouette immense et déchiquetée ; la tour s'allongeait au loin ; elle formait le sommet de cette pyramide gigantesque, qu'il avait contemplée, tout à l'heure, en traversant la demi-lieue de grève qui séparait le Mont de la terre ferme ; les clochetons prenaient des formes bizarres et les gargouilles, aux angles des bâtiments, se détachaient comme des animaux fantastiques sur le sable qu'elles semblaient mordre de leurs gueules ouvertes au-dessus des abîmes. Enfin l'ombre s'étira démesurément ; le haut de la tour paraissait toucher la rive lointaine qui, déjà, se couvrait de brume. Les bords de la gigantesque silhouette perdirent peu à peu cette netteté d'emporte-pièce que le soleil lui donnait, alors qu'il était encore un peu au-dessus de l'horizon ; la vague de la nuit monta dans le silence et le pauvre vieux patriarche se prit à pleurer...

De la détention d'Avedick nous ne connaissons rien de particulier : dom Huynes et dom Le Roy et même leurs continuateurs que nous aimons à prendre pour guides ou pour informateurs, sont morts depuis plusieurs années : il n'existe pas au monastère de religieux lettrés ou simplement curieux pour rédiger des notes et faire part de leurs impressions. L'histoire littéraire ne s'écrit plus ; seule la correspondance administrative nous permet d'obtenir quelques vagues renseignements.

Il paraît bien que les religieux se montrèrent tout d'abord sévères et défiants à l'égard de cet infortuné qu'on leur avait représenté comme un affreux persécuteur des catholiques. Cependant, ils revinrent bientôt sur cette fâcheuse impression, à en juger par une lettre que le comte de Pontchartrain, écrivait de Marly, le 13 juillet 1707, au prieur du Mont Saint-Michel. Cette réponse fait supposer que dom Julien Doyte avait cherché à apitoyer le gouvernement royal sur le pauvre Arménien.

« J'ay rendu compte, dit Pontchartrain, au roy de ce que vous me marquez au sujet du prisonnier du Levant, qui est dans vostre maison. Sa Majesté m'ordonne de vous faire observer qu'Elle n'a point deffendu de luy administrer la confession, ni de luy faire entendre la messe ; et qu'au contraire, Elle vous en a laissé la liberté et s'en est remise à vous, après vous avoir expliqué ce qu'on m'escrivoit sur sa conduite passée et sur les persécutions qu'il avoit excité contre les Arméniens catholiques. *Comme on peut changer à tous moments*, le roy n'a pas prétendu le priver des secours qu'il pourrait trouver dans le sacrement et Sa Majesté a seulement pensé que vous deviez avant de l'y admettre, le faire examiner avec d'autant plus de soin qu'on pouvoit craindre, par ce qui s'étoit passé, que sa dévotion n'était que feinte et apparente pour tromper et engager à le garder avec moins d'attention. Je mande au Père Général d'envoyer le religieux qui peut l'entendre et de lui enjoindre de garder le secret sur les choses qu'il pourra lui expliquer hors de la confession. Vous avez bien fait de faire donner au prisonnier les remèdes dont il vous a marqué avoir besoin. »

En même temps que cette lettre était envoyée à dom Julien Doyte, le secrétaire d'État en adressait une au supérieur de la congrégation de Saint-Maur et les instructions qui y sont données ne sont pas tout à fait conformes à celles qu'indique la lettre du 13 juillet. « Sa Majesté, est-il dit, désire que vous fassiez passer au Mont Saint-Michel le religieux qui estoit à Saint-Malo, qui pouvait l'entendre et que vous lui enjoigniez de garder le secret sur les choses qu'il pourra luy dire hors de la confession, à moins qu'il ne juge qu'elles puissent être utiles pour le service ou pour la religion, auquel cas il n'aura qu'à me les mander, votre deffense ne devant avoir que cette exception. »

Il est de toute évidence que le pouvoir royal désirait connaître les plus secrètes pensées d'Avedick. Etait-il en relation avec ses coreligionnaires ? Organisait-on une évasion ? Avait-il intéressé à sa cause des gouvernements étrangers ? La Sublime-Porte lui avait-elle fait connaître qu'elle ne se désintéresserait pas à son malheureux sort ?... Toutes questions qui préoccupaient énormément le roi et ses ministres. Enfin, une phrase de la lettre du 13 juillet démontre qu'on espérait une conversion : « On peut changer à tous momens », est-il dit dans cette dépêche.

L'odieux enlèvement de Chio faisait du bruit en Europe. Le grand vizir avait sommé Ferriol de lui faire connaître l'endroit où Avedick avait été déporté. La netteté et l'énergie de la demande ne troublent pas l'ambassadeur. Il répond à Maurocordato, l'envoyé du sultan qui menace Ferriol d'une persécution générale contre les Arméniens catholiques : « Si Avedick est en France, j'écrirai afin qu'on le fasse revenir. Mais le Grand Seigneur est le maître de ses sujets. Il peut faire mourir indifféremment tous les Arméniens, sans qu'une telle menace me détermine à avouer ce que j'ignore[1]. »

La menace de persécution n'était pas un vain mot ; les mesures de rigueur et les proscriptions se multiplièrent ; tous les catholiques furent contraints de fuir ou de se cacher. Les Arméniens cherchent activement leur patriarche. Ils suivent ses traces jusqu'à Marseille ; mais, seuls un petit nombre d'initiés savent, à Rome, qu'Avedick est en France. Le roi, effrayé de l'opiniâtreté des Ottomans à découvrir le lieu de détention du patriarche, ordonne une captivité de plus en plus rigoureuse ; toutefois, les lettres du prieur sont empreintes d'une certaine sympathie à l'égard de leur prisonnier. Le gouvernement s'en étonne. On prescrit au prieur de veiller plus que jamais : « On l'a dépeint au roy comme un très grand scélérat et un persécuteur outré des catholiques. Sa Majesté attend pour le renvoyer quelque con-

---

1. Dépêche de Ferriol à Pontchartrain du 6 juillet 1706. *Affaires étrangères*, Turquie, 43, citée par MARIUS TOPIN, *l'Homme au Masque de fer*, p. 190.

joncture où il ne puisse plus faire de mal[1]. »

Cependant, la lettre du 13 juillet 1707 était restée sans effet. Aucun confesseur n'avait été dépêché vers Avedick. Le roi s'en étonne; le 14 décembre 1707 le comte de Pontchartrain écrit ceci au Père Louvel, secrétaire de la congrégation de Saint-Maur, à Saint-Germain-des-Prés[2] : « J'avais prié le Père général — et la charité même le demandait — de rechercher avec soin, s'il n'y avoit point, dans vostre congrégation, quelques religieux assez habiles dans les langues orientales, pour entendre le prisonnier étranger et conférer avec luy. Je suis surpris qu'on n'en ait pas trouvé jusque à présent et que ce prisonnier, qui a presque toujours demeuré à Constantinople, ne sache point le grec ni la langue franque. Vous devriez en escrire encore au Prieur du Mont Saint-Michel, pour sçavoir précisément de ce prisonnier, en lui montrant quelques livres grecs, s'il n'y entend rien du tout[3]. »

Enfin on put trouver le moine, tant désiré, capable d'entendre en confession le mystérieux patriarche et de le faire *un peu parler* dans sa cellule. Il est possible que ce religieux soit venu de Saint-Malo; la lettre du secrétaire d'État au prieur général démontre qu'il y avait dans cette ville un homme entendant la langue d'Avedick. Mais les recherches que nous avons faites pour découvrir ce religieux ont été infructueuses. L'histoire du mo-

---

1. Lettre du 22 août 1708. *Correspondance administrative sous le règne de Louis XIV*. Ed. Depping, t. IV, p. 265.
2. Lettre du 14 décembre 1707. *Id.*, p. 267.
3. La bibliothèque bénédictine du Mont Saint-Michel n'était pas très riche en ouvrages grecs; elle contenait cinq ou six volumes des œuvres d'Aristote. Ces manuscrits se trouvent aujourd'hui à la bibliothèque d'Avranches.

nastère de Saint-Benoit, de Saint-Malo, publiée par M. Riéger,[1] d'après un manuscrit déposé aux archives municipales de la Cité-Corsaire, est muette sur ce point. On lit, cependant, dans ce manuscrit, que, de 1704 à 1707, les Pères obtinrent par leurs prières et par leurs science plusieurs conversions. C'est ainsi qu'en 1704, un Algérien fut instruit par le prieur et reçut le baptême : « Le huitième jour d'octobre 1704, Homar (sic) Mahomet originaire de la ville d'Alger en Barbarie, ayant été recommandé par Monseigneur l'Évesque au R.P. prieur Nicolas Hougats, pour lors prieur de notre monastère de Saint Benoit, afin de l'instruire dans notre saincte Foy et Religion, pour le disposer à recevoir le saint Baptême qu'il a demandé avec instance et persévérance, le dit dom Hougats lui a servi d'interprète, lequel fut ensuite baptisé par M. Desnods pour lors vicquaire perpétuel et chanoine dans l'église cathédrale de Saint-Malo. Le dict Homar fut nommé Nicolas Joseph Petris et a signé le livre des registres baptistères en arabe. »

Il n'y aurait donc rien de surprenant à ce que le confesseur *mouton* d'Avedick ait été un religieux du monastère malouin, fondé en 1611, en haut du rocher de Saint-Aaron, par l'Anglais William Gifford et qui compta plusieurs religieux étrangers.

L'audition d'Avedick par ce père convertisseur n'avait pas encore eu lieu dans les premiers jours d'août 1708. En effet, une dépêche de Ponchar-

---

[1]. *Histoire du Monastère de Saint-Benoît (ordre dudit saint Benoît et congrégation de Saint-Maur) situé en la ville de Saint-Malo*, manuscrit publié et annoté par M. Riéger, *Annales de la Société historique de Saint-Malo*, année 1908.

train à Don Julien Doyte, en date du 22 août de cette année fait allusion à cette conversation : « J'ay reçu, écrit le chancelier, la lettre que vous m'avez escrite au sujet du prisonnier que le roy a donné l'ordre de retenir dans vostre monastère. Sa Majesté désire que vous continuiez les mesmes soins pour sa garde, sans communiquer avec personne, qu'a pris votre prédécesseur; mais j'ay esté touché de ce que le religieux qui le sert, a entendu de luy sans pouvoir aller plus loin : je conçois qu'il a pu demander par signe à se confesser; mais il faut qu'il ait parlé intelligiblement pour ce religieux pour qu'il ait pu vous rapporter qu'il demandait qu'on le condamnast à la peine qu'il mérite, ou d'estre absous et mis en liberté et que enfin à tout péché il y avoit miséricorde : tout cela ne se peut expliquer par signe, dont on n'a point convenu et, supposant que ce religieux l'ait entendu, il parviendra peu à peu au reste[1]. »

L'incarcération d'Avedick n'inquiétait pas seulement Louis XIV, elle préoccupait aussi Rome très vivement. Le cardinal de La Trémouille écrivait, le 21 juillet 1708, à Torcy qu'il fallait « resserer encore davantage le prisonnier[2] ». Le ministre obtempéra à cette quasi-injonction et le prieur du mont Saint-Michel reçut l'ordre de redoubler de surveillance; le malheureux patriarche fut durement traité. « Les ordres, écrit le ministre à La Trémouille, ont été renouvelés pour redoubler l'attention. Avedick n'est vu que par celui qui lui

1. Lettre de Pontchartrain au Prieur du Mont Saint-Michel, *loc. cit.*, pp. 265-266.
2. Dépêche du cardinal de la Trémouille à Torcy, de 21 juillet 1708. *Archives des Affaires étrangères*. Rome, 491, citée par M. Topin.

sert à manger. On ne s'explique avec lui que par signes et lorsqu'il entend la messe, les fêtes et les dimanches, on le met dans un lieu séparé. »

Entre temps, on dépistait les Arméniens qui étaient venus à Marseille, croyant y découvrir leur patriarche et, à la nouvelle que son domestique allait se rendre de Livourne en France, pour s'efforcer d'y trouver son maître, on assurait le Saint-Siège que le domestique serait arrêté, dès son arrivée en France et retenu dans une étroite prison ; bien mieux, Louis XIV affirmait à la Porte, qui réclamait très impérieusement le patriarche, que « la mort d'Avedick lui avait été annoncée au moment même où, pour être agréable au Grand Seigneur, le roi le faisait rechercher en Espagne et en Italie, afin de le rendre à son souverain légitime [1] ».

C'était un mensonge impudent ; à l'époque où le roi annonçait à Constantinople le décès du patriarche, celui-ci se trouvait encore au Mont Saint-Michel ; mais le gouvernement estima qu'Avedick n'était pas suffisamment isolé et que le château du Mont n'était point à l'abri d'un coup de force. On décida que l'Arménien serait transféré à la Bastille ; le secret fut si bien gardé que les religieux du Mont ignorèrent longtemps, sauf le prieur, le départ d'Avedick ; les ordres furent donnés verbalement afin qu'aucune indiscrétion ne fût commise dans les bureaux. C'est seulement par le journal de Dujonca, Registre des entrées, que l'on connaît l'internement d'Avedick à la Bastille, à la date du 18 décembre 1709, et encore Dujonca ne

---

1. Lettre du 14 février 1707. *Archives des Affaires étrangères*, Turquie, 44.

cite-t-il point le nom « de ce prisonnier très important[1] ». M. de Bernaville, gouverneur de la prison d'Etat, reçut les mêmes instructions que celles qui avaient été données au prieur du Mont Saint-Michel.

Le 22 septembre 1710, Avedick abjurait entre les mains du cardinal de Noailles, archevêque de Paris et était remis en liberté ; il ne devait pas en jouir longtemps ; le 21 juillet 1711, c'est-à-dire dix mois après sa sortie de la Bastille, il mourait à Paris, dans une petite maison de la rue Férou, sans parents et sans amis, « ayant demandé et reçu les consolations et les sacrements de l'Église Romaine, dont les ardents missionnaires avaient causé tous ses maux. Ainsi se termina cette vie commencée dans l'obscurité et dans la misère, continuée sur le trône patriarcal, traversée de catastrophes, remplie d'élévations inespérées et de chutes soudaines, et si tristement achevée dans l'exil [2]. »

[1]. Ms. de la Bibliothèque de l'Arsenal. *Journal de Dujonca*. Registre des entrées.
[2]. Marius Topin, *ouvrage cité*, p. 198.

CHAPITRE IV

VICTOR DE LA CASSAGNE, DIT DUBOURG, DANS LA CAGE DU MONT SAINT-MICHEL

Fort comme une légende. Un prétendu journaliste hollandais victime de Louis XIV. Un cadavre vivant : les rats dévorent un goutteux. — Un géographe révolutionnaire : les horreurs de l'ancien régime. — Comment M. Verusmor écrit l'histoire. — A la lumière des documents authentiques : Victor de la Cassagne, son domaine en Rouergue, sa famille. — Les intrigues d'un publiciste ; le pamphlétaire à Francfort. Imprimerie clandestine. Victor de la Cassagne, dit Henri Dubourg, au Mont Saint-Michel. L'incarcération et la mise en cage. — Les interrogatoires de M. de la Mazurie. Notes confidentielles et rapports officiels. Les instructions à M. d'Argenson. — Une information judiciaire. La pièce à conviction : une scène émouvante. — La mort dans la cage ; folie et inanition ; l'acte de décès du prisonnier. Recherches sur les traitements dont il fut l'objet. Humanité des religieux. Les réparations à la cage ; leur coût. Une correspondance apocryphe ; le prix de la pension de Dubourg. Les ennuis des religieux : l'État, mauvais payeur.

N'allez pas croire que ce qui intéresse le plus le touriste dans sa visite du Mont Saint-Michel ce

soit le cloître élégant, le chœur harmonieux de l'église, les cryptes robustes ou les vastes salles de la Merveille. Il jette, le plus souvent, un regard distrait et rapide sur l'escalier de dentelle, les contreforts vigoureux des murailles, les clochetons aériens et les tours gracieuses. Ils sont rares ceux qui cherchent à mettre un peu de vie dans ce grand corps, aujourd'hui sans âme. Quelle douceur, quelle joie artistique, ne trouve-t-on pas à évoquer le souvenir des moines savants et modestes, architectes incomparables et qui ont voulu demeurer inconnus[1] ! Et cependant leur gloire est impérissable ; ils n'ont point gravé leurs noms sur les pierres : *nomina stultorum...* vous savez le reste, et c'est folie que de prétendre avoir découvert les auteurs du cloître en déchiffrant, ou à peu près, deux ou trois inscriptions, entourant autant de figures. La connaissance de la règle de saint Benoît, des monuments littéraires religieux, des recueils ecclésiastiques est nécessaire pour comprendre l'idée et le plan de cette incomparable abbaye ; elle s'éclaire merveilleusement si l'on projette sur elle le rayon de la foi ; alors, les pierres parlent ; autrement on en voit la forme et la couleur ; rien de plus.

Le touriste, par tempérament, s'intéresse le plus souvent aux plus petites choses : c'est un grand enfant; durant tout le dix-neuvième siècle, on ne parlait au Mont que du tour des Fous, du

---

1. Dans le Cloître, on lit sur la pierre, en capitales gothiques trois noms qui, d'après plusieurs écrivains, seraient ceux des architectes du Cloître. Avec M. Victor Jacques, nous croyons que ces auteurs se trompent, parce que l'habitude simple et absolue du temps ne permettait pas aux bénédictins de signer leurs travaux.

Petit et du Grand, et on racontait à satiété les dangereuses promenades entreprises sur ces deux corniches étroites, encadrant l'horrible clocher carré, au sommet duquel gesticula jusqu'à 1845, le télégraphe à bras du système Chappe. Aujourd'hui, ce sont les cachots qui jouissent de la faveur populaire ; les Jumeaux captivent l'attention des visiteurs. On se bouscule pour pénétrer dans ces affreux réduits et on fait un succès au touriste qui les éclaire à la lueur d'une allumette-bougie ; les chaînes sont caressées, secouées, soupesées ; on s'en détache avec peine ; mais la fameuse voûte où fut enfermé celui que les rats dévorèrent n'est pas loin ; on y court, et que de sottises n'entend-on pas devant ce retrait de muraille, cette arcade, que l'on ferme de grosses barres de fer, derrière lesquelles agonisa un malheureux père de famille, victime du Roi-Soleil !...

Nous avons consacré un chapitre aux cages de fer et nous avons dit tout ce que l'histoire nous apprend de celle du Mont Saint-Michel. Il nous faut parler, maintenant, d'un des pauvres oiseaux qui y fut enfermé.

La légende dit ceci : Un écrivain de talent, ayant reproché, dans un de ses livres, au roi Louis XIV, sa conduite immorale envers les femmes mariées, fut enfermé au Mont dans une cage de fer ; il y resta vingt-sept ans ; il mourut dévoré par les rats, après avoir adressé à sa femme et à ses enfants des lettres absolument navrantes. On ajoute même ce détail. Il était goutteux des pieds et des mains ; aussi ne pouvait-il éloigner les rats qui lui rongeaient les extrémités !

Il est probable que, d'ici peu, on surenchérira, en affirmant que ce fut une victime des Jésuites !

Dieu merci, on possède à ce sujet des documents d'une authenticité incontestable.

Dès 1863, M. Eugène de Beaurepaire faisait bonne justice de tous ces racontars; la vérité, cependant, était déjà assez triste sans qu'il fût besoin de dénaturer les faits; quelques sectaires de bas étage et deux ou trois écrivains sans talent se sont évertués à dramatiser la lamentable histoire de Dubourg et à forger de toutes pièces des documents de nature à entourer ce vilain personnage d'une certaine sympathie.

A quand doit-on faire remonter la légende du prisonnier du Mont Saint-Michel qui fut dévoré par les rats? On l'a imputée à un écrivain normand M. Alexis Géhin qui signait Vérusmor et qui publia sur ce sujet des chroniques assez étendues, vers 1830.

Mais, dès 1793, on trouve des traces écrites de cette histoire extraordinaire.

Vers cette époque, le citoyen de La Vallée faisait paraître, par fascicules, *les Voyages dans les départements de France*. Il en consacrait un à celui de la Manche et sa prose est vraiment trop savoureuse pour que nous résistions au plaisir de donner ici un échantillon de son style. Le passage, d'ailleurs, se rapporte tout entier aux prisons du Mont Saint-Michel. « Le Mont Saint-Michel, dit de La Vallée, est une des curiosités du département de la Manche. Au dessous de ce temple consacré au Dieu le plus doux, sous l'invocation d'un archange, dont on vante la haine contre l'orgueil et la tyrannie, au-dessous de ces salles superbes, où des moines coulaient des jours paisibles dans le sein des oisives voluptés et, disons-le avec vérité, dans le sein aussi des lettres, dont le charme devrait adoucir aussi le cœur de l'homme ; dans les flancs de ce rocher, tout surchargé du luxe des autels et de la pompe monastique, étaient creusés des cachots profonds où l'on enterrait toutes vivantes les malheureuses victimes d'un ministère de sang ou des préventions haineuses des familles[1]. Les lettres de cachet amoncelaient les infortunés dans ces cavernes infectes et le Mont Saint-Michel réclamait l'affreuse priorité d'avoir vu la première cage de fer construite pour enfermer un innocent. O honte éternelle des pontifes du culte romain ! Les os de 600.000 infortunés que vous fîtes lentement périr dans ces cachots ont servi de burin à l'humanité pour graver votre arrêt sur le piédestal de la liberté ! Sous les vastes appartements de l'abbaye, dans cette horrible maison d'Etat, dont tout le monde connaissait l'existence, mais que peu de voyageurs ont vue, par le soin que le despotisme prenait d'épaissir le voile dont il couvrait les différents théâtres de ses iniquités, au bout d'une galerie, se trouvait une petite porte, étroite et basse, par laquelle on descendait plutôt par une crevasse du rocher que par un escalier ; dans un cachot, était cette épouvantable cage dont nous avons déjà parlé. Un guichet de douze pieds d'épaisseur fermait cet horrible tombeau, sculpté par les mains de la scélératesse et insensible témoin des larmes des infortunés, que la mort est venue lentement chercher à travers cette croûte d'airain et de rochers dont les monstres des temples et des cours

---

1. Nous avons dit un mot, dans l'*Avant-Propos*, des oubliettes et des in-pace ; on a pris longtemps pour d'affreux cachots, des puisards, des égoûts et des cachettes. Il n'y a pas un mot de vrai, dans la description donnée par Colombat, d'une oubliette au fond de laquelle il prétend être descendu, lors de son évasion. Voir le chapitre XI du présent ouvrage.

La Maison de La Cassagne
Cliché Villiers.

enveloppèrent si souvent l'innocence opprimée !
En Hollande, un homme croit pouvoir écrire ce
qu'il pense sur les amours hypocrites de Louis XIV
et de Mme de Maintenon. Au mépris du droit des
gens, il est arrêté et enfermé dans cette cage où il
vécut pendant vingt-trois ans. »

Voyons, maintenant, à la lumière de l'histoire,
ce qu'était cet intéressant écrivain, ce bon père
de famille, ce huguenot convaincu, victime du
Grand Roi, ce pauvre goutteux enfermé plus de
vingt ans dans une cage de fer et qui mourut dévoré par les rats.

La petite commune de Gabriac, en Aveyron,
possède un domaine appelé la Cassagne et qui,
depuis très longtemps, est la propriété de la famille
Serpantié, de Saint-Geniez. Auprès des bâtiments
nécessaires à l'exploitation agricole, se trouve une
maison bourgeoise qui paraît être assez ancienne
et dont quelques parties remontent certainement
à la fin du dix-septième siècle [1]. Si l'on recherche
les origines de propriété de ce domaine, on trouve
qu'il appartenait dès 1650 tout au moins, à une
famille Dijols qui ajouta à son nom celui du
domaine : la Cassagne. Les Dijols de la Cassagne,
excellents catholiques du Rouergue, furent maintenus dans leur noblesse, lors de la recherche et
de la révision des titres qui eut lieu dans ce
pays, de 1697 à 1716 [1].

En 1715, naissait à Espalion, Victor de la Cassagne, du légitime mariage de Victor et de
Anne Dubourg ; la famille se composait de trois
autres enfants : un garçon et deux filles ; ils sui-

---

1. Renseignements de M⸱ J. Vieillescazes, notaire à Ceyrac,
par Gabriac, Aveyron, et de M. J. Serpantié, de Saint-Geniez.

virent la vocation religieuse ; le fils entra chez les Augustins de Toulouse, où il devint professeur de philosophie ; les filles entrèrent, l'une au couvent des Bernardines, à la Falque, l'autre au couvent de l'Union, à Saint-Geniez [1].

Victor, lui, ne manifestait aucun goût pour l'état ecclésiastique. Après avoir fait de bonnes études à Toulouse, il vint à Paris où il portait, dit-il, l'habit cavalier et l'épée. Gracieux, habile, beau parleur et fort intrigant, il se glissa dans quelques salons littéraires, grâce à l'un de ses compatriotes, l'abbé Séguy, chanoine de Meaux, devenu membre de l'Académie française, en 1736.

Victor de la Cassagne se fit alors publiciste et changea son nom contre celui de sa mère ; il était, pourtant, moins sonore et plus commun ; était-ce parce qu'il trouvait moins dangereux de signer de ce nom roturier des libelles et des pamphlets politiques et pour garder une sorte d'anonymat, le mettant à l'abri des recherches policières ? On l'a dit, cela est bien improbable ; le voile était vraiment bien facile à écarter pour découvrir l'auteur. Quoi qu'il en soit, il travaille beaucoup, encouragé d'ailleurs par plusieurs hommes de lettres assez connus, l'abbé Chérest, de Jouve et même par M. de Fontenelles et Crébillon père. Si son *Traité de l'Histoire Universelle* et ses *Lettres Tartares* n'ont pas été imprimés, il a paru de lui des traductions de *Montezuma* et de *Mérope*[2], et le grand *Dictionnaire Géographique*, édité par Laurent Echard et la veuve Bienvenu. Ce diction-

---

1. Félix Mourlot, *Victor Dubourg* ; Mém. Soc. Rouergue.
2. *Mérope*, tragédie, traduit de l'italien de Maffei. Paris, veuve Bienvenu, 1743. *Montezuma*, tragédie, traduit de l'anglais de Dryden. Paris, Lesclapart 1743.

naire lui fut payé la somme, coquette pour l'époque, de 800 livres.

Au commencement de 1745, Dubourg quitte Paris, on ignore pourquoi ; il est possible que certains pamphlets manuscrits ou imprimés qui circulaient sous le manteau et qui passaient pour sortir de sa plume, y rendissent sa présence dangereuse pour lui. Il va à Francfort, s'y met en rapport avec un imprimeur du nom de Müller et fait paraître une série de libelles diffamatoires sous le titre général du *Mandarin* et de l'*Espion Chinois*.

Arrêté à Francfort par des agents français chez un marchand de fer, nommé Otto, où il prenait pension, il fut conduit en France et dirigé immédiatement sur le Mont Saint-Michel. Il y fut écroué le 22 août 1745.

Le Mont avait alors pour commendataire l'abbé Charles-Maurice de Broglie et pour prieur dom Hyacinthe de Briancourt, puis dom Philippe le Bel.

Dubourg arriva au Mont dans un état lamentable. Il n'avait « apporté avec luy qu'un mauvais habit. » Les religieux durent lui faire confectionner une robe de chambre de calmande [1] et un épais gilet pour passer l'hiver. « J'ai vu cet habillement à tous les voyages que j'ai faits par vos ordres, écrit M. Badier, subdélégué d'Avranches, chargé après la mort de Dubourg d'apurer certains comptes. Les religieux luy ont également fourni tout le linge à son usage et dont il avait besoin. »

Il est à peu près certain que Dubourg fut mis en cage dès son arrivée au Mont Saint-Michel ; les religieux chargés du service des prisonniers,

---

1. Sorte de laine lustrée.

avaient, à n'en pas douter, reçu des instructions formelles à ce sujet; mais nous ne les connaissons par aucune pièce authentique; le premier document de l'affaire Dubourg est une lettre du 15 octobre 1745 aux termes de laquelle M. Le Voyer d'Argenson invite M. de la Briffe, intendant de la généralité de Caen, à profiter de son voyage à Avranches pour se rendre au Mont Saint-Michel et y interroger Dubourg. Mais M. de la Briffe avait fini son inspection quand la lettre lui parvint. Aussi, après en avoir référé à son ministre, il délégua pour le remplacer M. Le Masson de la Mazurie, président de l'Élection d'Avranches. Afin de faciliter sa tâche au délégué, M. de la Briffe joignit à sa lettre une note confidentielle qui lui avait été transmise par le ministre de la Guerre. Elle été ainsi conçue :

NOTE SUR LE NOMMÉ DUBOURG.

Le nommé Dubourg a été arrêté par ordre du Roy et conduit au mois d'août 1745 à l'abbaye du Mont Saint-Michel, pour avoir distribué et fait distribuer des feuilles périodiques, qu'il composait à Francfort avec la licence la plus effrénée et sans aucun égard au respect qui est dû aux têtes couronnées. Le ministre de la Guerre désire que ce particulier soit interrogé par une personne de confiance et assez intelligente pour découvrir :

1° Quelle est son origine ;

2° Quelles ont été ses occupations depuis son enfance dans tous les différents endroits qu'il a habités et cela successivement ;

3° Ce qui l'a attiré à Francfort? Quelles sont les personnes qu'il y a vues et avec lesquelles il a eu le plus de liaison ?

4° Par qui il a été sollicité à écrire les libelles qu'il

---

1. *Archives du Calvados*, Ordres du roi; dossier Dubourg, série C., 345, Dubourg. Cf. EUGÈNE DE BEAUREPAIRE, *la Captivité et la mort de Dubourg*, Mém. Soc. Antiq. Norm., 1861.

composait; l'usage qu'il en faisait; s'il en tirait du profit, quel était ce profit; par qui il faisait distribuer ses libelles et qui étaient ses correspondants?

5° Et généralement tout ce qui peut avoir rapport à l'objet pour lequel il a été arrêté.[1]

[Le ministre recommandait de donner tous ses soins à cette enquête, qui devrait être circonstanciée et écrite sur du papier non timbré. Le magistrat enquêteur devait joindre à ce procès-verbal, mais séparément, des observations particulières sur *le sujet*, pour que le ministre pût en rendre compte au roi.]

Le 20 décembre 1745, M. de la Mazurie se rendit au Mont. Il fit connaître au prieur la mission dont il était chargé; il fut mis aussitôt en présence de Dubourg qui lui donna tous les renseignements les plus circonstanciés sur son identité, sa famille, ses relations et ses occupations habituelles. Il reconnut qu'il avait composé, à l'instigation de certains ministres de cours étrangères, notamment celles d'Averstad, de Mayence, de Cologne et de Wurtemberg, un ouvrage en deux volumes contenant des réflexions sur l'état présent de l'Europe et différents caractères indéterminés sous des noms allégoriques.

Le prisonnier, interrogé pendant deux jours, fit sur le magistrat une impression plutôt favorable. M. de la Mazurie, écrivit ceci à M. de la Briffe : « Dubourg a beaucoup d'esprit et de lecture; il parle peu et s'exprime fort bien et légèrement; il est d'un caractère doux et mélancolique. Le sous-prieur du Mont Saint-Michel, qui le visite souvent, m'en a fait le même portrait et m'a ajouté qu'il s'abandonne à la tristesse, sans jamais se plaindre et que dans les entretiens

---

1. *Archives du Calvados*, dossier cité.

qu'il a eus avec lui, Dubourg ne lui a jamais parlé que de sciences et de choses indifférentes, qu'il en est très content et qu'il m'en dit beaucoup de bien.[1] »

L'autorité supérieure se montra fort mécontente de cet interrogatoire et de cette appréciation. Elle trouva que l'enquête avait été trop restreinte, qu'elle n'avait pas porté sur tous les points indiqués et elle insinuait que le commissaire s'était trop facilement laissé prendre à l'extérieur doucereux du prisonnier. On indiquait nettement à M. Badier ce que l'on voulait obtenir, même au prix d'une menace. Voici, au surplus, ce que l'intendant écrivait à son subdélégué :

« Il est de maxime que les crimes d'État sont d'une conviction plus difficile que les autres délits. Cette difficulté est encore plus grande, lorsqu'on a seulement un accusé; car, pourvu qu'il ait de l'esprit, il sait répondre de façon qu'on ne peut en induire de confession, qui est la seule conviction possible, quand les preuves testimoniales et par écrit manquent. Il importe, surtout dans ces cas, d'avoir des mémoires autant détaillés qu'il est possible, de tout ce qui concerne l'accusé, parce que, dans les différents interrogatoires, il est rare qu'il pare à toutes les objections qu'on lui a faites dans un troisième interrogatoire, qui se tire de la comparaison des deux premiers. Si M. le comte d'Argenson envoie les motifs particuliers qui ont autorisé la détention, voici une forme de procéder à l'interroger :

« Le premier serait très long et embrasserait

---

1. *Archives du Calvados*, série C., 345. Dubourg, *Mémoire des qualités personnelles dudit Dubourg*, 25 décembre 1745.

jusqu'aux plus médiocres parties de sa vie, de son caractère, de ses liaisons, de ses occupations et, surtout, de faire nommer exactement les noms, les temps et les circonstances. Le lendemain, j'interrogerais encore, très au long, sur les motifs particuliers de la détention.

« Enfin, deux jours après et même plus pour laisser un peu refroidir la mémoire, je bâtirais un troisième interrogatoire sur la comparaison des deux premiers et il est difficile qu'il ne s'y trouvât des objections très fortes à porter et s'il ne m'y répondait pas clairement, je ne craindrais pas de lui dire qu'il s'expose à une question inévitable [1], car ce qui est un crime d'État se règle par des maximes différentes du droit commun. »

On n'est pas plus cynique !

Mais M. de la Mazurie était un honnête homme ; il n'employa pas le procédé d'intimidation conseillé, pour ne pas dire ordonné, par l'intendant porte-paroles de ministre. Dubourg, dans ses interrogatoires de l'après-midi du 6 avril 1746 et de la matinée du 7 avril, reconnut implicitement, avec des réticences certes, mais par moment avec une franchise assez crâne, qu'il était l'auteur du *Mandarin* et de la *Clé historique* qui en expliquait les allusions et en déterminait les personnes.

D'ailleurs M. de la Mazurie, pour procéder à ces deux interrogatoires successifs, était mieux armé qu'au 20 décembre de l'année précédente. M. d'Argenson avait envoyé à l'intendant de Caen qui l'avait transmis au commissaire d'Avranches, le fameux exemplaire du *Mandarin chinois*, dont la publication lui était reprochée.

---

1. La torture, par conséquent.

Examinons, comme dut le faire M. de le Mazurie, cet ouvrage dont la pouvoir royal s'était ému. Le titre exact de l'ouvrage est *l'Espion chinois en Europe* : à Pékin chez Ochaloulou, libraire de l'empereur Chanty, dans la rue des Tygres. Le titre porte cette devise : *Quidquid delirant reges plectuntur Achivi*. Le premier tome comprend 128 pages et la clef historique : il se compose de 16 lettres, dont la seconde est datée du 23 janvier 1745. Le second tome est interrompu à la page 40, il renferme seulement 11 lettres ; il se termine par deux pièces de vers qui, croit M. Eugène de Beaurepaire, ont été imprimées après coup [1].

Le bibliophile n'a nulle peine pour reconnaître dans cet ouvrage l'œuvre hâtive d'un imprimeur clandestin ; le papier est mauvais, les caractères usés, détestables ; les coquilles, les fautes d'impression pullulent ; les épreuves n'ont certainement pas été corrigées. Les lettres ont peut-être paru périodiquement, en tout cas, elles ont été publiées séparément. C'est plutôt une gazette volante, un petit journal, qu'un ouvrage continu ; c'est le type même de cette littérature vénale « travaillant dans l'ombre et se mettant sans pudeur au service des intérêts et des passions d'autrui. » Dubourg flétrissait lui-même le genre de littérature dans lequel il était passé maître : « On ne trouvera pas icy, dit-il [2], cette basse partialité qui dégrade les ouvrages de cette

---

1. Il ne faut pas confondre *le Mandarin* et *l'Espion Chinois* dont il est question dans l'affaire Dubourg, avec des productions similaires de l'époque notamment avec *l'Espion Chinois ou envoyé secret de la Cour de Pékin pour examiner l'état présent de l'Europe*. Cologne, 6 vol., in-8, 1783.
2. *L'Espion Chinois*, t. I, préface.

nature. Enfants des ténèbres et de la nuit, ils n'osent paraître que sous le masque de la fiction et le langage de la vérité leur est presque toujours étranger. »

Cependant, à première vue, les écrits de Dubourg ne semblent pas être si violents, ni si injurieux pour le pouvoir royal, ni mériter une repression aussi sévère, un châtiment aussi terrible. M. Eugène de Beaurepaire a très bien analysé l'ouvrage de Dubourg. « Dans son *Espion*, dit-il [1], le pamphlétaire ne voit rien en beau, il compare irrévérencieusement notre pays à une courtisane sur le retour, offrant à tout venant ses faveurs banales et essuyant, sans même pouvoir rougir, de perpétuels affronts. Le portrait du roi est étudié avec soin et, malgré le calme de l'écrivain, on sent, sous toutes ses paroles, une ironie hautaine et méprisante. Les personnages politiques du moment, M. de Maillebois, le maréchal de Belle-Isle, le prince de la Tour, le cardinal Tencin, le ministre d'Argenson sont traités avec une liberté encore plus complète. »

Les portraits de femme sont rares; celui de la marquise de Belle-Ile est agréablement et malicieusement brossé. Celui de la reine d'Espagne est particulièrement chargé. Cette attaque, toute pleine de médisances et de calomnies graveleuses, est d'ailleurs nettement incriminée dans la dépêche de M. d'Argenson. Il est probable que ce

---

1. EUGÈNE DE BEAUREPAIRE, *la Captivité et la mort de Dubourg*, étude citée.
2. L'interrogatoire de la veille avait été plus poussé (11 rôles); celui du 7 avril n'en contient que 4 ; mais le second est peut-être plus important que le premier, en raison des explications demandées et fournies sur *les Clés*.

fut la lettre où Dubourg comparait la reine d'Espagne à Agrippine, son époux à Claude, et la déclarait capable de commettre le crime de l'empoisonnement, qui motiva l'arrestation du pamphlétaire. A ce moment, la France avait à ménager l'Espagne ; la cour de Louis XV appuyait sa politique sur l'alliance espagnole pour combattre les projets de la reine de Hongrie ; enfin une union récente avait réuni Versailles et Madrid : le dauphin venait de se marier (février 1745), avec la propre fille d'Elisabeth Farnèse et de Philippe V.

Si on veut bien lire avec attention la partie de l'interrogatoire fait dans la matinée du jeudi 7 avril 1746, on remarquera avec quelle énergie Dubourg qualifie de fausses les clés d'Agrippine et de Claudius.

Mais, à côté de ces interrogatoires, pièces officielles que rien toutefois ne permet de qualifier de suspectes, puisqu'elles portent la signature de Dubourg, avec mention que lecture préalable en a été donnée ; se trouvent d'autres documents qui nous font assister aux émotions poignantes que ressentit le pamphlétaire durant ses interrogatoires [2].

Lors de l'enquête du 20 décembre 1745, l'ouvrage incriminé n'avait pas été représenté à son auteur. Il le fut le 6 avril 1746. « Lorsque je demandai à Dubourg, écrit à l'intendant de Caen M. de la Mazurie, s'il ne reconnaissait pas le libelle que je lui représentais, il se leva aussitôt de dessus un lit, où il avait toujours esté assis jusque-là,

---

1. *Archives du Calvados*, série C., 345. Dubourg.
2. « Interrogé s'il ne connait pas le livre que je lui représente, a dit que c'était l'ouvrage qu'il avait donné à Francfort » etc. Interrogatoire du 6 avril. *Archives du Calvados*; dossier cité.

faisant une exclamation en disant : « Ah ! » et leva les bras vers le ciel, allant vers l'autre bout de sa cage, d'où il revint et demanda le livre que je lui donnai. Après quoy, il fit la réponse qui est dans son interrogatoire. Il ne parut pas encore dans cet endroit trop interdit. Lorsque je lui demandai si ce n'était pas le même livre qu'il avait donné à M. Blondel à Francfort, il pâlit, se mordit la lèvre de dessous et serra ses lèvres plusieurs fois les unes contre les autres, devint pâle comme un mort; les yeux lui changèrent et lui emplirent d'eau et il les eut attachés près d'un quart d'horloge vers la terre, d'où il ne les leva que deux à trois fois pour regarder le ciel en soupirant. Cependant, il répondoit aux interrogations que je lui faisois. Lorsque j'étais occupé à faire écrire une de ses réponses pendant une resverie, il dit quelque chose entre ses dents, où je crus lui entendre dire : « Monsieur Blondel, vous me rendez là un mauvais service. » Je ne voulus point lui demander ce qu'il disait, crainte de lui faire apercevoir que je l'examinais... Les trois heures environ que j'employai ensuite, dans le même soir, à compléter son interrogatoire, il eut toujours les yeux très tristes et un air plus resveur qu'il n'avait eu, avant que je lui eusse demandé si ce n'était pas le livre qu'il avait donné à M. Blondel: il paraissait même avoir le cœur serré, se frottoit à tout moment le front. Le lendemain, quand je retournai pour continuer il parut plus rêveur que lorsque nous estions arrivés. »

Malgré l'honnêteté du magistrat enquêteur, on devine sans peine que la lettre ministérielle n'avait pas été sans l'influencer. Elle ne le fait pas revenir sur l'impression favorable qu'il avait ressentie du prisonnier, lors du premier interrogatoire, mais on sent que le président de l'élection d'Avranches cherche à expliquer, à excuser même cette impression : « Il n'est pas surprenant, dit-il, que j'aie été pris à son air de douceur et de simplicité, puisqu'il a su si bien se contrefaire jusqu'à présent avec tous les religieux du Mont Saint-Michel. »

La présentation de l'ouvrage avait, à juste titre, bouleversé Dubourg. Il ne pouvait nier qu'il avait offert à M. Blondel, ministre de France à Francfort, un exemplaire de l'*Espion chinois*, mais il déclara que celui qu'il avait remis à ce dernier était relié en veau et que la *Clé* n'était pas semblable à celle qui figurait dans le livre dont M. de la Mazurie était porteur. A la fin de son interrogatoire, il protesta de la pureté de ses intentions en déclarant « que s'il était tombé dans une faute dont il se croyait le plus éloigné; on pouvait être assuré que ce serait la première et dernière fois qu'il se rendait coupable d'une faute pareille ».

Quelle suite le pouvoir royal allait-il donner à cette procédure ? Quelles mesures devait-on prendre contre Dubourg? Devait-il être mis en liberté ou maintenu dans une captivité aussi rigoureuse ? On l'ignore; toujours est-il qu'à la date du 26 août 1746, sa situation n'avait pas changé.

La mort le délivra, ce jour-là, et, tout aussitôt, le père-procureur de l'abbaye écrivit la nouvelle à M. Badier. Celui-ci se rendit au Mont Saint-Michel, dès le lendemain matin à cinq heures, n'ayant pu s'y rendre avant, ce lieu n'étant pas accessible en tout temps. « Il interrogea immédiatement les religieux sur les causes de la mort qu'il avait apprise en même temps que la maladie. »

D'après les déclarations des religieux, Dubourg se serait laissé mourir de faim. Ils firent connaître à M. Badier que depuis « douze jours, il ne mangeait plus, qu'ils lui avaient fait prendre du bouillon de force, avec un entonnoir. » Dans son rapport qu'il adresse à M. de la Briffe, le 28 août, M. Badier ajoute : « Quelques instances que les religieux aient faites auprès de lui, ils n'ont pu en venir à bout, il est mort sans repentir et en désespoir, après avoir déchiré tous ses habits. J'aurais cru manquer à mon devoir, si je n'avais été au Mont Saint-Michel voir ce prisonnier mort et prendre les certificats cy-joints que j'ai l'honneur de vous adresser pour vous rendre un compte exact du tout. »

Les religieux, de leur côté, avaient informé directement le ministre ; cette nouvelle est consignée dans une lettre de M. d'Argenson du 9 septembre 1746.

En présence de la maladie de leur prisonnier, les pères de la congrégation de Saint-Maur le firent-ils sortir de sa cage et transporter à l'infirmerie ? On l'a dit, mais l'acte de décès démontre que Dubourg rendit le dernier soupir dans la cage. Voici ce document extrait des registres paroissiaux de Saint-Pierre du Mont Saint-Michel pour l'année 1746 et dont nous donnons la reproduction photographique[1].

L'an dix sept cent quarante et six, le vingt et septième jour d'août, a été par nous, prêtre curé de ce dit lieu, soussigné, dans le cimetière de notre paroisse inhumé le corps du nommé Dubourg, âgé d'environ trente et six ans, décédé de cette nuit dernière dans une cage située dans le château

---

1. *Registres paroissiaux de Saint-Pierre-du-Mont* : copie vérifiée par M. A. Le Grin, président du tribunal civil d'Avranches.

de cette ville où il était détenu par les ordres de Sa Majesté ; en présence de M. Jacques Pichot, sous-lieutenant de cette ville et de Claude Serant aussi bourgeois de cette ville. Claude Serant [1] ; Jean Pichot [2] ; Cosson, c. d. m. [3].

Dubourg est donc bien mort dans la cage.

Mais on manque de renseignement précis sur la façon dont le prisonnier était traité, vêtu et nourri. Seuls quelques documents postérieurs à sa mort, témoignent de la pitié qu'inspirait Dubourg aux religieux qui l'approchaient. C'est bien à contre-cœur qu'ils avaient accepté la garde de ce prisonnier ; même après sa disparition il devait leur causer de gros ennuis.

C'est ainsi que le gouvernement osa contester la note des frais et des dépenses qu'ils présentèrent au ministre et qui s'élevait à 1.000 livres. Ce fut un triste marchandage ; mais il a pour résultat de jeter un peu de lumière sur la façon dont Dubourg fut gardé et entretenu.

Le prisonnier devait être si étroitement surveillé, que les religieux furent obligés de faire deux portes neuves, épaisses de plus de deux pouces, et larges de trois pieds sur sept à huit de hauteur, pour fermer, l'une l'entrée de la voûte et l'autre l'appartement où se trouvait la cage. Ces portes étaient garnies de deux bandes de fer, de deux serrures et deux forts verroux. La voûte était éclairée par une grille de fer. A l'arrivée de Du-

1. Lieutenant de la milice bourgeoise.
2. Un des six enfants de Julien Pichot, époux de Julienne. Étienne-Jacques Pichot, à l'époque du décès de Dubourg était serrurier et sous-lieutenant du Mont. Il mourut, à l'âge de 53 ans, le 1er août 1774, laissant onze enfants dont 3 filles. *Registres paroissiaux du Mont Saint-Michel.*
3. Cosson, Jean, vicaire en 1733, curé en 1734 ; mort en 1760, âgé de quatre-vingts ans.

bourg, cette grille était minée, au bas, par la rouille. Les religieux la remplacèrent par deux grilles, l'une du poids de 150 livres, l'autre de 500. Il fallut 30 livres de plomb pour *enclaver* ces grilles. La cage était en mauvais état; il fallut lui faire « des crampons, des ceintures, des bandes de fer. Elle avait 8 à 9 pieds en tous sens ».

Voilà, enfin, un détail précis qui dénote que le prisonnier pouvait se mouvoir assez facilement dans la cage. On a remarqué d'ailleurs que la note personnelle du magistrat enquêteur dit qu'à un certain moment, Dubourg se leva et se promena dans sa cage.

Les religieux ayant constaté que « l'eau filtrait dans le mauvais temps au travers de la voûte et tombait dans la cage, ce qui incommodait beaucoup le prisonnier », la firent couvrir de sept ou huit grosses planches de bois. Toutes ces dépenses se montèrent à 420 livres; cependant, ils n'en réclamèrent que 300.

En ce qui concerne la nourriture, il semble bien qu'elle fut saine, abondante et variée : Dubourg était servi comme un autre prisonnier, détenu lui aussi par ordre de la Cour et dont la pension annuelle était payée sur le pied de 600 livres. Il devait donc avoir une demi-livre de pain blanc, avec beurre ou fromage pour le déjeuner, avec une pinte de cidre ou un septier de vin; pour le dîner, une soupe, un morceau de bœuf et une tranche de veau ou de mouton; pour souper, un rôti d'au moins trois quarts de livre, du dessert et la même quantité de boisson.

Avait-il la permission d'écrire ?

Cette autorisation n'était pas refusée, en général, aux détenus d'ordre politique, à ceux que les religieux appelaient « Messieurs nos Exilés. » S'il fallait en croire M. Vérusmor, Dubourg aurait écrit plusieurs fois à sa femme et à ses enfants. Cet auteur, d'origine cherbourgeoise et dont le véritable nom est A. Géhin, nous donne même le texte de plusieurs de ses lettres.

D'après M. Géhin, Mme Dubourg aurait été avisée de la détention au Mont, de son mari, par un billet anonyme, écrit en réalité par le prieur du Mont Saint-Michel, et qui lui parvint par l'entremise d'un marchand de Leyde.

« Un billet anonyme, dit Mme Dubourg à son mari, m'a, enfin, appris ton cruel destin, lorsque je ne te croyais plus de ce monde. Hélas, mon pauvre ami, te voilà donc dans les fers, à la disposition d'un despote plus dangereux que Néron ! Que vas-tu devenir ? Que te réserve-t-on ? J'ignore le barbare, l'odieux moyen dont on s'est servi pour te conduire où tu es et, pourtant, je le devine ; on t'aura sans doute enlevé... Si, seulement, j'étais auprès de toi pour te soulager dans tes maux, pour prendre soin de ta santé délabrée par le malheur. Sans nos propres enfants, je me rendrais au Mont Saint-Michel, dussé-je, dans la misère qui m'accable, faire la route en demandant l'aumône ; je me présenterais, en pleurs, à genoux, suppliante, à la porte de la prison et l'on n'aurait pas le cœur assez dur pour m'en refuser l'entrée. Oui, je pénétrerais dans ton cachot ; j'irais partager tes peines et ta captivité ; mais je ne puis abandonner nos malheureux enfants qui n'ont plus que moi pour soutien, que mon travail pour fortune... »

M. Vérusmor nous représente Dubourg recevant cette lettre ; il vient de la lire, il la presse sur son

> L'an mil sept cent quarante et six le
> vingt et septième août écoulé a été par nous
> prêtre curé dudit lieu soussigné dans le cimetière
> de notre paroisse inhumé le corps du nommé
> Dubourg âgé d'environ trente six ans décédé
> de cette nuit dernière dans une cage située dans
> le château de cette ville où il était détenu par les
> ordres de sa majesté en présence de M. Jacques
> Prébot souslieutenant de cette dite ville et Claude
> Servant aussi bourgeois de cette dite ville
> Claude Servant ⚹ Prébot ⚹ ⚹ Cossons
> Je Dom

ACTE DE DÉCÈS DE VICTOR DE LA CASSAGNE, DIT DUBOURG
Cliché A. Le Grin.

cœur, il la couvre de baisers, l'inonde de ses larmes; mais il se sent mourir, il demande, quoique protestant, à s'entretenir quelques instants avec les religieux. On croit à une conversion *in extremis*. Un Père s'approche de la cage et, touché de compassion, il écrit ces mots sous la dictée du moribond : « Ma chère amie, mes chers enfants, je sens approcher ma dernière heure et c'est sur la paille, enchaîné dans une cage, où, depuis cinq ans, je ne puis me mouvoir, que je vous fais mes adieux. O mon amie ! bientôt tu n'auras plus d'époux et vous, mes enfants, vous n'aurez plus de père ! Je vais donc cesser de souffrir. Qu'il est cruel de mourir loin de vous, tendres objets de mon affection, et de vous savoir dans l'indigence; hélas ! je ne vous verrai plus que dans l'éternité : adieu mes amis, adieu mes enfants, adieu pour la dernière fois ! »

Et le lendemain matin un geôlier ne trouve plus dans la cage qu'un cadavre à demi rongé ! !

Il n'est pas besoin d'être grand clerc pour affirmer que ces lettres sont apocryphes : elles sont l'œuvre de M. Géhin lui-même; elles portent en elles la preuve de leur fausseté: Dubourg s'y plaint d'être enfermé au Mont Saint-Michel depuis cinq ans : or sa détention dura exactement un an et quatre jours. Et puis, pour une excellente raison, le pauvre pamphlétaire eût été bien empêché d'écrire à sa femme et à ses enfants : il n'en avait pas ! Qu'on veuille bien lire l'état civil qu'il donne dans son interrogatoire du 6 avril 1746, on y trouvera l'indication de ses père et mère, l'énumération de ses parents, frères, sœurs, oncle et cousin germain, mais de mariage, il n'est question : Dubourg était célibataire.

Les rats ne sont pour rien non plus dans la fin lamentable de ce malheureux; mais, au train où courent sur lui les légendes, on se demande quelles fleurs dans le jardin des supplices pourront cueillir en son honneur les écrivains qui s'apitoyent sur Dubourg ? Un auteur a découvert que le prisonnier avait la goutte : il ne pouvait remuer les pieds et les rats avaient beau jeu de le mordre, et les souris de le grignoter [1].

Mais, laissons là toutes ces histoires macabres. La vérité est que le prisonnier du Mont Saint-Michel s'appelait non Henri Dubourg, mais Victor de la Cassagne ; qu'il était né à Espalion et non en Hollande, qu'il ne fut pas une victime de Louis XIV, pour la bonne raison que le grand roi était mort depuis trente ans, quand de la Cassagne fut enfermé; qu'il fut captif au Mont non pas trente ans, vingt-trois ans, ni même cinq ans, comme l'ont affirmé ses panégyristes, mais bien 369 jours, du 22 août 1745 au 26 août 1746; que cet écrivain moralisateur était seulement un pamphlétaire peu recommandable, un diffamateur à la plume vénale : enfin qu'il ne succomba pas sous la morsure des rats, mais qu'il se laissa volontairement mourir de faim, sans doute sous l'influence d'une lypémanie mélancolique, dégénérant en folie furieuse.

Il reste établi qu'il fut cruellement enfermé dans une cage pendant un peu plus d'une année. C'est une vérité assez triste pour ne pas avoir besoin d'être surfaite; mais qu'on ne parle pas de la barbarie des moines ! Il est établi que, peu de temps après l'incarcération de Victor de la Cassagne, le

---

1. Cf. *le Petit Journal*, n° du 29 août 1898, article de M. Duquesnel.

Prieur lui fit confectionner, de son propre mouvement, une chaude robe de calmande et un fort gilet d'étoffe, qu'il fit couvrir la cage de grosses planches afin de préserver son hôte de l'humidité. Cette humidité était telle que le commissaire enquêteur d'Avranches constata dans son procès-verbal qu'il avait été glacé par la température du couloir.

Telle est l'histoire de la captivité du malheureux Victor de la Cassagne; avec M. E. de Beaurepaire « nous avons cherché à éclairer, pour les personnes sérieuses, un point intéressant de l'histoire du Mont Saint-Michel, que l'on semble s'être donné le mot pour obscurcir »; mais nous n'espérons nullement avoir détruit une légende pleine de vitalité et l'on montrera longtemps encore le pauvre *enfermé*, au corps déchiqueté par la dent vorace d'une légion de rats et agonisant dans une cage de fer qui était... en bois.

CHAPITRE V

« MESSIEURS LES EXILÉS »
UNE FORTE TÊTE : M. DE RICHEBOURG

Ce que nous apprennent les registres paroissiaux de l'église Saint-Pierre-du-Mont. — Quelques nobles exilés : un témoin d'importance : M. Esprit Desforges. Pourquoi fut-il interné au Mont ; a-t-il « tâté de la cage » ? Un étranger mystérieux : M. Stapleton. — Le grand et le petit Exil. — La Trappe. — Les règlements du service intérieur : repas et menus, chambres et ameublements ; sorties et promenades. Correspondances et lectures des exilés. Leurs plaintes et leurs récriminations. — Les exigences de MM. Millet, Ponsel, de la Barossière et de Soulanges. — Le ciel de lit du Frère Mathias. Les détenus en août 1770. Une forte tête : M. de Richebourg. Il sème le vent, le prieur récolte la tempête. — M. de Richebourg, de son vrai nom Nidelet, discute un règlement et le fait modifier. — Les détenus en 1776. Toujours des plaintes. — L'incident de M. de Chabot. Le feu au château : 16 avril 1776. Encore une légende : le Saut-Gautier.

Les registres paroissiaux de l'église Saint-Pierre-du-Mont-Saint-Michel, pour le dix-huitième siècle, sont intéressants à consulter ; ils présentent, malheureusement, des lacunes assez considérables ; c'est ainsi que les actes de 1698 à 1738 manquent totalement.

Comme leurs congénères, ils se font remarquer par leur défaut de précision, la négligence de leur rédaction et une incurie de toute orthographe ; souvent le même nom propre est transcrit différemment ; quelquefois, le rédacteur consigne des particularités un peu bizarres ; il mentionne que tel enfant a été étouffé dans son *ber* (berceau) et que telle personne, décédée à l'âge de 73 ans, avait gardé sa virginité.

Si mutilés et si incomplets que soient ces registres, on y trouve, cependant, certaines indications qu'il n'est pas inutile de mentionner. Nous ne reviendrons pas sur l'acte de décès de Dubourg, rapporté dans un chapitre précédent. Nous mentionnerons ceux de M. de Vitember, de Nantes, mort le 8 août 1742 ; de M. Louis-Jacques Guillerye de Margueven, ancien écrivain principal de la marine, mort le 29 avril 1751 ; de M. Thomas-Jacques Le Noir de Lanchal, ancien capitaine au régiment de la Fère, mort le 9 juillet 1752 ; de Messire Michel Duval, prêtre, mort le 26 juillet de la même année ; de M. Louis-Jacques Neveu, du Mans ; de M. Charles-Louis de Kerléan de Kérou, ancien officier de marine, mort le 7 novembre 1762 ; de M. Louis Miotte de Ravannes, mort le 31 janvier 1763 ; de M. Ambroise Septier de la Fuye, de Montreuil-Beslay, mort le 17 février 1780 ; de M. Antonin Le Roy de Panloup, ancien lieutenant aux dragons d'Orléans, mort le 21 février 1787. Ils sont tous qualifiés soit d'exilés, soit de détenus par ordre de Sa Majesté, soit encore de pensionnaires de l'Abbaye royale : d'autres actes ont trait à certains personnages dont l'histoire pénitentiaire du Mont a gardé seulement les noms.

C'est ainsi que l'acte de baptême d'Esprit-François-Marie Gautier, né le 1ᵉʳ mars 1754, du légitime mariage de Simon et de Marie Chaignon, bourgeois du Mont Saint-Michel, indique comme parrain Esprit-Jean-Batiste-Jacques Desforges, de la paroisse de Saint-Laurent en la ville de Paris, « demeurans au château du Mont Saint-Michel, où il est détenu par les ordres de Sa Majesté » ; il est représenté au baptême par Messire François-Charles La Ferté, chirurgien de l'abbaye, « se faisant fort du sieur Desforges, suivant procuration représentée au curé de Saint-Pierre. » Ce même Desforges figure personnellement cette fois, comme témoin dans l'acte de mariage de François-Charles Navet, chirurgien, avec Mme Vve Simon Gautier « de l'auberge où pend pour enseigne le Chapeau Rouge ». Cet acte est du 18 novembre 1755.

Ce Desforges que d'autres appellent quelquefois Desroches, est le littérateur dont nous parle Bachaumont dans ces *Mémoires Secrets*[1] : « La république des lettres, dit-il, vient de perdre le sieur Desforges, mort il y a quelques jours, subitement à table. C'était un auteur, moins célèbre par ses opuscules que par ses malheurs. En 1749, il était à l'Opéra, lorsque le prétendant fut arrêté. Il fut indigné de cet acte de violence; il crut que l'honneur de la nation était compromis et il exhala ses plaintes dans une pièce de vers, fort connue alors, qui commence ainsi :

> Peuple jadis si fier, aujourd'hui si servile,
> Des princes malheureux vous n'êtes plus l'asile...
> Tout est vil en ces lieux, ministres et maîtresses.

---

1. BACHAUMONT, *Mémoires Secrets*, t. IV, 1784, pp. 83-84.

« Il ne put prendre sur son amour-propre de garder l'incognito ; il se confia à un ami prétendu qui le trahit; il fut arrêté et conduit au Mont Saint-Michel où il resta trois ans dans la cage, qui n'est pas une fable, comme plusieurs gens le prétendent. C'est un caveau, creusé dans le roc, de huit pieds carrés où le prisonnier ne reçoit le jour que par les crevasses des marches de l'escalier de l'église. M. de Broglie, abbé du Mont, eut pitié de ce malheureux. Il obtint, enfin, qu'il eût l'abbaye pour prison. Ce ne fut qu'avec des précautions extrêmes qu'on put le faire passer à la lumière, de cette longue et profonde obscurité. Grâce à l'abbé, il fut élargi au bout de cinq ans, et fait commissaire à la Guerre, à la mort de la marquise de Pompadour. »

Rien ne prouve que Desforges ait été enfermé dans la cage de fer; peut-être fut-il, tout d'abord, incarcéré dans un cachot, d'où il aurait été extrait à la sollicitation de l'abbé Charles-Maurice de Broglie ou plutôt du prieur auquel l'abbé avait délégué tous ses droits ; le prince de Broglie ne voyait dans le Mont qu'une source de revenus; plusieurs fois, les religieux avaient attiré son attention sur l'état lamentable dans lequel se trouvaient les prisons, c'est-à-dire les Exils. Après avoir fait longtemps la sourde oreille, l'abbé se décida à autoriser les religieux à effectuer les réparations nécessaires; elles furent considérables, puisqu'il fut dépensé 20.000 livres; les membres de la congrégation de Saint-Maur, qui en avaient fait l'avance, furent contraints, pour être remboursés de cette somme, à faire un procès aux héritiers de leur abbé : ceux-ci prétendirent vainement que les réparations n'incombaient pas à M. de Broglie, que les prisons étaient déjà délabrées et menaçaient ruine, quand M. de Broglie reçut le Mont Saint-Michel ; mais il fut établi que l'abbé avait obtenu, de ce chef, à titre d'indemnité une somme de 20.000 livres, des héritiers de son prédécesseur Jean Frédérick Karq de Bebambourg (1704-1719), lors de l'état de lieux, qui suivit la prise de possession [1].

Desforges, incarcéré en 1749, fut, dit un auteur, libéré en 1751 [2]. L'erreur est évidente, puisqu'il figure dans l'acte de 1754, comme détenu par les ordres de Sa Majesté ; il ne pouvait même pas sortir du château puisque, pour être parrain du jeune Esprit-François-Marie Gautier, il avait été obligé de donner procuration au chirurgien François La Ferté. C'est probablement au cours de cette année-là que sa captivité devint moins rigoureuse ; il est qualifié, dans l'acte de mariage du chirurgien Navet, de domicilié au Mont. Il était peut-être « en simple résidence obligée » et pensionnaire alors de l'auberge du Chapeau Rouge dont le « bourgeois » se mariait.

Desforges resta donc au Mont, au moins 5 ans, de 1750 à novembre 1755.

En même temps que Desforges, entrait au château un jeune homme dont l'identité est loin d'être établie : sa famille avait obtenu du roi une lettre de cachet, en raison de son inconduite ; il est appelé, dans l'acte de baptême (14 septembre 1756) de Louis-François-Pierre Le Bastard, M. Stapleton, chevalier, écuyer, originaire d'Irlande et natif de la Martinique, demeurant au château du

---

1. *Gros registre des revenus du diocèse d'Avranches*, cité par l'abbé Desroches, *Histoire du Mont Saint-Michel*, II, p. 315.
2. MARTIAL IMBERT, *Mont Saint-Michel*, 1912, p. 126.

Mont Saint-Michel où il est détenu par les ordres de Sa Majesté ». On peut croire qu'il jouissait d'une liberté relative, puisqu'il figure, personnellement, à l'acte de baptême et qu'il le signe. Stapleton, au dire de certains auteurs ne citant pas leur source, voyant que sa détention se prolongeait terriblement, aurait adressé au roi une supplique pour obtenir sa liberté; après enquête, Stapleton aurait été élargi en 1773; il serait donc resté au Mont pendant 24 ans.

Les archives pénitentiaires font complètement défaut pour le dix-huitième siècle ; seuls les registres paroissiaux et certains règlements du service intérieur nous fournissent quelques renseignements sur les prisonniers qui furent, à cette époque, incarcérés au Mont. Ceux qui étaient détenus en vertu de lettres de cachet et qui n'avaient pas commis le crime de lèse-majesté, paraissent avoir été traités fort humainement. Les religieux les appellent *Messieurs nos Exilés* et il semble bien, qu'à part la privation de leur liberté, ils menaient une vie relativement douce auprès de leurs gardiens qui veillaient à ce que rien ne leur manquât.

Ces détenus s'appelaient les Exilés parce qu'ils étaient logés dans plusieurs corps de bâtiments du château, aspectés à l'est et au midi et qui avaient servi de logements abbatiaux. Les Exils se divisaient en deux groupes, le Petit Exil et le Grand Exil ; les ouvrages d'architecture relatifs au Mont, donnent de ces bâtiments des descriptions fort complètes; elles sont quelquefois difficiles à suivre en raison des transformations multiples que ces logis ont subies. Le bâtiment abbatial primitivement élevé, vers 1260, par l'abbé

Richard Turstin, était un vaste quadrilatère voûté d'arêtes, et formant deux nefs séparées par deux piliers octogones ; entre ce logis abbatial et Belle-Chaise, se trouvait un autre bâtiment, construit au treizième siècle et qui fut surélevé au quatorzième ; l'administration pénitentiaire y établit les cellules des détenus politiques. L'appellation de Grand Exil ou d'Exil, tout court, jusqu'au commencement du dix-neuvième siècle, s'appliqua au logis abbatial ; celle du Petit Exil (on comprend quelquefois la tour Perrine), est réservé au logis accolé à Belle-Chaise. C'est dans le grand Exil, au-dessous de la salle même de la Procure, que se trouvait le fameux sous-sol dit la *Trappe;* un mur de refend limitait un espace assez étroit qui servait de cachot et qui était fermé par une double porte. Des meurtrières étroites, percées dans la muraille, éclairaient cette pièce d'une façon très suffisante. L'Exil contenait les *chambres fortes* où l'on enfermait les détenus récalcitrants. D'après un plan de Fonthiac, dressé en 1774, le Petit Exil comprenait dix chambres, et le Grand Exil, plus élevé et plus étendu, vingt; d'après l'Inventaire de 1790, l'Exil comprenait, au moment de la Révolution, environ quarante chambres fortes, dont les croisées étaient toutes grillées. Au-dessus de l'Exil se trouvaient 7 chambres de maître, dont deux étaient réservées aux gens de service du gouverneur[1].

C'étaient les religieux de la congrégation de Saint-Maur qui étaient chargés de tout le service de la maison pénitentiaire, administration, économat, provisions, peines disciplinaires, rapports

---

1. *Archives nationales*, F[19], 607.

aux autorités : bailli d'Avranches, intendant général de Caen, secrétariats d'Etat. Ces autorités avaient sur eux un droit de contrôle et il n'était pas rare que la maison reçut la visite de magistrats enquêteurs, soit de l'ordre administratif soit de l'ordre judiciaire. On verra plus loin avec quel soin fut menée l'enquête relative aux violences dont avait été victime le jeune chevalier d'Élivemont.

Les religieux, ne voyaient pas d'un bon œil les délégués de l'intendant ni même les officiers de police judiciaire : « Nous sommes, disaient-ils, commandants militaires de la place, en l'absence de l'abbé-gouverneur; nous n'avons donc à rendre de comptes qu'au roi, tout comme les gouverneurs des villes et châteaux forts. » A la suite de nombreux incidents, les enquêtes à dates fixes furent supprimées.

Enfin, un règlement ayant force de loi, après qu'il eut été délibéré en Conseil d'État et signé du roi, fut établi le 30 août 1772. Ce règlement nous fait assez bien connaître la vie de messieurs les Exilés; il comporte 48 articles.

Le réveil avait lieu à 6 ou 7 heures, selon la saison; et, une demi-heure après, le petit déjeuner était servi, lait, œufs, pain et beurre; les exilés devaient ensuite se rendre à la messe haute, chantée par les religieux dans le chœur de l'église abbatiale. Ils étaient tenus d'y assister entièrement, avec piété et décence; une peine d'emprisonnement, dans une des chambres fortes de l'Exil, était appliquée, pendant six jours, à ceux qui, sans motif sérieux, s'abstenaient d'entendre la messe; les vêpres étaient aussi d'obligation.

A midi, le dîner était servi; il se composait

d'une soupe, d'un morceau de bœuf ou d'un morceau de mouton, de deux assiettes de dessert, d'une chopine de cidre et d'un septier de vin ; à quatre heures, il y avait une collation avec fromage ou beurre, fruits verts ou secs. Le repas du soir, pris à 7 heures et demie, était sensiblement composé comme celui de midi; pour varier les menus, on remplaçait, aussi souvent que possible, le mouton ou le bœuf « par des poulardes, poulets, pigeons, canards, lapins et gibiers ». Les jours maigres, on devait servir « du poisson frais de mer, de rivière, d'étang ou du poisson salé, mais pas plusieurs fois de suite, avec une petite entrée ou des légumes ».

Le carême était rigoureusement observé, ainsi que les Quatre-Temps et les jours d'abstinence fixés par l'Église; les dimanches, mardis et jeudis on servait du poisson frais; les lundis, mercredis, vendredis et samedis, du poisson salé.

Les Exilés portaient une robe de chambre avec veste de calmande (laine lustrée), un molleton à fleurs, doublé d'une étoffe chaude, un gilet de même étoffe, une culotte de drap d'Elbeuf, des bas de laine et des pantoufles et « des chemises de toile blanche, honnêtes, non garnies, ainsi que des mouchoirs communs ». Ils pouvaient également se faire habiller par leurs familles; mais il leur était interdit, sans doute par crainte d'évasion, d'avoir ou de recevoir chapeaux, souliers et redingotes.

Les chambres étaient meublées d'un lit bien garni, deux matelas, un traversin, deux couvertures de laine; d'une commode, fermant à clé; de deux ou trois chaises et d'un fauteuil; d'un meuble pouvant servir de petite bibliothèque; d'un portemanteau et d'une toilette garnie. Elles avaient toutes une cheminée, des chenêts de fer, avec pincettes et soufflet. Les exilés s'éclairaient à la chandelle, mise dans un flambeau de cuivre poli; ils avaient à leur disposition des mouchettes et ces mouchettes furent cause d'une supplique au roi lui-même : en 1766, un exilé, le frère Mathias, se plaignit amèrement des religieux de Saint-Maur « qui avaient eu la cruauté de le priver de ses mouchettes ». Les chambres étaient chauffées au bois; les exilés avaient droit, par chaque semaine d'hiver, « à 40 livres de bois en bûches et à une demi-livre de chandelle de 8 à la livre ».

Les Exilés pouvaient aller et venir librement dans tous les bâtiments qui composaient l'abbaye-forteresse, appelée alors le château; quelques-uns étaient même autorisés à franchir la porte de Belle-Chaire et à se promener en ville et sur les remparts; certains avait la permission de se rendre sur les grèves, de s'y promener, d'y pêcher et deux ou trois privilégiés avaient même la liberté d'accepter des invitations dans quelques manoirs et presbytères de la côte.

La correspondance des Exilés, celle qu'ils faisaient aussi bien que celle qu'ils recevaient, était lue par le prieur; il n'y avait d'exception que pour les correspondances adressées aux ministres ou venant des secrétaires d'État. Ces correspondances étaient fréquentes; les plaintes affluaient.

Un jour, c'est le sieur Millet qui déclare la nourriture exécrable ; le cidre est de l'eau, le vin un mauvais liquide rougi, le pain insuffisant ; on envoie un fonctionnaire d'Avranches pour vérifier le fait. Meslé, c'est son nom, arrive de fort méchante humeur au Mont Saint-Michel ; « il n'aime pas, dit-il, ces corvées qui sont d'autant plus pénibles qu'elles sont gratuites et qu'elles exigent des heures d'un travail fatigant et désagréable. » Les religieux le reçoivent mal, quoiqu'il se serve « des termes les plus polis et les plus circonspects pour leur faire entendre raison, sans blesser la hauteur monacale ». Il interroge, séparément, Millet qui lui renouvelle ses plaintes contre la nourriture. Le délégué assiste alors au dîner ; il paraît qu'on n'a pas eu le temps de le soigner depuis son arrivée : il consiste en un assez bon bouilli de veau et de bœuf, en deux petits pâtés assez bien faits et goûtés (il en mange un), en un rôti de veau avec dessert de noix et de pommes. Le cidre, le pain et le vin étaient bons. »

Un autre détenu se plaignit de l'insuffisance de la garde-robe, c'était messire Louis Ponsel, dit Poncet, de Versailles [1]; il fut établi que les vêtements fournis étaient de bonne qualité ; il était même le plus élégant des pensionnaires du roi, puisqu'il portait des habits à boutons d'or, un chapeau à plumet et des chemises à manchettes ; il ne put représenter « sa robe de chambre, vieille, trouée et déchirée, ainsi que ses quatre chemises aussi vieilles et aussi déchirées qu'il qualifiait de loques honteuses » dans sa supplique au roi. Il en avait menti.

M. Libault de la Barossière récrimine également. M. le chevalier de Soulanges fait chorus avec lui. Se figure-t-on que, dans les jours maigres, la friture est mauvaise et la raie trop grosse et quelquefois gâtée ? M. de Nullé ne se plaint pas de la qualité

---

1. Décédé au Mont le 26 décembre 1778, à l'âge de 72 ans. *Reg. Par. Mont Saint-Michel.*

des mets, mais bien de la quantité ; il est souvent obligé de se faire venir des suppléments de chez le rôtisseur. « Il en a fait la remarque au père Lainé qui est plus spécialement l'officier de bouche, mais celui-ci lui a porté des coups de bâton sur le bras et le supérieur l'a mis à la porte, parce qu'il trouvait que la courte pointe de son lit ne descendait pas assez bas. »

Frère Denis Mathias, *l'homme aux mouchettes*, est le plus insupportable de tous. Il fulmine contre le prieur : il se plaint de ne pas avoir de rideaux à son lit ; il n'a même pas de ciel de lit, ce qui est intolérable pour un religieux. Il a les bronches délicates et la gorge sensible, or sa chambre est pleine de vents coulis. Il veut être transféré au Mesnil-Garnier, dans un couvent de Dominicains, de la réforme du Père Michaëlis, « où il jouirait, dit-il, d'un plus grand confortable et où il serait traité avec plus d'égards [1] ».

On voit par ces détails que les détenus étaient aussi bien traités que possible, que la nourriture était variée et suffisante ; le prix moyen de la pension était de 600 livres, tout compris... moins la liberté.

Le service d'ordre était fait par une compagnie de soldats Invalides qui, en 1760, étaient commandés par M. Wastel Dumarais ; cette troupe était sous la surveillance de M. François d'Azémard de Parat, comte de la Fère, gouverneur général des Invalides. L'examen des registres paroissiaux du

---

1. Mesnil-Garnier, commune du canton de Gavray, arrondissement de Coutances. Ce couvent fut fondé pas Thomas Morand, en 1619. C'était surtout une maison de santé, réservée aux aliénés. Vendu comme propriété nationale, il fut acheté par un sieur Le Moine. Cette maison fut fermée en 1869.

Mont démontre que ces soldats invalides de la guerre ne l'étaient pas de l'amour. Ils se mariaient avec des Montoises et de leurs unions naissaient de nombreux enfants. Les soldats et surtout leurs officiers étaient peu sympathiques aux religieux qui revendiquaient toujours comme un privilège, né le 27 janvier 1356, de veiller seuls sur *leur* château.

Cette surveillance était, d'ailleurs facile, les détenus étant très peu nombreux, contrairement aux allégations de plusieurs historiens locaux.

Au mois d'août 1770, la prison renfermait 17 détenus en vertu de lettres de cachet; 11 jouissaient d'une liberté relative, ils pouvaient circuler librement dans le château, c'étaient MM. Stapleton, Poncel, dit Poncet, Rebière, Berthe, d'Ossonville, Nullet, du Boberil de Cherville [1], de Chauvallon [2], Hayet, Meslé et Bernier [3]. Six autres étaient enfermés dans l'exil et étaient l'objet d'une surveillance plus sévère : MM. de Richebourg, Lenteigne, Soulanges, de la Barossière, Jean Ti-

---

1. René-Francois-Marie de Boberil, seigneur de Cherville, né à Moigné, près Rennes, le 24 mai 1714, marié à demoiselle Marie-Lucrèce de la Villéon; ils eurent treize enfants. L'exilé mourut le 23 juin 1771 au Mont Saint-Michel.
2. M. de Chauvallon, intendant de Cayenne, avait été embastillé par Turgot en 1767. Peu après, il fut, pour des raisons inconnues, transféré au Mont Saint-Michel ; le 21 août 1773, Mgr A.-F. de Chalmazel, évêque de Coutances, écrivait, de Montebourg, 'une lettre aux termes de laquelle il demandait que M. de Chauvallon fût envoyé, du Mont, à Bordeaux. M. de Chauvallon fut élargi peu après et, en 1776 il était réintégré dans ses biens et devint, dans la suite, commissaire général des colonies.
3. Bernier Joachim, originaire de Nantes, voulut s'échapper du château, le 25 septembre 1771. Il fut surpris par la mer en traversant les grèves et trouvé noyé, le lendemain. *Arch. Greffe Avranches, Reg. Par. Mont Saint-Michel.*

son de Rilly et le frère Denis de Matha ou mieux Mathias.

De tous ces détenus, M. de Richebourg était, certes, le plus intelligent et le plus rusé; il exerçait un grand empire sur ses codétenus et réussit à brouiller les cartes entre les religieux et à attirer l'attention du pouvoir royal sur les prisons du Mont Saint-Michel. Pour bien comprendre son rôle, il faut remonter jusqu'au 9 juillet 1766, jour où le roi donna à Mgr de Loménie de Brienne la commende du Mont Saint-Michel. La bonne harmonie ne régnait pas précisément à cette époque entre les militaires du château et les religieux de la congrégation de Saint-Maur, dont la vie resserrée entre les mêmes murailles était sujette à beaucoup de heurts et de froissements. La communauté se composait alors d'une vingtaine de membres qui se divisaient en deux partis; le premier, le plus nombreux, respectait l'autorité de dom Surineau, religieux d'un âge avancé, puisqu'il figure en 1739 dans un acte capitulaire portant présentation d'un chanoine d'Avranches à la cure d'une paroisse voisine; l'autre parti avait pour chef occulte dom Houël, homme jeune, ambitieux et rusé, par-dessus tout jaloux de l'autorité légitime de dom Surineau. Il reprochait à celui-ci sa sévérité envers les prisonniers que des lettres de cachet retenaient au Mont. Il cherchait l'occasion de supplanter le prieur; mais, pour cela, il fallait l'amoindrir dans l'estime des supérieurs de la congrégation et le rendre suspect au pouvoir civil.

L'occasion se présenta enfin, très peu de jours après la nomination du nouvel abbé, qui, bien entendu, n'avait pas pris personnellement possession de sa commende : les revenus seuls du Mont intéressaient l'heureux bénéficiaire de cette charge âprement convoitée.

Dans les premiers jours d'août 1766, on reçut l'ordre au Mont Saint-Michel d'y préparer *une chambre forte* pour y recevoir un certain Richebourg, de Caen, qui avait fort occupé les services judiciaires et administratifs de la Généralité de cette ville depuis plusieurs mois. Celui qui se faisait appeler, gros comme le bras, Monsieur de Richebourg, avait fait un train d'enfer, en apprenant qu'il allait être enfermé en vertu de lettres de cachet. Comme il avait, apparemment du moins, d'assez belles relations, il mit tout en œuvre pour échapper à une incarcération qu'il proclamait odieuse. Il avait réussi à s'attirer la bienveillance du prévôt de Caen, M. Michel de Gouville, qui attesta, par écrit, que M. de Richebourg était un parfait honnête homme et que l'on s'étonnait qu'il pût être inquiété par la justice ordinaire. Ses partisans déclaraient qu'il était victime d'une conspiration haineuse de sa famille, qu'il y avait de bien vilains dessous dans cette affaire. On chuchotait que le frère de Richebourg et sa tante, une dame Jean Morand de la Mare, avaient intérêt à se débarrasser de lui.

Richebourg envoya aux autorités supplique sur supplique ; il s'adressa même au roi qui prescrivit une enquête ; elle fut faite par messire Jean-Pierre-Nicolas Dumoustier de Cauchy, archidiacre de la cathédrale de Bayeux et lieutenant général au présidial de Caen. Elle confirma en tous points les plaintes de la famille. Richebourg était un mauvais garnement. Il fut transféré, non sans peine, au Mont Saint-Michel et incarcéré dans une des meilleures chambres de l'Exil, mais très étroitement surveillé.

Dom Surineau avait devers lui un dossier qui ne plaidait pas en faveur de Richebourg.

Dom Houël s'était vite aperçu du parti qu'il pourrait tirer de cet *exilé*, beau parleur, intrigant, cauteleux, ayant toujours à la bouche des noms de personnages qui, disait-il, l'honoraient de leur amitié ; et, de fait, il entretenait une correspondance suivie avec des personnes de qualité et certains fonctionnaires dont les noms n'étaient pas inconnus, même à la cour. M. de Richebourg devint bientôt le secrétaire de ses compagnons ; il rédigeait fort agréablement. Dom Houël le complimenta de ses belles manières, de son style facile et coloré : « Je me félicite, lui dit-il, de vous connaître, mais la place d'un homme tel que vous n'est pas ici ; cependant, je vois dans votre détention un moyen de la divine Providence. Vos compagnons sont trop faibles ; ils subissent des exigences vraiment intolérables. Ils ne sont pas traités suivant leur condition, et j'ajoute, conformément aux règlements. Je ne veux pas récriminer contre M. le prieur, mais franchement je trouve que celui-ci en prend un peu trop à son aise avec des gentilshommes tels que vous. »

Ces flatteries et ces insinuations finirent par produire leur effet ; Richebourg monta la tête à quelques Exilés. « Ils se réunissaient secrètement dans la chambre de l'un d'eux et dom Houël venait les y retrouver ; tous ensemble ils se mirent à rédiger des plaintes contre le supérieur, plaintes qui furent ensuite envoyées au ministre. Bertin ne s'en préoccupa pas d'abord, mais elles devinrent si fréquentes qu'il résolut de faire des enquêtes [1]. »

L'autorité supérieure pouvait, en effet, être émue à bon droit; les plaintes portées par les prisonniers du Mont Saint-Michel étaient nettes et précises. C'est ainsi qu'on accusait dom Surineau d'avoir reçu une tabatière doublée d'or d'une valeur d'environ quatre cents livres, de la part de M. de Jupilles, prisonnier au Mont, actuellement détenu à l'abbaye de Saint-Germain-des-Prés. Les Exilés affirmaient que, pour échapper aux mauvais traitements, il était nécessaire de faire des cadeaux en argent et en nature à dom Surineau qui avait la direction des prisons [2]. Ils se plaignaient aussi, on l'a vu, de la mauvaise qualité de la nourriture, de l'insuffisance des logements, de l'ameublement et de la literie. A les entendre, ils étaient l'objet de vexations de toutes sortes et même de sévices et d'injures de la part de leurs gardiens, encouragés par un prieur cupide et méchant.

Une enquête, immédiatement ordonnée par Bertin, montra qu'effectivement il se produisait de graves abus dans la maison du Mont Saint-Michel et, au mois d'août 1770, l'autorité royale avait

---

1. A. DE BRACHET, *les Prisonniers de l'ordre du Roi au Mont Saint-Michel* (xviii° siècle). Bulletin du pays de Granville. Janvier 1910.
2. Dom Surineau était, d'après M. de la Mombrière, « un homme peu capable de gouverner, avec la force qui convient, une maison aussi chargée d'un aussi grand détail que le Mont Saint-Michel ». Lettre du 21 mai 1770. Sa moralité laissait aussi à désirer. L'autorité ecclésiastique, d'accord avec l'autorité civile, fit éloigner du Mont une dame Marie-Catherine Boutier, dite la Buquet, « en raison de ses rapports scandaleux avec le procureur ». Lettre de Bertin à Fontette du 26 juin 1770.

sanctionné un règlement qui fut signifié dès le 25 août à M. de Richebourg, personnage redouté dans le château. Le 28 août, fut réunie au Mont une assemblée vraiment extraordinaire. Elle se composait des religieux et des pensionnaires du roi, des geôliers et des détenus par conséquent. M. de Richebourg se plaignit, amèrement et très hautement, de ce que les pensionnaires ne fussent pas traités conformément à leurs droits. Il exigea que six pensionnaires, renfermés dans l'Exil, en fussent immédiatement retirés. Le prieur, dom Surineau, assisté des frères Ragot, sousprieur, Mathurin Lemercier, C. Teillay, Morice et Houël, prit acte des doléances exprimées par M. de Richebourg, qui brandissait sans cesse le fameux règlement. Mais le couvent n'osa prendre sur lui de faire droit à une pareille demande. Le procès-verbal qui fut dressé à cette occasion[1] rapporte, en effet : 1° que les sieurs de la Barossière et Soulanges, auxquels pareille liberté avait été accordée le 22 avril, s'étaient échappés dans la nuit du 21 au 22 mai et qu'à la suite de cette évasion, ils avaient dû être enfermés dans l'Exil ; 2° qu'en ce qui concernait MM. de Richebourg et Tison de Tilly, les religieux avaient reçu du ministre des ordres formels pour qu'ils fussent étroitement surveillés ; 3° que pareil ordre avait été donné par la famille de Lentaigne, à propos de ce pensionnaire ; 4° enfin, que les supérieurs du Frère Denis de Matha (sic) avaient formulé de semblables ins-

---

1. Ce procès-verbal fut adjugé, à Caen, en vente publique, avec d'autres pièces sur parchemin, le 11 octobre 1838. Il porte en marge l'indication suivante : *Réception d'un Exilé par lettre de cachet*, 1770; formule inexacte, ne donnant aucune idée de son contenu.

tructions. Il fut dressé de cet incident un très curieux procès-verbal, dont l'original figure dans la collection Mancel, à la Bibliothèque de la ville de Caen [1]. M. Eugène de Beaurepaire a publié ce document dans les *Mémoires de la Société des Antiquaires en Normandie* [2].

En l'absence des registres d'écrou, il est impossible de savoir d'une manière exacte le nombre des prisonniers au Mont, à une époque déterminée. Les renseignements que l'on possède à ce sujet sont extrêmement vagues; toutefois on peut consulter un document assez important sur la situation du château au commencement de 1776.

Le Mont comptait alors treize pensionnaires : MM. Pichon, Berthe d'Ossonville, d'Anceau de la Velanet, Blondet de Messemé, Millet [3], Poncet ou Ponsel, de Pierreville [4], de Chabot, de la Moussaye, Septier de la Fuye [5], de Pennevert [6], Rollon de Villeneuve et le marquis de Resnou.

---

1. Bibliothèque de Caen, *Documents sur la Normandie*, recueil in-folio, t. II, pièce 110.
2. E. DE BEAUREPAIRE, *Incidents relatifs à l'application d'un règlement pour les prisonniers d'État au Mont Saint-Michel*. Bulletin Soc. antiq. Norm., t. XVIII.
3. « Nicolas-Martin Millet, de Saint-Nicolas-des-Champs de Paris, ancien avocat, demeurant depuis longtemps à l'abbaye royale du Mont Saint-Michel où il est mort hier (3 avril 1785), âgé de 71 ans passés. » *Reg. Par. Mont Saint-Michel.*
4. Ambroise Septier de la Fuye, de Montreuil-Bellay, en Anjou.
5. M. de Pierreville se plaignait constamment : il réclamait tantôt une cuvette, tantôt un pot à l'eau. Il aimait beaucoup à écrire et il récriminait contre le prieur qui lui mesurait le papier.
6. Ou mieux de Penvern : Jacques-François du Perenno, seigneur de Penvern, ancien capitaine de cavalerie de Vannes, mort au Mont, à l'âge de 70 ans, le 2 novembre 1785.

Quelques-uns sont déjà pour nous de vieilles connaissances, notamment Millet, Poncet ou Ponsel et de la Fuye. Aucun d'eux n'était enfermé pour délit ou crime de droit commun ; ils l'étaient en vertu de lettres de cachet, obtenues du roi, par leurs familles, en raison de leur inconduite; quatre avaient l'esprit dérangé : MM. de Resnou, Septier de la Fuye, de Penvern et Rollon de Villeneuve.

Chabot et Pichot réussirent un jour à s'évader ; repris, ils voulurent demeurer dans la même chambre, sans doute pour se concerter sur une fuite nouvelle. Le prieur dut recourir à la force. Six hommes, armés de bâtons, firent irruption dans leur chambre et Chabot fut très malmené. Il se plaignit, mais, après une enquête faite par Meslé, en mars 1776[1], il fut reconnu que la plainte n'était pas fondée.

Ce fut à cette époque, qu'un incendie éclata au Mont Saint-Michel. Le 16 avril 1776, un mardi, le feu prit dans un appartement du château; l'alarme fut d'autant plus vive que le magasin à poudres était tout près. Il n'y avait plus d'eau dans la citerne et la mer était retirée. On put faire la part du feu; cinq ou six petites cabanes de pêcheurs seulement furent incendiées. Trois exilés réussirent à s'échapper, « les religieux ayant fait sortir les fous et les détenus dans la crainte de

---

1. Meslé profite encore de sa présence au château pour vérifier l'alimentation des Exilés qui se plaignaient continuellement. Étant entré, à l'improviste, dans une pièce où mangeaient sept pensionnaires, il constata « qu'après la soupe, on avait servi un bouilli composé d'une pièce de bœuf et d'un morceau de veau fort honnête (*sic*), des côtelettes grillées, un ragoût de foie de veau et un ragoût de deux perdrix ».

les voir sauter en l'air avec tout le reste des bâtiments que la dévotion et la folie de nos pères [1] ont élevé au sommet de cet âpre rocher ».

De ces trois prisonniers, l'un, dit-on, se nommait Gautier, il aurait réussi à s'échapper en sautant de la plate-forme, appelée Beauregard, qui précède la porte sud de l'église. D'autres auteurs placent à 1540 l'évasion de ce Gautier. Depuis ce jour cette terrasse fut connue sous le nom de Saut-Gautier.

Une simple remarque suffit pour détruire l'allégation relative à l'évasion du prétendu Gautier en 1776. En 1663, cette plate-forme était déjà connue sous le nom de Saut-Gautier. On trouve, en effet, ce passage dans le manuscrit de dom Louis de Camps [2] :

> Guillaume de Lamps fit abattre les degrés par les quels on montoit, depuis le corps de garde jusque dans l'église et les murailles qui estoient à costé, et fit faire au lieu ce grand et spacieux escallier qui se voit à présent, cette belle plateforme vulgairement appelée le Sault Gaultier.

Il n'est pas plus raisonnable de placer cette évasion et cette histoire du Saut-Gautier dans le cours du seizième siècle. Voici comment un auteur la rapporte : « Sous le règne de François Ier un jeune prisonnier, détenu pour de légers griefs, ce qui veut dire sans motifs, un nommé Gauthier, sculpteur de mérite, obtint une liberté relative

---

[1]. Lettre de Meslé à l'Intendant, 23 avril 1776. Il est vraiment extraordinaire de voir ainsi un homme de qualité dire du Mont Saint-Michel qu'il est une œuvre de folie !
[2]. *Bibliothèque d'Avranches*, ms. 209. *Addition du traité troisième de dom Huynes, par dom Louis de Camps*. Cf. Dom Huynes, éd. de Beaurepaire, I, p. 265.

dans le château, à condition de travailler de son ciseau, aux ornements du monastère. Il fouilla, en artiste habile, les stalles du chœur et plusieurs parties du logis abbatial. Mais la vue du soleil et de l'espace le grisait; la pensée de coucher dans une noire cellule toute sa vie, l'idée de reconquérir sa liberté le hanta au point de déséquilibrer son cerveau. Un jour, il sauta subitement de la plate-forme de Beauregard et son corps, broyé de rochers en rochers, vint ensanglanter le rempart[1]. »

Ce fait dramatique n'est consigné dans aucune chronique; dom Thomas Le Roy qui, dans ses *Curieuses Recherches*, aimait à inscrire des anecdotes de ce genre et qui nous a parlé longuement des belles sculptures dues aux « habiles menuisiers du Mont », et qui a rapporté des accidents mortels, après des chutes de lieux élevés[2], ne souffle mot de ce sculpteur Gautier. Il est sorti, tout armé de son ciseau, de la cervelle de certains écrivains, pour figurer dans les galeries d'un musée, non loin de ce pauvre Victor de la Cassagne, si étrangement défiguré par des apologistes maladroits et ignorants.

Le Saut-Gautier était connu dès le moyen âge; les auteurs le plaçaient en Normandie, mais ils ne précisent pas le Mont Saint-Michel. On lit, en effet, dans le sermon d'un prédicateur inséré dans une étude sur l'éloquence religieuse, qu'un certain Gautier se suicida en se précipitant dans la mer, d'un rocher connu par les Normands sous le nom de Saut-Gauthier : *Quidam Walterus de*

1. Julien Sermet, *Au Mont Saint-Michel*, Paris, 1888, p. 114.
2. Thomas Le Roy, *Curieuses Recherches*, éd. Eugène de Beaurepaire.

cacumine rupis precipitavit se in mare profundissimo, unde locus a quo se precipitavit adhuc a Normannis apud quos est Saltus Gualteri dicitur[1].

Nous laissons aux érudits le soin de rechercher l'origine de cette aventure.

---

1. Lecoy de la Marche, *la Chaire française au treizième siècle*, Paris, 1868.

CHAPITRE VI

L'AFFAIRE DU CHEVALIER D'ÉLIVEMONT

Un enquête administrative dans les prisons du Mont en 1781. Un vert-galant de Bretagne : M. Armez de Poulpry. — Les protestations de MM. de Panloup, d'Esparbez et du Père Thierry. — Meslé, délégué de l'intendant, interroge M. Anne-Scipion d'Elivemont. Plaintes et promesses. M. de Vergennes ouvre une information. — Les investigations de M. Couraye du Parc. — Une enquête bien menée. — Les inquiétudes de dom Maurice : le prieur n'est pas sans péché. — Seul à seul : graves révélations. La scène du 9 janvier. M. d'Elivemont refuse d'obéir : la menace de la cage. — A coups de tisonnier. L'intervention du serrurier Turgot et du porte-clefs Hamel. — Les brutalités de M. Toufair, agent des religieux. — Un coup de fusil malheureux. Qui l'a tiré ? — La blessure de M. d'Elivemont ; le chirurgien Natur. M. le chevalier dans la cage. Témoignages contradictoires. Le clôture de l'enquête. Sanctions proposées : le déplacement de Toufair, la *lettre forte* au prieur ; les avertissements aux prisonniers.

Au cours d'une visite faite par Meslé, sur l'ordre de Feydeau de Brou, intendant à Caen, au château du Mont Saint-Michel, l'attention de celui-ci avait été appelée plus spécialement sur M. Anne-Scipion d'Élivemont, un jeune gentilhomme, d'une vingtaine d'années, qui faisait le désespoir de sa famille [1].

Il était très peu sympathique aux religieux qui l'accusaient « de se livrer à des emportements et à des inconduites dans la maison ».

Meslé détestait les religieux. Dès 1781, il avait écrit à Esmangart, intendant de la Généralité, qu'ils étaient des souverains despotes sur leur rocher, que l'autorité des lois ne s'y faisait sentir qu'accidentellement et par convulsions, lorsqu'elle tendait à augmenter la leur; que celle du Prince y était inconnue. Très franchement, Meslé avait déclaré à ses supérieurs qu'il lui était extrêmement pénible de se rendre en inspection au Mont Saint-Michel.

Aussi Esmangart, avec lequel Meslé entretenait les meilleures relations, l'avait-il souvent dispensé de cette corvée ; mais, cette fois, l'ordre du nouvel intendant était formel et Meslé dut vaincre « sa répugnance à s'isoler dans cette maison ». Il se rappelait, peut-être, qu'en 1774, M. Boyer, officier du génie, qui visitait le château, avait été *rossé* par les moines [2].

Elle contenait alors onze pensionnaires et deux pauvres aliénés. Meslé les interrogea tous, individuellement, mais il voulut le faire hors la présence des religieux et même des gardiens ; il

---

1. Cf. *Archives du Calvados*, C. 477 à 480 et les lettres de Bertin, de Meslé, de Fontette, de Sartine, de Meslé, de Feydeau, de Vergennes, citées par M. A. DE BRACHET, *les Prisonniers de l'ordre du Roi au Mont Saint-Michel* (xviii° siècle). Le Pays de Granville. N° de janvier 1910.
2. Lettre du subdélégué Feydeau, 14 mars 1786.

craignait justement que les geôliers n'impressionnassent les détenus. L'enquête fut si favorable à quatre d'entre eux, qu'ils furent élargis peu après ; c'étaient MM. de Gouyon, Dieudé de Saint-Lazare, Jean Buisson du Parc et Sylvain de la Celle.

Meslé, ayant demandé à être conduit dans la chambre de M. Armez de Poulpry, se trouva en présence d'un vieillard de plus de quatre-vingts ans[1]. Il avait été écroué, l'année précédente, en vertu d'une lettre de cachet que sa famille avait obtenue assez facilement, en raison de l'inconduite de M. Armez. Le vieillard se chauffait bien tranquillement à un bon feu de branches de pommier ; en voyant entrer M. Meslé, qui déclina aussitôt sa qualité, Armez se leva et avec un geste de gentilhomme désigna au délégué un fauteuil de paille, voisin de la cheminée. Ils causèrent.

— « Je proteste tout d'abord, dit le vieillard, contre l'appellation, d'une familiarité déplacée, dont se servent les religieux à mon égard. Je ne suis pas « monsieur Jean », mais bien M. Armez de Poulpry. Ma noblesse est connue dans toute la Bretagne et j'entends qu'on la respecte. »

Meslé affirma qu'il allait donner des instructions pour que M. de Poulpry fût traité conformément à ses titres.

— « Vous êtes de Paimpol, je crois, monsieur de Poulpry ? questionna Meslé, en prenant un air de bienveillant intérêt.

---

1. Jean Armez, armateur à Paimpol, avait épousé une demoiselle Viel, dont il eut trois enfants : Nicolas, né en 1754, qui fut, sous la première République, procureur général syndic des Côtes-du-Nord, mort en 1815 ; Louis-Marie, né en 1756, mort en 1845, et Nathalie. Jean Armez acheta la propriété du Bourgblanc, en Plourivo, où habite actuellement son descendant, M. L. Armez, député des Côtes-du-Nord

— « Oui, monsieur, et j'ai grand'hâte d'y revenir. Toutes les jolies femmes du pays soupirent après mon retour et je suis encore capable, savez-vous, de leur faire des politesses ! »

Le délégué sourit : le dossier de M. Armez l'avait renseigné ; c'était un vieux beau, très entreprenant, trop entreprenant même, car les officiers de police de Paimpol avaient dû souvent intervenir, quand il dépassait les limites de la galanterie.

Meslé, en prenant congé de l'octogénaire, le complimenta sur sa verdeur et lui dit qu'il examinerait avec bienveillance la requête qu'il venait de lui faire pour rentrer dans sa chère Bretagne.

Les chambres voisines étaient occupées par M. Roy de Panloup [1], le comte d'Esparbez et le Père Thierry, ancien prieur de Souvigny en Bourbonnais. Ses supérieurs, les religieux de l'ordre de Cluny, avaient été obligés de le faire détenir par les Bénédictins, en raison de fautes graves contre la discipline monacale.

Les Exilés protestèrent contre la détention dont ils étaient l'objet, mais n'articulèrent aucun grief contre leurs gardiens.

Il n'en fut pas de même pour un jeune homme, M. Anne-Scipion d'Élivemont, à peine âgé de vingt ans, dont les religieux avaient dit pis que pendre à Meslé. C'était une raison pour que celui-ci l'écoutât avec bienveillance. Il n'eut pas de peine à démontrer à Meslé que le régime auquel il était soumis lui devenait intolérable, qu'il dé-

1. M. Roy de Panloup avait alors 27 ou 28 ans. Il était originaire de Moulins et lieutenant de dragons à Orléans. Il mourut au Mont le 21 février 1787 et fut inhumé, le lendemain, dans le cimetière de la paroisse. Son acte de décès est signé « de Messire Ange-Scipion d'Élivemont, de la paroisse de Saint-Sulpice de Paris ».

périssait « au sein de ces murailles », que les promenades, faites dans les cours et sous la surveillance des gardiens, étaient absolument insuffisantes. Il reconnut d'ailleurs, de fort bonne grâce, qu'il avait, plusieurs fois, donné un libre cours à sa colère, qu'il avait injurié les gardiens, outragé les religieux. Il promit que si on lui donnait une liberté relative avant de le faire sortir d'une véritable geôle imméritée, il s'adoucirait et aurait une conduite exemplaire.

Meslé lui donna l'assurance que les religieux allaient recevoir des instructions en ce sens et prit congé, d'une façon très amicale, du jeune Scipion. Il l'assura même qu'il veillerait à ce qu'il jouît d'une liberté plus grande.

Meslé ne devait pas revenir au Mont.

En février 1786, les doléances des détenus reprirent de plus belle. Meslé déclara tout net qu'il en avait assez de toutes ces visites, enquêtes et contre-enquêtes, qu'il ne tenait pas à vivre en état de guerre, lui, magistrat d'Avranches, avec ses voisins, les religieux du Mont Saint-Michel. Le ministre, M. de Vergennes, délégua l'intendant de Granville, M. Couraye du Parc, pour inspecter le Mont. Il reçut pour instruction de faire des visites inopinées, *des improvistes*, de rester plusieurs jours au château et d'y constater, *de visu*, l'état des chambres, surtout celles de l'Exil et de vérifier la qualité des denrées. L'ordonnance royale datée de Versailles, le 16 février 1786, donnait au commissaire enquêteur les pouvoirs les plus étendus : « Il pouvait se faire ouvrir toutes les portes sans exception, interroger les supérieurs et les religieux sur les faits résultants des déclarations des détenus et faire généralement tout ce que la ditte visite et les circontances paraîtraient exiger. »

Pour qui sait lire entre les lignes des instructions officielles, on devinait que le gouvernement en avait assez de toutes ces réclamations ; il finissait par suspecter les religieux et par se demander si de véritables drames ne se passaient pas derrière les murailles de la sombre abbaye-forteresse. Il voulait savoir exactement si les règlements étaient observés, si les religieux n'usaient pas envers les prisonniers de sévérités excessives, et Couraye du Parc eut l'ordre « d'amener dans le grand réfectoire chacun des détenus, l'un après l'autre, pour recevoir leurs déclarations, cette salle étant la plus convenable pour cet objet et la seule qui, par son étendue, mit les détenus à portée de s'expliquer sans crainte d'être entendus[1] ».

Couraye du Parc arriva inopinément au Mont Saint-Michel. Comme il était accompagné de sergents et d'exempts, le prieur crut, tout d'abord, que c'était un nouveau pensionnaire, mais il fit la grimace quand il apprit sa qualité de commissaire royal. Le couvent, toutefois, fit contre fortune bon cœur ; on prodigua à M. Couraye du Parc de nombreuses marques de déférence et on poussa la politesse jusqu'à l'inviter à prendre ses repas avec les religieux. Le commissaire refusa net et « les prisonniers lui surent bon gré de ne pas manger

1. La salle, appelée le grand réfectoire, est-elle l'ancien réfectoire converti en dortoir au dix-septième siècle par les religieux de la congrégation de Saint-Maur et qui se trouve au même niveau que le Cloître ou bien la Salle des Hôtes, au deuxième étage de la Merveille ? Nous croyons que M. Couraye du Parc fit son enquête, qui dura dix jours, dans cette dernière salle « parce qu'elle était, quoique sans feu, la plus spacieuse et la plus convenable, pour être certain de ne pas être entendu ». Lettre de l'intendant de Caen à M. de Vergennes, du 28 juin 1786.

à l'abbaye ». Ainsi, il n'aurait pas, à leurs dépens, la reconnaissance de l'estomac envers leurs gardiens.

Conformément aux instructions royales, M. Couraye du Parc s'installa dans le réfectoire et, après avoir invité le prieur à se retirer et s'être assuré que personne n'écoutait aux portes, il ordonna qu'on lui amenât, un à un, tous les détenus.

Le bon vieil Armez de Poulpry renouvela ses doléances, fit allusion à l'entretien qu'il avait eu deux ans auparavant avec M. Meslé, raconta encore ses bonnes fortunes et dit plaisamment qu'il voyait venir la mort plus vite que l'amour et la liberté. MM. Renaire de Romagny, de Landerneau et d'Esparbez protestèrent contre leur internement. On leur reprochait leurs prodigalités : « Était-ce donc un crime que de manger son bien par anticipation ? » Les deux religieux qui exposèrent ensuite leurs doléances n'étaient pas, non plus, de grands coupables; l'un, dom Suard, était détenu depuis de longues années « parce qu'il avait été sensible à l'âge de vingt-deux ans ! » Le pauvre dom Thierry avait suffisamment expié ses fredaines de Souvigny. Enfin l'interrogatoire du jeune de Magny, détenu depuis la fin de décembre seulement et dont la lettre de cachet était limitée, ne dura que quelques instants.

Couraye du Parc prit, de sa main gauche, sa droite étant estropiée, des notes très sommaires. Il se proposait, dans ses rapports, de faire envoyer le vieil Armez de Poulpry dans une résidence plus confortable[1]; dom Suard méritait bien

1. Il ne fut pas donné plus de suite à la proposition de Couraye du Parc qu'à celle de Meslé en ce qui concerne « ce vieux débauché d'Armez ». Nous avons trouvé, dans les registres pa-

maintenant d' « obtenir une obédience ministérielle pour la maison que les Bénédictins ont à Marmoutier » ; dom Thierry avait amplement expié ses fautes ; Renaire, d'Esparbez et Landerneau avaient droit à une résidence plus agréable ; trois fous devaient être retenus ainsi que deux jeunes gens, dont les agissements avaient désolé d'honorables familles : « ils avaient tourné à l'escroquerie ; leurs parents étaient fondés à les retenir au Mont, tant qu'ils jugeraient leur détention nécessaire ».

L'enquête n'était point finie ; le prieur devenait de plus en plus inquiet et les religieux se montraient d'une nervosité extrême ; les gardiens paraissaient extrêmement troublés. Le commissaire royal gardait un détenu pour la bonne bouche. Il fit appeler M. Anne-Scipion d'Élivemont.

— « J'entrerai avec monsieur ! » s'écria le prieur dom Maurice.

— « Je vous le défends ! » repartit d'une voix impérieuse M. Couraye du Parc. « M. d'Élivemont sera interrogé seul à seul ; j'ai reçu de Sa Majesté des ordres formels à ce sujet et si vous protestez le moindre peu, monsieur le prieur, je consigne l'incident sur mon procès-verbal. »

Dom Maurice comprit parfaitement qu'il était inutile d'insister ; il devint très pâle et baissa même la tête, quand M. d'Élivemont, que M. Couraye du Parc accueillait avec égard, passa devant lui, fièrement.

On n'a pas eu le temps d'oublier cet impétueux jeune homme qui avait eu, en novembre 1784, un long entretien avec le commissaire Meslé ; le dé-

roissiaux de Saint-Pierre-du-Mont, son acte de décès, au Mont, le 24 décembre 1786. Il y est qualifié seulement de Jean Armez, négociant à Paimpol, pensionnaire du roi.

tenu, âgé d'une vingtaine d'années, avait fait sur le commissaire une excellente impression. On n'avait guère à lui reprocher que des écarts de langage et de violents emportements ; le proverbe : « Mauvaise tête et bon cœur, » s'appliquait fort bien à lui ; après avoir entendu ses explications, Meslé estima que les religieux se montraient à son égard d'une sévérité excessive. Il avait rédigé un rapport en ce sens et l'autorité supérieure avait intimé au couvent l'ordre de traiter M. d'Élivemont avec plus de douceur et d'égards.

Le prieur en avait gardé rancune à Meslé et plus encore à celui dont la plainte avait été écoutée. Cependant, les religieux, se conformant aux instructions reçues de l'intendant général et même du ministre, laissèrent une plus grande liberté au jeune Scipion. Peut-être en abusa-t-il.

Dans la matinée du 9 janvier, M. d'Élivemont, qui se montrait nerveux depuis quelques jours, fut invité par le prieur à venir dans le salon de l'Abbatiale, où dom Maurice avait une communication urgente à lui faire. M. d'Élivemont répondit avec humeur que si le prieur désirait le voir, il n'avait qu'à venir lui-même le trouver dans sa chambre. Le domestique, chargé du service, rapporta aussitôt cette réponse à dom Maurice ; celui-ci pinça les lèvres sans mot dire et rédigea immédiatement un billet qu'il fit porter à l'un des religieux : c'était l'ordre de priver de sortie, pendant toute la semaine, M. le chevalier d'Élivemont, qui avait enfreint ses prescriptions réglementaires en ne se rendant pas à une convocation du prieur. Conformément à cet ordre, les verrous devaient être immédiatement tirés à l'extérieur de l'appartement de M. d'Élivemont ; toute sortie, même la promenade sous le préau, était rigoureusement interdite ; c'étaient, en quelque sorte, des arrêts de rigueur.

Au religieux qui vint lui notifier la décision de dom Maurice, le jeune chevalier répondit par une bordée d'injures ; il traita tous les membres du couvent d'assassins et de voleurs et déclara qu'il ne tiendrait aucun compte de la prohibition de dom Maurice, qu'il sortirait à son heure et à son gré, et qu'il irait où bon lui semblerait. Il leva même la main sur le frère et le fit sortir brutalement de la chambre.

Le prieur, averti aussssitôt de ce qui se passait, accourut auprès d'Élivemont. La vue de dom Maurice, que le chevalier considérait comme son ennemi le plus acharné, le surexcita extrêmement.

— « Monsieur le chevalier, dit le prieur, vous vous mettez dans un mauvais cas ; j'avais le droit de vous priver de toute sortie pendant huit jours, en raison de votre désobéissance. Les injures que vous avez adressées à mon envoyé, les brutalités que vous venez même d'exercer sur sa personne m'obligent, à mon grand regret, à vous faire conduire à la Cage [1].

---

1. Voici un détail qui est singulièrement troublant. Il n'est pas douteux que le pauvre chevalier d'Élivemont fut, après avoir été blessé, transporté à la Cage. Le prieur, dom Maurice, le chirurgien Natur et un sieur Desplanches, le disent expressément dans leurs dépositions. Or, cette scène eut lieu en janvier 1785. Et cependant Mme de Genlis et plusieurs auteurs affirment que la cage fut démolie en 1777. Le Mont Saint-Michel aurait donc possédé deux cages, si tant est que le récit de Mme de Genlis soit exact. Mais à quelle époque aurait disparu la seconde cage ? Aurait-elle été détruite par les révolutionnaires qui saccagèrent l'abbaye en 1793 ? On ne possède aucun document à ce sujet et il serait bien étonnant que les

— « Coquin, bandit, voleur ! s'écria M. d'Élivemont. Vous voulez donc m'assassiner comme vous le fîtes pour Dubourg ! Prenez garde, je ne me laisserai pas faire ». Et il s'empara d'un tisonnier laissé dans la cheminée.

La chose faisait du bruit; les détenus étaient accourus dans le corridor, ainsi que les soldats bourgeois Hérault, Desplanches, Poulard, Martin, Blin, le serrurier Turgot, le porte-clés Hamel. Le vacarme était tel qu'on l'entendait de la ville; M. l'abbé Jean-Baptiste Davy, vicaire de la paroisse et trois notables commerçants, MM. Duval, Claude Chartier et Guérin, montèrent même en toute hâte au château, croyant qu'une émeute venait d'y éclater [1].

C'est alors que se passa une scène vraiment dramatique, que l'enquête, pourtant si minutieuse de M. Couraye du Parc, n'a pas élucidée complètement.

Dom Maurice, en présence de la rébellion de son pensionnaire, fit appeler un sieur Toufair, sorte de domestique au service du couvent qui, doué d'une force peu commune, était chargé de *mater* les détenus rebelles et de passer la camisole de force aux fous furieux. « C'était vraiment, rapporte le commissaire enquêteur, un cœur de fer qui ne convenait que pour la garde d'une prison prévôtale. » Toufair avait déjà appesanti sa main sur

---

Jacobins de l'époque n'eussent pas célébré en pages dithyrambiques la démolition d'un odieux instrument de torture inventé par les tyrans.

1. Les familles Poulard, Duval, Turgot et Hamel étaient établies au Mont depuis plusieurs siècles. Les Poulard exerçaient plus particulièrement la profession d'hôteliers, les Turgot étaient attachés au service pénitentiaire du château. On trouve encore un Turgot, gardien, au temps de la détention d'Armand Barbès.

le jeune d'Élivemont et celui-ci lui avait voué une haine féroce.

— « Espèce d'argousin, si tu approches, je te tue ! » vociféra le chevalier et au moment où Toufair se jetait sur d'Élivemont, celui-ci lui asséna un terrible coup de tisonnier ; Toufair put le parer du bras.

— « J'ai le bras cassé ! » hurla-t-il dans un cri de douleur.

— « Je fends la tête au premier qui approche », déclara d'Élivemont qui avait réussi à sauter derrière le lit et qui se tenait, maintenant, le dos contre la muraille, pour ne point être surpris par derrière.

A ce moment, au dire de certains témoins, le prieur perdit son sang-froid. Le soldat Blin était porteur d'un fusil, chargé de grains de froment. Il est probable qu'un règlement intérieur prescrivait d'avoir une arme ainsi chargée, au cas où des incidents violents surgiraient ; dom Maurice se serait alors écrié : « Tire-lui un coup dans les jambes ! »

A cause du lit qui le gênait et derrière lequel, nous venons de le dire, s'était réfugié d'Élivemont, le soldat visa plus haut et le pensionnaire fut atteint en pleine cuisse. Il chancela en poussant un cri et tomba par terre en s'écriant : « Ils m'ont tué [1] ! »

---

[1]. Le chirurgien, M. Natur, interrogé par M. Couraye du Parc, déclare : « Le coup lui procura une playe large comme un petit écu ou environ et profonde de deux à trois lignes ; autour de la dite playe, il y en avait de petites occasionnées par les grains de froment écartés. » C'était extraordinaire que le coup tiré de si près n'eût pas fait balle, dans ce cas une grosse artère aurait pu être coupée et la blessure eût été mortelle.

Dom Maurice affirma qu'il n'avait point donné l'ordre de tirer un coup de feu sur le chevalier. Il prétendit qu'il avait quitté la chambre de celui-ci, dès qu'il avait constaté que sa présence irritait M. d'Élivemont. Le prieur déclara « qu'à peine était-il dans le corridor d'en bas qu'il entendit ce mot : « Tire ! » sans pouvoir distinguer de qui était la voix. Il crut que c'était une menace vaine pour effrayer le séditieux, ne sachant pas qu'il y eût des fusils chargés et l'usage n'étant pas de charger les armes en pareille occasion. Il retournait cependant pour empêcher de faire de la violence déplacée, il entendit un coup de fusil dont il fut surpris et épouvanté ; il courut vers la chambre du jeune homme ; les personnes présentes lui dirent que ce n'était rien, qu'on lui avait piqué les jambes et qu'il avait été à sa fenêtre dire : « Je suis « mort ! » Alors très troublé, le prieur se serait retiré dans sa chambre. »

Cette déclaration du Prieur nous est très suspecte. Elle est, d'ailleurs, formellement démentie par les témoignages reçus ; le serrurier Turgot dit seulement qu'il ne put distinguer la voix qui ordonna de tirer le coup de fusil. Les Montois Chartier, Duval et Guérin, ainsi que le vicaire Davy, affirmèrent que tout était fini quand ils parvinrent, tous les quatre, sur le seuil de l'appartement du chevalier. Enfin ne serait-il pas extraordinaire que le Prieur se fût retiré juste au moment où la scène devenait grave, angoissante et terrible ?

Quoi qu'il en soit, d'Élivemont, blessé grièvement, fut traité d'une façon inhumaine. Toufair, sur lequel semble peser la responsabilité des mesures prises après le coup de fusil, ordonna qu'on l'étendit sur le lit; il fut maintenu par quatre hommes. Turgot lui mit alors les fers aux pieds et aux mains et on le porta « dans un fauteuil *dans la cage*, par ordre de M. Toufair ».

C'est seulement quand le pauvre chevalier fut dans cette cage qu'il reçut les soins de M. Natur [1], chirurgien de la maison. Quoique l'hémorragie eût été très abondante — il avait fallu un certain temps pour *ferrer* le malheureux, — la blessure n'était pas très grave; aucune partie essentielle, aucun gros vaisseau, n'avaient été atteints. Le Prieur poussa un soupir de soulagement. Il eût mieux fait de se préoccuper du blessé. Celui-ci resta dix jours dans la cage; il était étendu sur un méchant grabat « avec paille et couverture »; le chirurgien ne peut affirmer qu'il eût des draps. Comme le sang, malgré le pansement, maculait la chemise, le prisonnier en changeait souvent; mais pour cela « le serrurier allait le déferrer des mains toutes les fois qu'il fallait ôter la chemise ».

Le 20 janvier, le chevalier d'Élivemont fut réintégré dans sa chambre.

Une scène aussi scandaleuse, des traitements aussi barbares envers un blessé auraient mérité des sanctions sévères. Couraye du Parc manqua d'énergie. Il se contente, dans son rapport, de « faire écrire au nom du ministre une lettre forte au Prieur, lequel jouissait, d'ailleurs, de la meil-

---

1. Louis Natur, chirurgien et lieutenant de la milice bourgeoise du Mont Saint-Michel, époux de Gabrielle Ridel, mourut au Mont le 13 février 1793. Il avait succédé, en qualité de chirurgien du château, à François Charles Navet, originaire de la Trinité, qui s'était marié le 18 novembre 1755 à Marie Chaignon, veuve Gautier, de Drogey. D'après LES REGISTRES PAROISSIAUX DU MONT SAINT-MICHEL, *Greffe du Tribunal civil d'Avranches*.

leure réputation, pour lui dire qu'on ne doit recourir aux coups de fusil que dans les cas d'une nécessité indispensable, qu'il avait le moyen de vaincre le sieur d'Élivemont par la faim et par la soif; que le danger de son évasion pouvait être prévenu par l'établissement d'un factionnaire sous sa fenêtre, qu'il était inexcusable en disant qu'il n'avait pas donné l'ordre de charger les fusils, parce qu'ayant le commandement des armes, toute opération militaire doit émaner de lui seul, autrement il serait indigne de la confiance du roi ».

Mais M. Couraye du Parc n'oubliait pas qu'il ne faut jamais diminuer le prestige de l'autorité. La brutalité de Toufair méritait une sanction; il serait déplacé. On conviendra que la peine était légère; la lettre forte au Prieur aurait comme contrepoids une lettre dans laquelle le roi disait qu'il voulait bien « oublier la rébellion des détenus, mais que le Prieur était toujours en droit d'employer les fers et de faire remettre les coupables à la justice des lieux pour en faire des exemples effrayants ».

Ainsi fut terminée cette très malheureuse affaire; elle avait fait grand bruit dans tout le pays, où les religieux du Mont comptaient de nombreux ennemis. On disait couramment, dans l'Avranchin (et le bruit s'en était répandu jusqu'en Bretagne), que les moines du Mont Saint-Michel assassinaient leurs pensionnaires pour les voler. L'intendant général de Caen, après l'enquête de M. Couraye du Parc, exprima l'avis qu'il serait bon de faire maison nette, de libérer ceux qui auraient droit à cette faveur, en raison de leur bonne conduite ou de la durée de la peine subie et de transférer aussi les pensionnaires, écroués en vertu de lettres de cachet.

Le gouvernement royal fit la sourde oreille à ce conseil ; la révolution grondait ; le roi et ses ministres avaient en vérité bien autre chose à faire que de s'occuper des détenus du château du Mont Saint-Michel.

CHAPITRE VII

BROUTILLES ET MENU FRETIN

Une maison de correction pour jeunes nobles: — L'incarcération de M. des Faucheries. Les tracasseries de M. de la Chastière. — Un personnage mystérieux : François de la Bretonnière. A-t-il *tâté* de la cage ? Le chevalier d'O. — M. l'abbé Chauvelin. Les registres de la paroisse de Cendres : pensionnaires et exilés. — L'hôpital de Pontorson. — Décès et inhumations. — Les registres de Saint-Pierre-du-Mont ; personnes de marque. L'exilé de mars 1787 : l'affaire Baudart de Sainte-James. Un trésorier coupable et malheureux. — M. Sabatier de Cabre ; une douce captivité. — Un fils de famille terrible : M. Louis de Saint-Pern. Une victime d'usuriers. Un gosier toujours sec. — Lettres de cachet. — A la veille de la prise de la Bastille. — Un prieur bien content. — Une évasion au Mont à la fin du dix-huitième siècle ; poursuites contre le citoyen Pierre Mezière, gardien chef de la maison du Mont. Une sentinelle innocentée.

Après avoir servi de prison militaire au seizième siècle, le Mont Saint-Michel devint, au dix-septième, une sorte de maison de correction, non pas pour des détenus vulgaires, mais pour les jeunes nobles dont les écarts de conduite désolaient leurs familles; toutefois, les archives pénitentiaires font complètement défaut à cette époque; s'il fallait en croire les historiens locaux qui n'indiquent pas leurs sources, le régime de ces prisonniers de choix, détenus sous les règnes de Louis XIII et de Louis XIV, n'avait rien de rigoureux [1]. Un gentilhomme, retenu au Mont en vertu d'une lettre de cachet, occupait, dit-on, dans la petite cité montoise avec sa femme et sa fille, un logis particulier voisin de la Porte du Roi.

Rien ne permet d'affirmer non plus que le Mont ait servi de lieu de détention pour les Protestants, soit au moment des guerres de religion, soit lors des persécutions, dirigées contre eux sous Louis XIV. Cependant, il faut bien croire que les bâtiments servant de prison étaient encombrés, vers 1666, puisque nous savons que le 17 mars de cette année-là, M. de la Chastière, capitaine gouverneur du Mont Saint-Michel, se trouva fort embarrassé pour *loger* deux personnages : c'étaient le connétable de Fougères et M. des Faucheries, avocat et sénéchal du prieuré de Villamée. Une lettre de cachet les envoyait comme prisonniers d'État au Mont Saint-Michel « avec charge de les bien garder ». M. de la Chastière répondit à l'exempt et au chef de l'escorte que son plus vif désir était, certes,

---

[1]. Les enquêtes administratives et judiciaires, faites à la fin du dix-huitième siècle, démontrent que les prisonniers étaient bien nourris, que leurs chambres étaient presque confortables. Cependant les prisonniers du Mont Saint-Michel n'imitèrent jamais certains détenus de la Bastille qui s'y trouvaient si bien que l'un d'eux, M. Etter de Sybourg, sollicita un internement plus long et qu'il fallut mettre dehors, malgré ses protestations, le comte de Morlot, autre embastillé. Cf. FUNCK BRENTANO, *Légendes et Archives de la Bastille*.

d'obtempérer aux ordres du roi, mais qu'il lui était impossible de recevoir ces messieurs. L'exempt répondit qu'il n'entendait pas que les choses se passassent ainsi ; il avait une mission et un mandat : faire écrouer au Mont le connétable et l'avocat. Enfin, après une longue discussion, M. de la Chastière résolut de les garder et, comme il vivait en fort mauvais termes avec les religieux, il ne fut pas fâché de leur jouer un tour. Il exigea que le prieur mît immédiatement à sa disposition « la chambre ditte de l'abbé, derrière la grande salle, où se voit cette belle cheminée sur le manteau de laquelle est une vigne de pierre artistiquement travaillée[1] ». Le pauvre dom Michel Gazon, prieur, eut beau protester ; les mots *d'ordre du roi* tintaient lugubrement à ses oreilles, il fallut bien en passer par là « et voir démurer deux portes séparant les chambres de M. l'abbé d'avec les chambres occupées par M. le gouverneur[2] ». Dom Michel Gazon se montre d'autant plus furieux des agissements du gouverneur, que la chambre où furent logés les deux exilés servait, en l'absence de l'abbé, « de classe de théologie et de philosophie à ses jeunes confrères estudiants ».

Mais le chagrin de dom Michel ne fut pas de longue durée ; le 18 juin 1667, M. de la Chastière[3]

---

1. *Extrait des additions de dom Estienne Jobart*; ms. 209. Bibl. d'Avranches, cahier interfolié entre le f° 150 et le f° 151.

2. *Id., ibid.* Cette salle était un des plus beaux spécimens de l'architecture civile du treizième siècle. On voit encore très bien sur le mur de l'ouest les vestiges de la cheminée dont parle Étienne Jobart.

3. Acte de décès de Louis Brodeau, marquis de la Chastière, né à Candé, évesché de Tours, « le plus méchant de tous les hommes », époux de Cécille Le Gay la Berge « qui estoit plutôt une mégère qu'une furie ». Nous avons raconté, au chapitre *Une vilaine femme au Mont Saint-Michel*, toutes les misères

mourait presque subitement et son successeur autorisa tout aussitôt les Pères de Saint-Maur à reprendre les pièces qui leur avaient été enlevées si malicieusement.

Quelques années après, les portes du château se seraient aussi refermées sur un personnage assez difficile à saisir, le sieur François de la Bretonnière, bénédictin défroqué, auteur d'une brochure très virulente intitulée *le Cochon Mitré*. La Bretonnière se serait réfugié en Hollande, sous le nom de Lafond; il aurait été trahi par un juif et transporté au Mont Saint-Michel où il serait mort dans la cage de fer. *Le Cochon Mitré* était paru en 1689, sans nom de lieu. C'est un dialogue entre Scarron et Furetière, Mme de Maintenon et Maurice Le Tellier. La cour y est violemment attaquée. Le libelle circula difficilement; on en connaît cependant deux éditions, l'une de 1689, l'autre, sans date, imprimées l'une et l'autre en Hollande [1].

Il est probable que c'est à La Bretonnière, dit aussi Chauvigny de Chavigné, que se rapporte le passage suivant des *Mémoires* de Pierre Thomas, racontant un pèlerinage au Mont Saint-Michel : « Il y a, au haut du rocher, un endroit où était pour lors enfermé, par ordre de Sa Majesté, un certain auteur de la *Gazette de Hollande* qui disait toujours mille impertinences contre le roi et contre l'État et qu'on trouva moyen de faire

que fit Mme de la Chastière aux religieux, pendant le gouvernement de son mari. *Le Mont Saint-Michel inconnu*, pp. 302 à 315.

1. Cf. BARBIER, *Dictionnaire des ouvrages anonymes*, Paris, 1872, t. I, vol. 619 et 620. ROURE, *Analect. Biblion.*, II, p. 413 et *la Nouvelle Bibliographie générale* de GUSTAVE BRUNET, Didot, 1863. Verbo *Bretonnière*. Voir aussi E. FOURNIER, *Variétés historiques et littéraires*, t. VI, pp. 209 à 244.

arrêter, lorsqu'il s'en doutait le moins, étant Français d'origine et ayant voulu revenir en France, voir son pays, en compagnie d'un autre Français qui l'y engagea adroitement pour le faire prendre. Il était resserré de telle sorte qu'il y avait ordre de ne le laisser parler à personne et que le prieur était chargé de sa garde en son propre et privé nom : ce fut lui-même qui nous en parla et qui nous a montré l'endroit où il était renfermé [1]. »

Il n'y avait pas de *Gazette de Hollande*, mais il paraissait dans les principales villes des Provinces-Unies des feuilles imprimées, dont les titres étaient *Gazette d'Amsterdam*, *Gazette de Leyde*, *Gazette d'Utrecht* et *Gazette de Rotterdam*. L'erreur de Pierre Thomas est excusable, et le fait par lui de dire que la gazetier de Hollande fut poussé à rentrer en France par un ami, simple agent de la police criminelle, démontre que ce personnage était bien François de la Bretonnière. Les *Mémoires* de Thomas ne parlent nullement de la cage où certains auteurs prétendent que la Bretonnière serait mort fou, en 1698 [2]. C'est encore une légende.

L'internement d'Avedick, patriarche des Arméniens (1706-1708), celui de Victor de la Cassagne, dit Henri Dubourg (1745-1746), constituent deux événements d'une telle importance qu'il était nécessaire de leur consacrer deux chapitres spéciaux ; mais, pour ne pas revenir sur les menus faits de l'histoire du château, considéré comme lieu de détention au cours du dix-huitième siècle, nous

---

1. Extrait de : « Un pèlerinage au Mont Saint-Michel, il y a deux siècles ». *Mémoires de Pierre Thomas*, publiés par les soins de la Société de l'histoire de Normandie.
2. Cf. *Mémoires de l'intendant Foucault*, Imp. Nat., 1862, p. 327.

allons noter simplement quelques noms de prisonniers, d'après les registres paroissiaux ou d'autres pièces. Le 4 février 1729 mourait M. Nicolas-Brandelis-Joseph de Bailleul ; les religieux ne l'appelaient que M. le chevalier d'O ; il était titulaire des ordres de Saint-Lazare et du Mont-Carmel. Il était détenu au Mont pour raison de santé. Entre ses crises, où il devenait violent et dangereux — de là la nécessité de l'interner dans « un hospice à chambres fortes », — il était doux et sociable ; il aimait à guider les rares visiteurs qui se détachaient de la grande route de Caen à Quiberon, pour se rendre, entre deux marées, au Mont Saint-Michel ; il les conduisait, avec de belles manières et des paroles distinguées, à travers l'église, le cloître et la salle des Chevaliers où les étrangers étaient admis ; mais les femmes ne pouvaient pas pénétrer dans le cloître. Quelquefois, M. le chevalier tenait des propos extravagants : « Je le crois un peu fou, disait un jour un visiteur au prieur. » — « Vous êtes bien bon, monsieur, répondit celui-ci, vous faites grâce de l'autre moitié à notre cher chevalier. »

Un prêtre, l'abbé Chauvelin, y fut aussi enfermé quelque temps à la suite d'un conflit qui s'était élevé entre l'autorité ecclésiastique de Paris et le parlement, au sujet de la nomination d'une dame Moysan comme supérieure de l'hôpital général de Paris. Il paraît que la captivité de l'abbé Chauvelin n'eut rien des rigueurs qui pesaient sur les autres détenus. Les religieux lui avaient préparé un appartement confortable et « sa table était servie avec la délicatesse que permettaient les approvisionnements du pays et les ressources de la communauté ».

Nous avons encore une autre source d'informations dans les registres d'une ancienne paroisse qui a disparu, lors de la Révolution, celle de Cendres, voisine de Pontorson ; elle a été incorporée à Saint-Georges de Grehaigne, canton de Pleine-Fougères, arrondissement de Saint-Malo.

La mairie de Pontorson possède deux registres consacrés à l'hospice de Pontorson et qui se trouvait sur le territoire de Cendres. Le premier de ces registres est intitulé *Registre contenant les noms, la patrie et le jour des décès des religieux, pensionnaires* (personnages envoyés en vertu de lettres de cachet) *et malades du couvent et hôpital de la Charité de Pontorson, diocèse de Dol*, depuis 1730 ; l'autre est le *Registre des sépultures du même couvent-hôpital pour* 1790. Enfin le Greffe du tribunal civil de Saint-Malo détient les *Registres des baptêmes et mariages de Cendres de* 1754 *à* 1790 et celui des *Sépultures de* 1753 *à* 1790.

Ces registres mentionnent plusieurs pensionnaires et exilés. Suivons-les.

Lorsque les religieux de la congrégation de Saint-Maur, établis au Mont Saint-Michel depuis le concordat de 1622, s'apercevaient que leurs pensionnaires et leurs exilés ne pouvaient recevoir au château les soins que réclamait, soit leur santé générale soit leur état d'esprit, ils les dirigeaient sur l'hôpital de Pontorson, avec lequel ils avaient un traité particulier. Cette pratique a eu lieu jusqu'en 1863. C'est ainsi que, le 20 septembre 1840, le polonais Austen, détenu politique, fut transféré du Mont à Pontorson, en raison de sa démence ; il en fut de même, quelques mois après, de ses compagnons Charles et Bordon.

Cet hôpital, avait été fondé en 1115 par douze

bourgeois de Pontorson qui l'avaient doté de douze cents livres de rente. En 1644, les religieux de Saint-Jean-de-Dieu avaient été chargés par le roi de son administration ; ils y restèrent jusqu'en 1789. L'hôpital était peu confortable ; il était couvert en chaume ; les salles étaient petites, mal aérées ; les exilés préféraient encore les chambres du château et le frère Mathias ne craignait rien tant que d'y être expédié ; il réclamait son transfert à la maison du Mesnil-Garnier qui, elle aussi, recevait des aliénés.

Mais voici quelques noms d'exilés et de pensionnaires relevés sur ces registres :

Boullé, Guillaume-Hyacinthe, originaire d'Auray, mort le 22 février 1780, à l'âge de soixante-six ans; de Boutouillic, François-Louis, né à Hennebont, mort le 15 septembre 1747 âgé de (*illisible*) ans [1].

Bertrand Feudé de la Joussaye, originaire de Dol, avocat, mort le 13 décembre 1747, âgé de trente et un ans; Gilles Marie de Forsanz de la Morlière, né à Lohéac, mort le 5 septembre 1756, à l'âge de vingt-trois ans : la famille de cet exilé était originaire de Gascogne; André Gaudin du Breil, natif de Nantes, appartenant probablement à la branche de la Seilleraye de Carquefou, mort le 22 février 1781; Messire Jacques Zacharie Gigot de la Bourilhé né à Trélivan, décédé le 9 octobre 1747; François Hermand Godefroy, né à Saint-Jean-de-Daye, en 1629, mort le 6 avril 1766; M. Le Gouz de Bordes, natif de Beaugé en Anjou, mort le 21 novembre 1769; M. Guy-François de Han, originaire de Rennes, décédé à l'âge de vingt-six ans,

---

[1]. Un membre de sa famille, M. de Boutellic, lieutenant au régiment de Languedoc, fut fusillé à Quiberon.

le 29 décembre 1747; Christophe Lemercier de Montigny, de Fougères, mort le 12 novembre 1768; M. Leroirenel de Pontmartin, ancien mousquetaire du roi, originaire de Vire, décédé le 4 juin 1778; Charles de Marais, né à Méry près Bayeux, mort, âgé de dix-neuf ans, le 31 juillet 1749; Messire Poulain de Chédeville, natif de Lamballe, décédé le 3 septembre 1767, à l'âge de soixante et onze ans; Jacques Roussel, de Vire, ancien subdélégué, décédé le 20 septembre 1749, âgé de 66 ans; Louis-Antoine-Marie-Joseph Varin, originaire de Honfleur, mort le 3 octobre 1780, à l'âge de trente-six ans.

Les registres paroissiaux de Saint-Pierre du Mont nous révèlent encore d'autres noms; nous en rapportons quelques-uns, en suivant l'ordre des décès.

1750. 30 avril. — Inhumation de Louis-Jacques Guillery de Masquevin, ancien écrivain principal de la marine, âgé de soixante ans, décédé dans le château du Mont, « où il était détenu prisonnier par les ordres de Sa Majesté ».

1752. 9 juillet. — Inhumation de Thomas Jacques Le Noir, écuyer, sieur des Vaux, seigneur de Lanchal, ancien capitaine au régiment de la Fère; détenu par ordre royal.

1752. 27 juillet. — Inhumation de M. Michel Duval: ordre royal.

1761. — A cette date dut sévir une épidémie; elle atteignit surtout la ville et semble avoir épargné le château; on se hâtait d'enterrer les morts : une personne, morte à cinq heures du matin, était inhumée à dix heures, le matin du même jour.

1762. 9 novembre. — Inhumation de M. Charles Louis de Kerléan de Kerhuon, sieur de Pennamarie (*lisez* Penarmené), ancien officier de marine, exilé, mort le 2 novembre 1762. Il appartenait à une famille dont le nom primitif était Bohic. Un aïeul, Hervé Bohic, avait enseigné le droit à Paris et avait composé en 1349 un livre sur les Décrétales; cet ouvrage fut imprimé en 1520.

1763. 1er février. — Inhumation de Louis Miotte, sieur de Ravanne, âgé de trente-trois ans, exilé.

1763. 26 mai. — Inhumation de François de Kaërboust (lisez Kaërbout)[1]; âgé de soixante-douze ans, exilé.

1764. 29 février. — Inhumation de M. Le Thrésor de Fontenay, gentilhomme de Normandie, près Carentan; détenu par ordre.

1765. 12 avril. — Inhumation de Nicolas de Rocquemont, écuyer, ancien mousquetaire de la garde du roi, exilé.

1771. 17 septembre. — Acte constatant la disparition de Joachim Bernier, originaire de Nantes, âgé de 50 ans « détenu au chasteau, s'en est eschappé et noyé à environ une heure du Mont[2] ».

---

1. Cf. POL DE COURCY. *Nobiliaire de Bretagne*, nouvelle édition, t. II, p. 69.
2. Les registres paroissiaux, tout comme l'Obituaire, manuscrit n° 215 de la Bibliothèque d'Avranches, mentionnent d'assez nombreuses noyades et enlisements dans la baie.

1778. 27 décembre. — Inhumation de Messire Louis Doussel, écuyer, de la paroisse de Notre-Dame de Versailles, « pensionnaire de l'abbaye ». Il est constaté, à l'acte, qu'un nombreux clergé assista aux funérailles.

1780. 17 février. — Décès de M. Ambroise Septier de la Fuye, de Montreuil-Beslay, en Anjou, « pensionnaire de l'abbaye royale, sous les ordres de Sa Majesté ».

1789. 11 février. — Décès d'Antoine Roy de Panloup, ancien officier de dragons, à Orléans, originaire de Saint-Pierre de Moulins, pensionnaire de Sa Majesté.

En 1753, le 5 janvier, les portes du château se refermaient sur un gentilhomme, M. de Vavincourt.

M. le chevalier Roger-Nicolas-Charles, seigneur de Vavincourt et de la Gabardière, était originaire de la Picardie; il avait épousé dame Anne le Sassasin de Montmorel, dont il avait eu quatre enfants, tous nés dans la paroisse de Chateaubourg[1]. On ne saurait dire d'une façon certaine en raison de quels faits il fut interné par l'ordre du roi, au Mont Saint-Michel. Lorsqu'il y entra, sa santé était très précaire; il était paralysé et son état s'aggrava; il fut visité par le sieur Josseaume, docteur à Pontorson et médecin de l'abbaye[2]; ce dernier fit un rapport sur le malade

---

1. Paris Jallobert, *Registres paroissiaux de Chateaubourg*, arrondissement de Vitré, Ille-et-Vilaine.
2. Lettre de Boisbaudry, 16 novembre 1753, s. l. *Archives d'Ille-et-Vilaine.* Intendance, série C.

qui manifestait un ardent désir de rentrer sur ses terres. Les États de Bretagne et les autorités administratives déclarèrent qu'une mesure de clémence s'imposait, mais qu'il ne fallait pas que M. de Vavincourt revînt en Bretagne ; le 9 décembre 1753, Fontette écrivait de Caen à l'intendant de Bretagne qu'il avait expédié, d'urgence, des ordres au prieur du Mont Saint-Michel pour expédier sur Laval M. de Vavincourt, conformément aux ordres que le roi avait donnés le 2 décembre.

Dès le 18 janvier 1754, M. de Vavincourt écrivait de Laval une lettre aux termes de laquelle il remerciait le roi de la mesure de clémence dont il avait été l'objet.

Mais il s'éleva une difficulté pour le règlement de la pension. Le 3 février 1754, le Père Guion, procureur du Mont, faisait connaître à l'administration que M. de Vavincourt devait, pour sa pension, depuis le 5 janvier 1753 jusqu'au 12 décembre de cette même année, une somme de 560 livres, sur le tarif de 600 livres, prix réglé et payé par la cour pour la pension des prisonniers d'État. Pour M. de Vavincourt, le roi n'entendait payer que 300 livres ; l'abbaye réclamait l'autre moitié. Le 10 février 1754, intervenait une ordonnance de l'intendant, fixant à 393 livres la somme à prendre sur le domaine de Sa Majesté ; on reconnaissait que l'indigence de M. de Vavincourt était complète et que sa situation était d'autant plus digne d'intérêt que sa femme venait d'être gravement malade.

Il n'apparaît pas que M. de Vavincourt ait été à nouveau interné au Mont Saint-Michel ; à partir de sa sortie du château, il continua à habiter à

Laval, en résidence obligée; son internement au Mont reste bien obscur dans sa cause, mais il ne se rattache en rien à l'histoire politique des États de Bretagne, comme semble le croire M. F. Girard qui a consacré à ce gentilhomme une dizaine de lignes, pleines d'inexactitudes [1].

Le 11 mars 1787, une chaise de poste, escortée par quatre cavaliers de la maréchaussée, s'arrêta, à trois heures du soir, devant la Porte du Roi. Il en descendit un homme, dont les traits étaient convulsés [2]; on le fit aussitôt entrer dans le corps de garde ; tandis qu'un exempt montait vers le château, accompagné d'un des soldats de l'escorte. Il redescendait une demi-heure après, murmurait quelques mots à l'oreille de l'inconnu qui devint encore plus pâle : « Veuillez me suivre, Monsieur », lui dit l'exempt.

Les cavaliers qui avaient mis pied à terre attachèrent leurs montures aux anneaux qui étaient scellés à la base de la tour du Guet, cette jolie construction du quinzième siècle, à la forme prismatique, qui dresse, au-dessus du rempart, sa tête fine et curieuse; tout aussitôt, ils emboîtèrent le pas à l'exempt et à son compagnon. Ils gravirent le Grand Degré, s'engagèrent dans le Gouffre [3] et, sans que l'exempt eût besoin de sonner, la porte de Belle-Chaise s'ouvrit. Ils se

---

1. F. GIRARD, *Mont Saint-Michel*, p. 71.
2. Mme Vigée-Lebrun dans ses *Souvenirs* a tracé le portrait de ce prisonnier qui n'était autre que Baudard de Vaudésir : « Il était de moyenne grandeur, gros et gras, visage très coloré, de cette fraîcheur qu'on peut avoir à cinquante ans passés, quand on se porte bien et qu'on est heureux. »
3. Nom donné par les Montois à l'escalier qui monte à Belle-Chaise sous le Châtelet et qui s'ouvre d'une façon si impressionnante entre les deux tours de cet édifice.

trouvèrent alors dans la salle des Gardes ; le Prieur, dom Aurore, deux autres frères et un porte-clefs les y attendaient, le dos tourné à la cheminée monumentale, construite au quinzième siècle par Pierre Le Roy, quand cet abbé eut fini de bâtir le Châtelet.

« Vous n'ignorez pas, monsieur, dit le Prieur au gentilhomme sur lequel veillait toujours l'exempt, que Sa Majesté nous ordonne de vous recevoir ; soyez persuadé que vous serez traité ici avec tous les égards possibles et que nous ferons tous nos efforts, mes frères et moi, pour que vous ne souffriez pas de votre séjour au Mont. »

Aucun nom n'avait été prononcé, l'exempt seul et le prieur devant connaître l'identité de ceux qui étaient amenés en vertu des lettres de cachet.

Le prisonnier s'inclina légèrement, puis, fondant en larmes, il se laissa tomber sur un des sièges voisins de la cheminée. Dom Aurore respecta sa douleur ; enfin, quand ses sanglots eurent cessé, il le prit doucement par le bras et disparut avec lui par un petit escalier communiquant avec la tour Perrine, où une chambre avait été préparée pour le nouveau venu.

Il avait nom Baudard de Vaudésir et était trésorier-payeur de la marine et de la maison de la reine. Il demeurait à Paris, rue Neuve-Saint-Eustache et s'était fait construire une superbe maison, place Vendôme. Sa maîtresse, Mlle de Beauvoisin, y recevait somptueusement dans un salon, dont le plafond était l'œuvre de La Grenée jeune, peintre du roi. M. Leroux-Cesbron, dans son ouvrage intitulé *Aux portes de Paris*, a donné sur la vie de ce financier des détails très curieux. Il appartenait à une famille noble, et était marié à Mme Julie-Augustine du Bois, fille d'un premier commis du département de la Guerre et de Marie-Charlotte Sauvé, attachée au service du duc de Bourgogne [1]. Baudard de Sainte-James s'était distingué dans le contrôle de l'administration des finances des colonies françaises de l'Amérique du Nord, qu'il inspectait alternativement avec M. de Selle de Garejade. En 1773, il avait été nommé officier de l'Ordre de Saint-Louis. Malheureusement, le train de sa maison devint excessif [2] et des malversations furent commises par le trésorier ; il réussit à boucher les premiers trous ; mais le déficit se creusa de plus en plus et, le 1er mars 1787, il fut obligé d'aviser le ministre des Finances qu'il ne pouvait faire honneur aux effets présentés à sa caisse, par suite des détournements de fonds dont il s'était rendu coupable. Le bruit courut que son passif s'élevait à quinze millions de francs. Une lettre de cachet le déroba à la répression de la justice criminelle ; il fut enfermé au Mont Saint-Michel.

A peu près à la même époque, le château recevait M. Sabatier de Cabre, membre du parlement et pair de France, qui s'était associé avec M. Fréteau de Saint-Just aux protestations dépo-

1. Armes : à trois faces ondées d'argent. Cf. La Chesnaye-Desbois, *Dictionnaires de la noblesse*, t. II, 3e édition de 1863, p. 493. Originaire de Sainte-Gemme, en Anjou, Baudard avait pris le nom de Sainte-James, sans doute par snobisme, choses et gens d'Angleterre étant alors à la mode.
2. M. André Hallays a consacré un feuilleton du *Gaulois* (10 août 1912) à la propriété luxueuse appelée la Folie-Sainte-James, que ce financier orgueilleux et malhonnête, habitait à Bagatelle, auprès de Neuilly. Thierry dans son *Guide des amateurs et des étrangers à Paris* (Paris 1778, 2 vol. in-12) a donné de la Folie-Sainte-James une description fort détaillée.

sées aux pieds du roi par le duc d'Orléans dans la séance du 19 novembre 1787. Une supplique fut adressée au roi en faveur de M. Sabatier : « Sans le savoir et sans le vouloir, Votre Majesté, y était-il écrit, a peut-être signé l'arrêt de mort de ce malheureux en lui donnant pour demeure un rocher battu par les flots de la mer et entouré d'un mauvais air. »

La détention de M. Sabatier ne paraît pas avoir été bien rigoureuse; il était plutôt « en résidence imposée ». C'est ainsi qu'il était autorisé à se rendre à Avranches et à Pontorson; il fréquentait surtout le presbytère des Pas, petite paroisse distante d'une lieue et demie du Mont Saint-Michel; elle avait alors pour curé M. l'abbé Lesplu-Dupré, qui devint dans la suite, archiprêtre de Saint-Gervais d'Avranches.

Un des derniers *exilés* du Mont Saint-Michel fut M. Louis-François, Toussaint-de-Saint-Pern. Ce gentilhomme, né à Rennes le 17 septembre 1745[1], avait eu une jeunesse très orageuse et de nombreux démêlés avec la justice; c'était un prodigue et un mauvais payeur. Déjà, en 1777, il avait occupé le ministre secrétaire d'État de la maison du roi, qui écrivait à la date du 5 décembre, la lettre suivante à M. le maréchal de Tonnerre[2] : « Vous me marquez que le tribunal a bien voulu accorder au sieur de Saint-Pern de Lattay, un sursis de 6 mois pour satisfaire à ses ordonnances, sous la condition de quitter Paris dans les

---

[1]. Fils de Pierre-Placide-Marie-Anne, chevalier, seigneur de Lattay, et de Jeanne-Hiéronyme-Charlotte de Cornulier.

[2]. Cf. Baron de Saint-Pern, *Preuves de l'Histoire généalogique de la Maison de Saint-Pern*. Passim et plus spécialement t. I, 1077-1078-1079, t. II, 1044-1066-1069 et suivantes.

24 heures et de payer toutes ses ordonnances dans le cours des 6 mois qui lui sont accordés... Je vais, en conséquence, ainsi que je vous en ai prévenu, le 30 octobre dernier, faire expédier la révocation des ordres qui exilaient ce gentilhomme à Saint-Malo et lui accorder un sauf conduit de 6 mois. *Signé :* Amelot. »

Cinq ou six ans plus tard, l'incorrigible Louis de Saint-Pern est enfermé à Saint-Lazare. En septembre 1783, il recouvre sa liberté, ou plus exactement il l'obtient en s'évadant. Son père écrit, de Dinan, à l'intendant de Bretagne, le 25 septembre de cette année-là : « Vous aviez eu, Monsieur, la bonté de m'obtenir un ordre du roi, pour faire renfermer mon fils à Saint-Lazare. Il vient de terminer sa captivité par évasion; le premier usage qu'il a fait de sa liberté a été de venir implorer ma clémence et il a réussi par son repentir et par sa promesse à m'attendrir en sa faveur. J'espère, Monsieur, que vous voudrez bien m'aider à faire retirer l'ordre que d'autres circonstances m'avaient forcé à solliciter et j'écris par le même courrier à M. Amelot auprès duquel je vous prie d'appuyer ma demande. Dinan, le 23 septembre 1783[1]. »

En 1784, il manifeste le désir d'entrer dans les ordres. A la fin de cette année, il présente requête au parlement de Bretagne, pour obtenir une pension alimentaire. Il se proclame, à juste titre d'ailleurs, victime de l'usure; il avait vendu, en 1773, le seul bien qui lui restât, la terre de la Touchais, à M. de la Motte-Beaumanoir, pour 100.000 livres

---

1. *Archiv. départ. Ille-et-Vilaine*, Intendance C., 225. Lettres de cachet.

et une rente viagère de 7.500 livres. En octobre 1784, il est à Paris, « très mal accoutré et promenant sa grosse inutilité dans les rues de la capitale [1] ; » son père meurt le 19 décembre de cette même année et un arrêt du parlement de Bretagne lui accorde une provision de 300 livres, pour subvenir à ses frais de deuil, à prendre sur la rente due par la famille de Cornulier. Mais, bientôt, il recommence ses prodigalités. Le 10 septembre, il est écroué à la prison de l'abbaye de Saint-Germain-des-Prés, à la requête de M. Le Roux, marchand de vin retiré, un de ses principaux créanciers ; une somme de 1.123 livres est consignée au greffe de la prison par M. Picot, brigadier de la connétablie ; mais il tient à l'abbaye « la conduite la plus indigne et la plus crapuleuse ». Les créanciers qui l'ont fait arrêter n'ont nul espoir d'être payés. Débiteur de plus de 100.000 livres au delà de sa fortune, il est réduit à une rente viagère de 1.000 livres que le parlement de Bretagne lui accorde, sur celle de 7.500 livres, reste unique des biens considérables qu'il a dissipés. « La passion du vice à laquelle il se livre abrégera ses jours, s'il demeure à portée de la satisfaire. » Aussi sa famille demande-t-elle son internement au Mont Saint-Michel, « un lieu plus convenable à sa naissance, plus propre à lui faire inspirer un retour sur lui-même et à prolonger une existence à laquelle ses créanciers, qui n'ont de ressources que dans sa rente viagère, sont évidemment intéressés [2] ».

---

1. Lettre de M. Galles à M. Gautier de la Guistière, 13 octobre 1784. *Histoire de la maison Saint-Pern*, ouv. cité, pr. n° 1072.

2. *Id. Ibid.* ; citations suivantes : même source.

Cette demande fut agréée, après de nombreuses formalités qui furent coûteuses, puisqu'elles excédèrent la somme de 2.400 livres prévue pour le transfèrement. Le 24 mars 1786, M. Noël, porteur de l'ordre du roi, était parti en poste pour le Mont Saint-Michel, avec M. de Saint-Pern : « Ils y étaient arrivés à bon port, quoique contrariés par de très mauvais chemins et la marée. » Il avait fallu prendre « un compagnon pour en imposer au gentilhomme et prêter main-forte à l'exempt, au cas de besoin; les chemins affreux de la Basse-Normandie, impraticables par la voie la plus courte, ont obligé les voyageurs à passer par Vire, ce qui a occasionné une augmentation de dépense d'un louis par poste ».

M. Noël ne cacha pas au prieur à quel triste exilé il aurait à faire; il le mit en garde contre une évasion tant que l'ordre du roi ne serait pas expiré; cet ordre était valable jusqu'au 14 août 1787. M. Noël ayant dit au prieur que la pension alimentaire accordée à M. de Saint-Pern, était de 1.000 livres, le prieur rectifia en disant qu'il savait qu'elle se montait à 1.200. Quoi qu'il en fût, la première de ces sommes était suffisante, puisque « les pensions au Mont Saint-Michel étaient fixées à 800 livres et, qu'à ce prix, les prisonniers y étaient bien nourris ».

M. de Saint-Pern était mal vêtu quand il arriva au Mont; il n'avait même pas le linge nécessaire; « il s'était dépouillé de tout pour son bâtard »; aussi sa famille fut-elle invitée à lui faire parvenir « le linge de Bretagne où il est moins cher qu'à Paris ». Mais l'exilé se souciait fort peu de son trousseau. Il ne pensait qu'à boire. A la date du 27 avril 1786, le prieur du Mont Saint-

Michel, écrivait à M. Dubois des Sauzais : « Je vous accuse réception de votre traite de 400 livres; la pension est payée pour six mois. Si je voulais agir suivant les vues du réclamant (l'exilé), je n'aurais pas beaucoup à mettre sur son corps ; la plus grande partie passerait par son gosier [1]. S'il n'avait pas cette malheureuse passion, on en pourrait tirer bon parti ; car il a de l'esprit et est fort amusant. Enfin, je ferai tout pour le mieux et peut-être en serai-je plus content que je ne l'espère. » Le 30 avril 1787, le prieur dom Maurice, en accusant réception du semestre payé d'avance et à échoir le 27 septembre, déclarait que les mesures de sévérité prises d'abord contre M. de Saint-Pern, avaient très mal réussi. « J'ai tenu renfermé notre prisonnier, écrit-il, et il s'est porté à toutes sortes d'excès. Depuis que je lui ai accordé une certaine liberté, j'en ai été content : il sent tout le prix de ce que j'ai fait pour lui et avoue qu'il serait embarrassé de sa personne, s'il n'était pas ici. Je lui crois le cœur bon et reconnaissant; aussi, je ne puis croire qu'il pense à faire un coup de tête qui lui serait très préjudiciable; sans doute, pour être à l'abri de toute

---

1. Depuis bien longtemps, les religieux ne récoltaient plus de vin sur leur propriété de Brion, située auprès de Genêts et qui passait, au quatorzième siècle, pour être excellent. Il est noté au *Registrum abbatiae* pour 1310, *tres quartas vini boni de Brione* (ARCH. MANCHE); mais après ils le firent venir de « Gascoigne » par le port « de Saint-Malo de l'Isle ». Ils avaient un traité avec un propriétaire de Bergerac. En 1316, huit tonneaux de vin furent payés 1505 livres (*Registrum pitanciae abb. S. M. M., Bibliothèque d'Avranches*). D'après un autre manuscrit, ms. 214 de cette bibliothèque, on servait à la table des moines du vin de Gascogne ou d'Angers sans le mélanger, mais on ajoutait de l'eau à celui de Brion : *non misceatur nisi vinum de Brione.*

crainte, il faudrait qu'il fût sous les verrous ; mais, dans le moment présent il ne le mérite pas et je ne me porterai pas à commettre une injustice à son endroit ; vous seriez le premier à m'en blâmer et vous seriez en droit de le faire. »

Cependant la famille se préoccupait de faire renouveler la lettre de cachet relative à M. de Saint-Pern. En mai 1787, elle sollicitait une prolongation de détention et le baron de Breteuil adressait, de Versaillles, le 26 mai, une lettre aux termes de laquelle il faisait connaître à M. de Catuelan, président du Parlement de Bretagne que, conformément aux ordres de Sa Majesté, il invitait M. le lieutenant général de la police, à Paris, à faire exécuter une nouvelle lettre de cachet, pour une période de deux ans ; elle devait prendre date à partir du 26 mai.

Cette nouvelle fit faire la grimace aux religieux. Leur *cher* exilé devenait insupportable. Le 17 avril, le prieur avait écrit à la famille qu'il ne désirait nullement voir se prolonger la détention de M. de Saint-Pern : « Il n'est pas susceptible, affirmait dom Maurice, d'un bon conseil ; un moment, il paraît raisonnable, un instant après, c'est un autre homme. »

Quand il eut appris le renouvellement de la lettre de cachet, M. de Saint-Pern entra dans une violente colère ; il injuria les religieux, invectiva par écrit sa famille, et jura qu'il « se mettrait lui-même dehors ». Il n'eut pas cette peine. Quelques jours après, le ministre ordonnait sa mise en liberté et le prieur ne se faisait pas prier pour ouvrir à M. de Saint-Pern la porte du château ; mais, en homme prudent, il exigea du *cher exilé* un reçu en bonne et due forme des sommes qui lui furent remises au greffe, à l'heure de son élargissement; décharge en fut donnée sur la signification de la main-levée d'écrou, adressée par M. de Crosnes. Mais l'exilé s'obstina à ne pas rendre la clé de sa chambre : il l'emporta, promettant bien de la rendre. Le 13 juillet, le prieur n'avait encore rien reçu. « On sera forcé de lever la serrure » ! écrivait-il à la famille. Et il ajoutait : « Si on se trouve jamais dans la nécessité de faire enfermer M. de Saint-Pern, je prie instamment que ce soit partout ailleurs qu'au Mont Saint-Michel. Je ne voudrais pas pour mille écus d'un pareil pensionnaire ! »

L'excellent prieur pouvait dormir tranquille; la Bastille allait être prise le lendemain, les prisons du Mont Saint-Michel devaient être bientôt fermées, et lui-même serait contraint de déguerpir avec ses religieux et de prendre le chemin de l'exil.

La fin du dix-huitième siècle fut marquée par une évasion dont les détails sont surtout intéressants, parce qu'il nous renseignent sur l'incurie de l'administration pour l'alimentation des détenus. Le 10 germinal an VIII, Pierre Mézierre, gardien chef de la maison du Mont, reçut les protestations de plusieurs prisonniers, MM. de Rochereuil, Pierre Le Tellier, Pierre et Jean Ganne et Pierre Val : ils n'avaient pas eu de pain depuis plus de trente heures ! Le sieur Mézierre, qui avait déjà constaté plusieurs fois l'irrégularité des livraisons, reconnut le bien-fondé de leurs réclamations. Ils le prièrent alors de leur donner deux livres de pain, deux pots de cidre et de leur procurer un appartement où ils pourraient être plus tranquilles, afin de régler ensemble les petites dépenses qu'ils avaient faites ou allaient faire et dont le gardien leur avait avancé le montant. Pierre Mézierre les conduisit dans l'ancienne cuisine de l'abbaye et leur fit servir une collation avec le pain et le cidre apportés de l'extérieur. Il est probable qu'il but et mangea avec eux, car il ne les quitta qu'à sept heures du soir, pour procéder à l'appel des autres détenus ; il les renferma à double tour dans la cuisine, certain qu'ils ne s'évaderaient pas par les fenêtres, celles-ci étant élevées de plus de cinquante pieds au-dessus du sol ; une sentinelle montait précisément la garde sur le chemin de ronde que dominait la cuisine.

Quand Pierre Mézierre y rentra une demi-heure après la pièce était vide ; les cinq prisonniers « étant seuls dans cet appartement, s'étaient évadés par la croisée du milieu séparée en deux par un pilier en pierre : ils y avaient attaché une corde et un drap qu'ils étaient parvenus à se procurer sans qu'on sache comment ni à qui pouvaient appartenir les objets ; ils nouèrent draps et cordes les uns au bout des autres, ce qui formait une longueur de plus de dix-sept mètres et ils descendirent d'abord sur le fort de la Merveille où les deux derniers furent aperçus par un des hommes de garde qui leur cria : « Qui vive ? » Au lieu de lui répondre, ils franchirent promptement, comme les trois autres, un mur d'environ quatre mètres de hauteur, construit sur un rocher dont le glacis a plus de quatre vingts mètres et qu'il leur fallut descendre auparavant d'arriver à la grève au travers de laquelle ils prirent la fuite sans que, depuis, aucun d'eux n'ait été repris [1]. »

---

1. Archives du Greffe civil d'Avranches, pièce reproduite par M. A. LE GRIN, *Revue de l'Avranchin*, 1904, n° 3.

Les autorités firent immédiatement une enquête. Le factionnaire Louis Manet, et le gardien Mézierre furent traduits devant le jury sous la prévention « d'avoir par leur négligence ou connivence favorisé l'évasion de cinq détenus ».

Pierre Mézierre se défendit énergiquement. Il déclara que « depuis trois à quatre décades, le pain n'ayant pas toujours été délivré aux prisonniers dont il avait la garde exactement, puisqu'ils avaient été plus de trente-six heures sans manger, il s'était vu, plusieurs fois, en danger de sa vie ; que pour calmer et apaiser les détenus qui, dans les accès de rage et de faim lui demandaient ou du pain ou la liberté ou la mort, il s'était vu souvent obligé de leur acheter du pain pour le leur délivrer par quarteron ; que le 20 germinal, les nommés Rochereuil, Le Tellier Pierre, Jean Ganne et Le Val, n'ayant point encore mangé, le prièrent de leur procurer un endroit pour leur fournir des rafraîchissements et des vivres ». Il expliqua qu'il avait pris soin de les enfermer dans la cuisine, « ayant la clef dans sa poche ». Il ne pouvait supposer « qu'ils fussent assez téméraires pour s'évader par une croisée élevée de plus de cinquante pieds, au-dessous de laquelle était une sentinelle, sur la vigilance de laquelle il avait droit de compter pour les arrêter au cas qu'ils fussent assez téméraires pour oser s'échapper ».

« Il n'y a donc eu de ma part, concluait-il, ni négligence ni connivence. »

Louis Manet, soldat au Mont déclara « qu'il était faux qu'il eût été placé en sentinelle à la guérite au-dessous de la croisée de la cuisine ; qu'aucune sentinelle n'était placée de ce côté, pour la bonne raison qu'il n'y avait point de prisonniers de ce côté, qu'on ne pouvait prévoir que le gardien amènerait des détenus dans la cuisine ».

Il donnait même des détails précis : sa guérite était éloignée de plus de soixante mètres de l'endroit où les prisonniers avaient mis pied à terre, en se laissant glisser de la corde. Ayant entendu son camarade Resbœuf crier *Aux armes*, il s'était aussitôt avancé dans sa direction, en appelant les volontaires de garde. Il avait aperçu les fugitifs en train de descendre le rocher et il avait tiré sur eux deux coups de feu ; il ne les avait pas atteints. La poursuite était impossible « parce qu'il s'était élevé une brume assez épaisse, qu'il tombait de la pluie, qu'il faisait beaucoup de vent et qu'il commençait à faire nuit ».

Le jury décida qu'il y avait lieu à accusation contre le gardien, mais non contre la sentinelle. C'était justice, semble-t-il [1].

1. Les *Archives départementales d'Ille-et-Vilaine* possèdent diverses pièces relatives aux internements au Mont Saint-Michel, au dix-huitième siècle. Nous citerons : Un procès-verbal relatif à un gentilhomme dont la famille ne paie pas la pension (C. 168) ; un mémoire pour fournitures de livres, par Vatar, libraire à Rennes à un prisonnier en 1749 (C. 173) ; un rapport relatif à M. de Cartulan enfermé en 1765 (C. 189) ; une lettre de Poullain-Duparc au sujet de la détention de son fils en 1781 (C. 216).

CHAPITRE VIII

LE MONT PENDANT LA RÉVOLUTION. — L'INVENTAIRE LÉGAL. — A LA RECHERCHE DE LA CAGE DE FER. — LE CŒUR DE CUIVRE.

Les religieux du Mont Saint-Michel et les événements de 1789. — Ce que renfermait la Bastille Normande. — Le loyalisme des Pères de la Congrégation de Saint-Maur. Les lois de février 1790. La déclaration des biens meubles et immeubles. — Un Inventaire au Mont, le 12 octobre 1791. Les citoyens Auvray, Maillard et Guillou. — Où est la cage ? La décision d'une société patriotique en 1790. Bel exemple à suivre : cruelle déception. — Le pillage du Chartrier. L'inventaire des matières d'or, d'argent et de cuivre. La pesée et le triage. — L'émotion du citoyen Maurice Auvray ; un faux accès de fièvre paludéenne ; honte et remords devant un ex-voto ; le petit cœur de cuivre ; deux initiales : M. A. ; une mèche de cheveux blonds ; un saut dans le vide ; une trouvaille en 1811, dans les grèves du Mont Saint-Michel.

Quand les événements de juillet 1789 furent connus au Mont Saint-Michel, l'enthousiasme s'empara non seulement des habitants de la petite ville, mais aussi des religieux de l'abbaye. Le prieur dom Ganat et le sous-prieur dom Aurore se firent une joie, d'après les historiens locaux du temps, « d'ouvrir eux-mêmes au cri de : Vive la liberté, les portes de ces froides demeures à un nombre considérable de citoyens ! » On croirait à les entendre que la bastille normande renfermait des centaines de prisonniers !

L'exagération est évidente ; des relations dignes de foi[1] démontrent que les cachots du Mont renfermaient tout au plus une dizaine de personnes, détenues, non pas en vertu de lettres de cachet, mais bien pour raison de santé. Parmi elles M. de Raizieux, un bénédictin, dom de La Tour et le vieux de Villeneuve-Rollon, incarcéré depuis 1764. Peut-être aussi s'y trouvait-il quelques religieux dont la vie n'était pas édifiante ; ils ne pouvaient célébrer la messe ; l'abbaye était pour eux bien plus un lieu de retraite ecclésiastique qu'une geôle de rigueur.

Les cinq derniers mois de 1789 et les quatre premiers de 1790 ne modifièrent pas sensiblement la vie que les religieux de Saint-Maur menaient à l'abbaye. Le dernier chapitre du couvent fut tenu en mai 1790. Deux lettres y furent lues par le prieur ; la première était une communication du cardinal de La Rochefoucauld au supérieur général de la congrégation de Saint-Maur. Le cardinal annonçait qu'après avis des évêques les religieux de l'ordre pouvaient être sécularisés. Dom Chevreux, supérieur général de la congrégation, écrivait dans la seconde, « qu'en toute position

---

1. BOUDENT-GODELINIÈRE, *Le Mont Saint-Michel*. Avranches, 1835. Cet auteur avait visité le château en 1789. Il ne contenait que 5 ou 6 individus, dont la raison était égarée. Il n'y avait aucun prisonnier en vertu de lettres de cachet.

les Frères ne devaient cesser d'être de zélés et fervents ministres de l'Église ».

Les religieux obéirent scrupuleusement aux instructions de leurs supérieurs. Ils acceptèrent, sans murmure, les lois des 4 et 11 août 1789 et les décrets rendus par l'Assemblée Constituante, en novembre de cette même année. Le R. P. dom Maurice vint, en personne, à Avranches, présenter aux officiers municipaux du bailliage l'état des biens meubles et immeubles dépendant de la mense conventuelle et des prieurés non unis.

Mais les événements se précipitèrent. Les lois des 18, 19, 20 février 1790 avaient ordonné la suppression des vœux et des ordres monastiques. Les religieux furent bientôt contraints de quitter leur chère abbaye.

La situation matérielle de celle-ci était mauvaise; depuis plusieurs années, les fermiers s'étaient soustraits au paiement de leurs redevances. Les tenanciers, paysans âpres et madrés, étaient soutenus par l'opinion publique. Certes, il étaient obligés, par des contrats en due forme, envers les moines ; mais ceux-ci n'étaient-ils pas assez riches ? La révolution qui grondait encourageait plus ou moins secrètement les pratiques de ces gens sans foi. Les religieux avaient été contraints de recourir à des emprunts. Un de leurs amis, M. Joseph Henry, échevin d'Avranches, leur prêta environ 30.000 livres. Les lois de spoliation empêchèrent les religieux de faire face à leurs engagements.

Après les spoliations légales, l'heure sonna des soustractions violentes. Le 12 octobre 1792, vers 8 heures du matin, un groupe d'une dizaine de citoyens se présentait au corps de garde du Mont

Saint-Michel et l'un deux exhibait au chef de poste un papier qui fit ouvrir toute grande la Porte du Roi occupée par la milice de la ville [1].

C'était le procureur syndic d'Avranches qui venait opérer le récolement des biens mobiliers énumérés dans l'inventaire, dressé le 10 février de l'année précédente, par le dernier prieur, depuis en exil [2]. Un détachement de la milice communale [3] escorta le procureur jusqu'à l'entrée de l'abbaye et le magistrat s'engouffra dans cet escalier formidable éclairé par en haut, et dont le cintre surbaissé se voûte, si puissamment, entre les deux tours rondes et crénelées, ressemblant à deux gigantesques bombardes dressées sur leurs affûts. Au-dessus de la porte, les jolies niches trifoliées étaient veuves de leurs saints, le Mont Saint-Michel, devenu le Mont Libre, ayant été laïcisé par les lois de février 1790. Les religieux en étaient partis depuis de longs mois, et avec eux avaient disparu les innombrables hôtelleries et les multiples magasins dans lesquels les pèlerins se restauraient autrefois et achetaient mille béatilles, souvenirs de leurs pieuses visites. La liberté, entrant au

---

[1]. Du 12 février 1791 jusqu'au 1ᵉʳ octobre 1792, le château fut gardé par trente hommes du régiment de Lorraine et 15 canonniers invalides de la compagnie de Navarre. Comme la ville n'avait pas de caserne et que l'administration du district d'Avranches ne s'opposait pas à ce que les soldats habitassent en ville, ils furent installés dans le château; les deux officiers reçurent une indemnité pour location d'une chambre garnie dans la ville.

[2]. Les délégués d'Avranches se nommaient Auvray, Maillard et Guillou.

[3]. Le Mont avait été déclassé comme place de guerre par la loi du 10 juillet 1791; le détachement de la 14ᵉ division de la compagnie des canonniers invalides qui y tenait garnison fut dirigée sur Cherbourg. (*Lettre d'Abancourt, ministre de la Guerre,* 30 juillet 1791.)

Mont, avec un cortège de *suspects*, immédiatement incarcérés, y avait ruiné le commerce et dispersé les familles. Seuls, quelques purs se réunissaient le dimanche sur la plate-forme de la tour Boucle et dansaient autour d'une pique surmontée d'un bonnet phrygien, en hurlant des chansons contre les nobles et les prêtres.

Ce jour-là, le procureur syndic avait reçu pour instructions de s'emparer « des diamants, rubis, cyboires, soleils, mitres, calisses (*sic*) et tous autres objets de matière précieuse, or, argent, voire airain et cuivre ».

Il avait également pour mission de se faire représenter la cage, « où les despotes enfermaient leurs victimes et les faisaient dévorer par les rats ». Les officiers du district espéraient bien qu'une description sensationnelle de cet instrument de torture ameuterait encore davantage contre les nobles et les prêtres les populations de l'Avranchin et de la Basse-Normandie.

Aussi la déception du syndic fut-elle cruelle, quand le portier gardien de l'ex-abbaye lui déclara que la cage n'existait plus. Un Montois interrogé dit qu'il se rappelait bien que cette cage avait été démolie quinze années auparavant, lors d'une visite faite au Mont par un ci-devant prince de la Maison de France.

« C'est impossible ! s'écrièrent les officiers du bailliage. Nous ne croirons jamais que les tyrans aient ordonné la démolition de cette cage ! »

Il fallut bien pourtant se rendre à l'évidence. On ne découvrit que le crochet qui servait à suspendre la cage dans un obscur couloir.

« J'avais l'ordre, dit solennellement le syndic, d'offrir, au nom de la République, le bois provenant de cette cage, aux indigents de la ville du Mont Saint-Michel. »

— « Leur patriotisme, plus profond encore que leur dénûment, s'écria le maire[1], eût transformé ces poutres maudites en un feu de joie ! »

C'est ainsi qu'un beau procès-verbal fut perdu.

Il fallut bien se rabattre sur la Bibliothèque et sur le Trésor.

L'opération se fit rapidement.

En passant par le Chartrier, quelques officiers subalternes et plusieurs miliciens arrachèrent vivement aux splendides manuscrits, dont s'enorgueillisait le monastère depuis le dixième siècle, de nombreux feuillets où étaient peintes d'incomparables miniatures. Les bons pères de famille rapportaient ainsi de belles images à leurs enfants, « espoir de la République ».

Mais, pendant qu'un groupe de citoyens *travaillait* au Trésor, qui se trouvait dans le transept mé-

---

1. Le maire du Mont Saint-Michel, le citoyen Natur, celui-là même qui devait honteusement se cacher à Tombelaine, lors du passage des Vendéens au Mont, avait-il eu connaissance de ce qui s'était passé à Loches quelques mois auparavant ? Le 21 août 1790, M. Jacob-Louis Dupont, président de la Société patriotique et littéraire de Loches, demandait l'autorisation « de faire abattre et mettre en pièces la prison connue sous le nom de cage de fer, renfermée dans une triple prison de l'une des tours du château, pour en vendre le fer au profit des veuves et des orphelins des vainqueurs de la Bastille et pour brûler, dans le feu de joie de 14 juillet 1791, le bois qui la composait ». Un prêtre gagné aux idées républicaines, l'abbé Pottier, proposa un amendement ; le bois devait être distribué à deux ou trois familles pauvres de la ville. Les *purs* de Loches étaient si fiers de leur « initiative humanitaire », qu'ils envoyèrent une copie de cette proposition au maire d'Angers, dont le château renfermait lui aussi une cage de fer. Peut-être adressèrent-ils aussi leur factum au maire du Mont Saint-Michel, dont la cage était célèbre, bien qu'elle eût été démolie en 1777. (*Procès-verbal de la Soc. patriot. et litt. de Loches.* Août 1790. Tours, Vauquier imprimeur.)

ridional de la basilique désaffectée, le procureur syndic se réservait l'inventaire et l'emballage des pierres précieuses, ex-voto, couronnes, bijoux et autres riches objets de toute nature qui entouraient la statue la plus vénérée de l'abbaye, celle du grand saint Michel en la nef.

Midi sonna à la grosse horloge de la tour dont les cloches, descendues depuis quelques jours, ne remplissaient plus de leurs suaves mélodies, les grandes grèves de la baie. Le procureur syndic, le citoyen Maurice Auvray et ses compagnons suspendirent leur besogne, sortirent de l'abbaye et entrèrent pour se restaurer, dans une guinguette révolutionnaire, *La Licorne Rouge*, qui se cachait au fond d'une ruelle, non loin du beau logis que Bertrand Duguesclin avait fait construire en 1365 à sa loyale épouse, *la douce fée*, Tiphaine Raguenel.

Le repas fut gai.

Le procureur songeait à la longue énumération des pièces saisies qu'il annexerait à son rapport et l'expert joaillier, amené d'Avranches, supputait déjà les bénéfices qu'il réaliserait en versant dans les coffres du Trésor public le montant très éloigné de la valeur réelle, des objets achetés comme biens nationaux.

Le café pris, les citoyens remontèrent *travailler*.

Conformément aux ordres donnés par le procureur syndic, des hommes de peine, « sous la surveillance de gardiens probes et intègres » (on aime à prodiguer dans les époques de pillage les appellations les plus honorables), les hommes de peine, disons-nous, avaient rempli plusieurs cuveaux de tous les ex-voto et souvenirs pieux qui ornaient l'église. Une des cuves contenait tous les cœurs d'or, d'argent et de cuivre que les fidèles pèlerins, au cours des siècles, avaient offerts à l'archange en reconnaissance des grâces obtenues.

Le cœur était, en effet, l'ex-voto le plus offert. Il était, généralement, surmonté d'une petite croix ou d'une flamme, entouré d'une couronne d'épines, incrusté de fleurs ou d'initiales; souvent, il était creux; il s'ouvrait alors, comme une montre et, à l'intérieur, on mettait un petit morceau de parchemin sur lequel on avait écrit l'objet du vœu formé ou réalisé. Il y avait des cœurs en or avec des pierres précieuses, d'autres étaient en argent, de très nombreux en cuivre, en beau cuivre jaune, en or de Villedieu, comme on dit dans cette partie de la Normandie où, depuis des siècles, on travaille ce métal pour en faire des chaudrons et des poêles.

Comme le temps était un peu sombre, quoique l'air fût tiède et doux, le procureur et son expert résolurent de s'installer, pour faire la prisée des objets remplissant le cuveau, sur la plate-forme dite Plomb-du-Four, qui s'étend à l'ouest de l'église; mais en 1791, par suite d'écroulements récents, la terrasse n'était bordée d'aucune murette.

Le procureur et le joaillier s'installèrent à plus de vingt pieds du bord dangereux :

« Un joli saut »! dirent-ils en regardant l'abîme qui se creusait de tous les côtés du Plomb-du-Four.

C'était un vide effrayant; la roche droite et sauvage, chantée par Benoît de Saint-More, dominait de près de deux cent cinquante pieds la base du Mont et la mer, qui commençait à monter, étendait déjà sa nappe grise sur les sables de la baie.

Maurice Auvray et le bijoutier se placèrent devant une petite table; l'expert déterminait la nature du métal, pesait chaque objet au moyen d'une romaine et le remettait au procureur qui prenait note de ses constatations.

Ils travaillaient depuis une heure environ quand, soudain, le procureur s'arrêta; l'expert venait de lui passer un petit cœur en cuivre; ses doigts tremblèrent :

— « Qu'avez-vous donc, citoyen procureur? questionne l'orfèvre. Il ne fait pourtant pas froid sur cette plate-forme et l'on dirait que vous grelottez ! »

Auvray s'était vite ressaisi. Il n'ignorait pas que son compagnon était un des *indicateurs* du Comité de Salut public.

— « Ce n'est rien, répliqua-t-il vivement; je suis sujet à des attaques de fièvre quarte et comme j'ai dû traverser, ce matin, les marais d'Ardevon, j'y ai récolté une attaque de paludéenne. Soyez donc assez complaisant pour aller chez l'apothicaire d'en bas m'acheter de l'écorce de saule, que je vais immédiatement mâcher : le remède est infaillible. »

Resté seul et après s'être bien assuré que son triste acolyte était parti, le procureur reprit le petit objet de métal et l'examina avec soin. Il portait, gravé sur une de ses faces les initiales M. A. ses initiales à lui, Maurice Auvray et, à l'envers, cette date : 1771. Une charnière faisait saillie sur la tranche; il ouvrit le cœur comme on ouvre une montre. Sous un verre, il aperçut une petite boucle de cheveux blonds, attachée par un ruban de soie blanche à une feuille de parchemin, sur laquelle étaient écrits ces mots : « Claude Auvray et Jeanne Courtois, époux, ont offert ce cœur à l'Archange saint Michel, qui préserva miraculeusement leur enfant Maurice, victime d'un accident affreux. Que le Prince des milices célestes protège à jamais leurs fils chéri ! »

On prétend qu'avant de mourir, l'homme, quand il possède sa pleine connaissance, voit avec une netteté merveilleuse se dérouler devant lui, en quelques secondes, tous les événements de sa vie passée. Devant cet humble cœur, l'infortuné syndic se rappela qu'un jour — il y avait près de quarante ans — un petit garçon avait reçu, dans la cour de la ferme exploitée par ses parents, un terrible coup pied de cheval. Pendant huit jours l'enfant fut agonisant. Le médecin, qui avait constaté une fracture du crâne, avait déclaré que seul un miracle pouvait ramener à la vie le petit blessé. Ses parents firent immédiatement un *viage* au Mont Saint-Michel. Ils s'y rendirent, pieds nus, malgré les douze heures de route et vouèrent à l'archange leur unique fils bien-aimé. L'enfant guérit et, en témoignage de la grâce obtenue, ils offrirent à Saint Michel ce petit cœur de cuivre, au cours d'un pèlerinage d'actions de grâce, en l'an 1751.

Le syndic revécut cette scène, vieille de plus de quarante ans. Sa raison sombra dans cette évocation à la fois douce et effrayante. L'image de ses parents défunts se dressa devant lui. L'abîme était là à deux pas et Maurice Auvray, se faisant justice, se précipita dans le vide en étreignant sur son cœur de chair le pauvre petit cœur de cuivre qui lui rappelait son enfance.

Il emporta son secret dans la grande tombe de sable qui ne le rendit jamais.

Vingt ans plus tard, vers 1811, un pêcheur de coques trouva, entre le Mont Saint-Michel et Tombelaine, un petit objet de métal tout oxydé par l'eau de mer. Il le vendit pour quelques sous à un habitant du pays. C'était le cœur de cuivre offert par les parents de Maurice Auvray. Les initiales M. A. étaient encore parfaitement visibles, mais il ne contenait plus le parchemin ni la belle petite boucle de cheveux blonds.

CHAPITRE IX

LE MONT PENDANT LA RÉVOLUTION (*SUITE*). L'ÉVÊQUE CONSTITUTIONNEL LE COZ ; LES VENDÉENS AU MONT. LES PRÊTRES INSERMENTÉS. — SOUS LES CENT JOURS.

Une réception en 1793 au Palais de Justice de Rennes. Le Carpentier et Le Coz, évêque de Rennes. Une réplique en vers de Voltaire. — Incarcération du prélat. Son transfert au Mont Saint-Michel. Une longue étape. Un convoi de 180 prêtres. Odieux traitements. Une belle noyade manquée. — Les plaintes de Le Coz : les prêtres manquent de pain. L'agent Frain. — A propos d'un exemplaire d'Homère. Le bréviaire de l'abbé Briard. — Les Vendéens au Mont Saint-Michel. Molestation des hôteliers; les républicains se terrent à Tombelaine. Le récit du *Livre Blanc*. — Une invention de Le Coz; sa vantardise et ses mensonges; ses dénonciations; sa correspondance avec la citoyenne Hérodière. Un brave prêtre : l'abbé Faligant; un prêtre savant : le docteur Cousin. Une femme vaillante : la mère Roullé, de Carolles. Les prêtres dans le Cachot du Diable. Une victime des Cent Jours : le père Baffle; un drame sur les grèves.

Il y avait, ce jour là — 15 septembre 1793 — une réception officielle dans la grande salle du

Palais de Justice de Rennes. Ce n'était plus le parlement de Bretagne qui y tenait ses séances ; les magistrats qui composaient cette noble assemblée avaient pris le chemin des prisons ou celui de l'exil. Un petit groupe de Jacobins pérorait à la tribune où d'éloquents avocats généraux — les gens du roi — prenaient autrefois la parole, pour y soutenir de justes causes. Tout près d'eux, non loin du siège du premier président, un transfuge du Parlement de Bretagne, un adulateur de tous les puissants, promenait sur la salle ses yeux méchants et fauves ; un rictus haineux contractait ses mâchoires de prognate. Il cherchait, sans doute, dans cette foule, certaines personnalités épargnées jusqu'ici. Il avait hâte, sans doute, de dénoncer au terrible conventionnel, attendu par lui avec impatience, quelques-uns de ses anciens collègues, dont il connaissait l'impartialité et l'inflexible droiture. Ce mouchard inspirait une sorte de terreur dans la placide capitale de la Bretagne. Aussi, depuis que la révolution avait éclaté, tous les bons citoyens redoutaient sa vengeance. On savait que, depuis 1790, il écrivait des notes sommaires — on dirait aujourd'hui des fiches — sur tous ceux qui s'étaient détournés de lui avec dégoût.

Malgré ses bassesses et ses viles complaisances, il n'avait rien obtenu des ministres Turgot, Necker et Brienne ; mais, quand l'écume révolutionnaire monta à la surface, cet homme sans honneur, mais insatiable d'honneurs, éprouva une joie intense. Il comprit que son heure était venue et que bientôt ses rancunes pourraient être satisfaites. Sa fortune, sortie disait-on de l'armoire d'une matrone, s'était encore accrue grâce à d'occultes compromis avec des liquidateurs tarés et à des fraudes fiscales. Ce gredin appartenait à une famille de lâches. On racontait, sous le manteau, qu'un de ses membres, investi d'une magistrature honorable, avait sué la peur en 1779, quand coururent des bruits de guerre entre la France et la Prusse. Ce poltron ambitieux, s'estimant trop près de la frontière dangereuse, avait à force d'intrigues obtenu un poste de toute sécurité, où il n'avait à craindre ni les boulets des vaisseaux de l'Angleterre, ni les balles des soldats de l'Allemagne.

Cet être abject était à Rennes le meilleur indicateur de Carrier; il échangeait avec lui une correspondance très active; il le renseignait sur les familles nobles et bourgeoises, dont il connaissait, par la nature même de ses fonctions, la situation et même les secrets. Il était informé des retraites où se cachaient de pauvres prêtres et il avait hâte de les faire diriger maintenant vers ces prisons dont les portes ne s'ouvraient que pour le sinistre appel à l'échafaud. Enfin le personnage attendu entra; il fut aussitôt entouré par les sans-culottes et les clubistes, qui tendirent vers lui leur faces grimaçantes.

Un formidable cri de Vive Carrier! retentit dans la salle. Il y répondit en agitant le bonnet phrygien qui le coiffait et en donnant l'accolade à son sinistre ami.

Le hideux révolutionnaire était arrivé, de Nantes à Rennes, le premier septembre, en compagnie de Pochole et ces amis du peuple menaient joyeuse vie à l'hôtel de Montluc, malgré la disette qui désolait la ville et affamait tant de pauvres gens.

Tout à coup, on annonça l'arrivée de Le Coz.

Né le 22 décembre 1740, à Plonevez-Porzay, à cinq lieues de Quimper, Claude Le Coz, après avoir fait ses études au collège de cette ville, y était revenu comme professeur et comme sous-directeur. Dès le début de la révolution, ce prêtre intrigant, arriviste dans l'âme, avait manifesté, en les criant par dessus les toits, des idées libérales qui devaient le porter aux plus hautes dignités. Le 7 février 1791, il prêtait le serment à la constitution civile du clergé, acceptait, un mois après, le siège de l'évêché de Rennes et se faisait sacrer à Paris, le 10 septembre. Député d'Ille-et-Vilaine, il rentrait à Rennes et prodiguait, tout aussitôt, au pouvoir des marques d'un servilisme répugnant.

Toutefois, au moment du passage de Carrier, son esprit parut manifester une velléité de révolte. Sa conscience lui reprochait-elle, enfin, ses tristes agissements ? Ne gardait-il pas plutôt envers ce pouvoir qu'il avait adulé jusqu'à l'avilissement la rancune d'une ambition outrée, inconnue et non satisfaite ?

A peine Carrier aperçut-il l'évêque de Rennes qu'il le fixa d'une manière insolente et lui commanda de lui faire la remise d'ordre : « Toutes ces jongleries, s'écria-t-il, doivent finir. Tu aurais dû te convaincre par l'exemple de ton confrère Collet, que la conquête de la philosophie sur les préjugés est désormais assurée ! » L'ex-abbé[1] Collet auquel Carrier faisait allusion était vicaire à Bain de Bretagne ; Le Coz avait flétri publiquement son mariage sacrilège.

Au lieu de dire : « Citoyen, défroque donc ! » Carrier, grandiloque, employait ce charabia pré-

---

1. Cf. A. ROUSSEL, *Un évêque assermenté (1790-1802), Le Coz, évêque d'Ille-et-Vilaine*. Paris 1898, et DUCHÂTELLIER, *Histoire de la Révolution dans les départements de l'ancienne Bretagne*.

tentieux et grotesque qui se nommait l'éloquence des clubs.

Littérature pour littérature, Le Coz répliqua par une citation de Voltaire :

> Abandonner un Dieu que l'on craint dans son cœur,
> C'est le crime d'un lâche et non pas une erreur ;
> C'est trahir à la fois, sous un masque hypocrite,
> Et le Dieu que l'on prend et le Dieu que l'on quitte ;
> C'est mentir au ciel même, à l'univers, à soi.

Et sa tirade finie :

« Citoyen, regarde-moi, dit-il à Carrier, et vois si je suis capable d'une telle lâcheté ! »

Huit jours après, Le Coz était incarcéré dans la tour Le Bart, à Rennes et, après une semaine de détention, il fut transféré au Mont Saint-Michel.

« Le 15 octobre 1793, écrit-il à un destinataire inconnu, on vint, à minuit, me tirer du cachot où j'étais à Rennes et m'avertir de me tenir prêt à partir pour le Mont Saint-Michel. Incommodé, ayant presque perdu l'usage des jambes par une longue et rigoureuse détention, je demandai qu'il me fût permis de me servir de ma voiture : « L'égalité s'y oppose », me répondit-on. — « Cependant il y a trois ou quatre cabriolets pour les insermentés. Qu'on m'accorde au moins des chevaux ! » dis-je. Après beaucoup de difficultés, on eut l'air d'y consentir. Pour ne choquer personne, je fis dire à mon domestique de me conduire deux chevaux, à un quart de lieue de la ville. J'allai à pied. Quelle fut ma surprise ! Un nommé Helliot, que Pocholle avait fait venir je ne sais d'où, pour exécuter ses ordres, renvoya les chevaux et me fit attacher avec une corde, à la tête des plus jeunes prêtres insermentés; les autres étaient dans des charrettes ou autres voitures. J'éprouvai, à ce moment, une commotion terrible [1], heureusement elle ne dura que quelques minutes. »

Ces lignes révèlent bien l'état d'esprit inquiet et jaloux de l'évêque de Rennes. Il s'étonne que lui, bon républicain, ami du pouvoir et victime temporaire, il l'espère du moins, d'un ennemi personnel, soit obligé de marcher, tandis que les insermentés ont des carrioles. La République est bien ingrate, mais Carrier peut être certain que les membres du Gouvernement connaîtront cette différence de traitements.

Le convoi, dont Le Coz faisait partie, comprenait environ cent quatre-vingts prêtres du diocèse de Rennes. Ils mirent trois jours à franchir les vingt lieues séparant cette dernière ville de l'abbaye-forteresse normande. Des gardes nationaux les escortaient et les brutalisaient odieusement. Par un raffinement de cruauté, on les logeait dans les églises désaffectées ou souillées; les soldats prenaient plaisir à briser les statues, à barbouiller d'ordures les autels; le curé de Pontorson réussit à préserver de la destruction une très belle Vierge de pierre qui ornait son église. Il l'avait coiffée d'un bonnet phrygien. Les purs trouvèrent cela très drôle et respectèrent cette nouvelle Marianne.

A Pontorson précisément, ville la plus voisine du lieu de détention et dernière étape de ces infortunés, on vint dire au commissaire, chargé de l'escorte des ecclésiastiques de Bretagne, que la

---

1. Cf. P. ROUSSEL, *Correspondance de Le Coz, évêque constitutionnel d'Ille-et-Vilaine*. Paris, 1900.

marée montait et qu'on ne pouvait passer la demi-lieue de grèves entre Moidrey et le Mont : « Eh bien ! répondit le commissaire, s'ils boivent un coup cela ne leur fera point de mal[1]. Ils ont avalé pas mal de poussière depuis Rennes. Et j'ai oublié de les faire suivre de leur vin de messe ! » La garde nationale de Pontorson répondit à cet odieux personnage qu'elle avait ordre d'escorter les détenus jusqu'au Mont Saint-Michel et non de les noyer sur les grèves. Elle força le commissaire à rentrer en ville et à y rester jusqu'au moment où la mer fut retirée.

Inhumainement conduits au Mont, les prêtres bretons y furent durement traités, quoiqu'ils fussent, presque tous, vieux et infirmes. Ils y retrouvèrent un certain nombre d'ecclésiastiques de Normandie.

En effet, dès le 16 mai 1792, les premiers prêtres inconstitutionnels y furent enfermés ; plusieurs, sur l'ordre de Le Carpentier, s'y rendirent d'eux-mêmes, entre autres le curé de Vains-sous-Avranches, François Grentet et le curé de Saint-Georges de Reintembault, Bertrand Thomas.

Tous ces malheureux étaient soumis à un régime exceptionnellement sévère, leur alimentation était mauvaise et insuffisante et les geôliers, obéissant aux ordres secrets de l'administration supérieure, se plaisaient à toutes sortes de vexations constituant de véritables tortures morales.

Dès le 24 octobre 1793, Le Coz se plaint amèrement du défaut de nourriture, dans une lettre

---

1. A Angers, on disait des prêtres qu'on noyait : « Envoyons-les faire la pêche du corail ! »

qu'il adresse à A. Clinchamp, membre de la Convention : « Citoyen, mon ancien collègue, permettez-moi de réclamer votre humanité et, par vous, celle de tous les membres du département en faveur des malheureux prisonniers, exposés à mourir de faim. Hier plus de soixante de ceux qu'on a amenés, ici, de Rennes, manquèrent de pain; les autres n'en eurent que très peu et, sans les soins de la bienfaisance de notre maire et de notre procureur de la commune de l'île, je ne sais où nous en serions déjà. Au moment où je vous écris, je n'ai pas un morceau de pain pour déjeuner. Le département de la Manche dit que ce n'est pas à lui de nous nourrir. Si vous tenez à notre égard le même langage, il ne nous restera plus qu'à nous résigner à la plus cruelle des morts. »

Le désordre le plus complet régnait dans l'administration ; elle ne se préoccupait que d'une chose : accabler de mauvais traitements les prêtres insermentés et les torturer de toute façon. Le grand meneur était un sieur Frain, d'Avranches, arrogant, fourbe et vindicatif, qui était passé maître dans l'art « de se libérer de l'influence néfaste des hommes noirs[1] ». Bien que

---

1. L'agent Frain qui, de tous les administrateurs du district d'Avranches, se montra le plus féroce envers les prêtres et les nobles, devint lui-même un aristocrate fieffé sous le Premier Empire. Il se fit appeler Joseph Frain de la Touche et son blason était d'azur à la branche de chêne d'argent glandée de même, chargée d'une fasce crénelée. Frain fut député de la Manche, maire d'Avranches et préfet. Il mourut le 26 décembre 1840, à l'âge de 82 ans, étant né le 10 juillet 1758. Il fit partie de la Légion d'honneur en 1809 et des chevaliers tourne-veste. D'après miss Costello (article du *Journal d'Avranches* du 10 janvier 1841), Frain aurait cependant cherché à sauver quelques têtes d'Avranchinais de la guillotine que Le Carpentier avait fait dresser dans cette ville.

Le Coz fût, à ses yeux, un esprit bien supérieur à ses co-détenus, puisque les autres étaient des suppôts du tyran et que l'évêque de Rennes avait été un des premiers à saluer l'aurore de la Révolution, Frain, mis en présence du prélat constitutionnel « l'avait traité avec une morgue et une dureté révoltantes ». L'agent du district d'Avranches entra un jour dans la cellule de Le Coz; celui-ci faisait ses prières devant un crucifix de bois qu'un de ses confrères lui avait prêté. Frain prit une colère d'énergumène; il vomit blasphèmes et injures et brisa le crucifix. « Il envoya, dit Le Coz, le comité révolutionnaire du Mont Saint-Michel fouiller dans ma chambre. On y trouva un Homère grec avec le portrait du poète. Le portrait fut pris pour une figure de saint et je pensai y être de mon Homère. »

A la même époque, un prêtre d'Avranches, l'abbé Bréard avait réussi à dissimuler un bréviaire, puisque, par un raffinement de cruauté, on privait les ecclésiastiques des livres indispensables à la récitation de leurs offices. Le bréviaire circulait prudemment, de main en main; mais les doigts des malheureux prêtres auxquels l'eau n'était point prodiguée pour les ablutions, laissèrent aux feuillets une telle... trace que les rats, alléchés par l'odeur, dévorèrent en une nuit l'unique livre de prières.

Cependant les Vendéens, en marche sur Granville, lancèrent de Pontorson un détachement de cavalerie pour mettre en liberté les prêtres détenus au Mont Saint-Michel. Pour l'orgueilleux évêque, cette petite expédition avait pour but non avoué sa propre capture, puisque les Chouans avaient juré d'avoir sa tête. « Ils cherchaient, dit-il, à me brûler à la tête de leur camp. » Rempli de cette idée, Le Coz a forgé de toutes pièces une invraisemblable histoire.

A la nouvelle de l'arrivée prochaine des Vendéens, « les prêtres insermentés lui offrirent, dit-il, protection et inviolabilité ». Il refusa fièrement leurs services, mais il prit ses sûretés. Il se cacha dans l'abbaye. « C'est alors que ces prêtres, soupçonnant que je n'avais pas quitté le château, sommèrent avec menaces le concierge de leur indiquer l'endroit où j'étais. Ils voulaient m'avoir mort ou vif et leur projet était, je l'ai entendu moi-même, de me conduire au quartier général de l'armée et de me livrer solennellement aux flammes. Ils ne furent arrêtés dans leurs recherches que par l'affirmation de quelques vieillards de m'avoir vu fuir dans la grève. Ils me croyaient même englouti dans les flots et ils avaient plusieurs raisons de le croire. »

La vérité est que les Vendéens ne se préoccupaient nullement de Le Coz, dont ils ignoraient la détention au Mont. Ils se contentèrent de mettre quelques prêtres en liberté ou, plutôt, d'ouvrir les salles où étaient entassés ces malheureux. La plupart refusèrent de suivre leurs libérateurs, soit par crainte de représailles, soit par scrupule excessif, soit par l'anéantissement physique dans lequel ils se trouvaient, en raison des privations que leur infligeaient leurs bourreaux[1].

---

1. La garde nationale du Mont avait été instituée le 15 août 1790. Elle se composait de 50 hommes, d'un major, d'un capitaine, d'un lieutenant, d'un enseigne et d'un sergent. Le gouvernement, ayant appris la lâcheté de cette garde, envoya au Mont un détachement régulier. Les soldats logèrent dans l'église paroissiale qui fut saccagée et profanée. Ils firent une

Au son des tambours vendéens, les purs du Mont Saint-Michel avaient pris la fuite ; le maire, le citoyen Natur, s'était honteusement caché à Tombelaine avec la garde nationale ; les Montois subirent alors les exigences des vainqueurs d'un jour ; les hôteliers, surtout, furent dévalisés par le détachement des Chouans, malgré les efforts de leurs officiers.

Le Livre Blanc de la commune du Mont nous donne quelques renseignements sur le passage des Vendéens au Mont Saint-Michel. L'auteur de ce livre manuscrit, aussi chaud républicain que piteux chroniqueur, les appelle « des aitres infernals, d'exécrables chouen, de brigans délivrant les prêtres des fairs et menaçant les Montois de leur trancher la tête avec leurs sabres sur le coup ». Ce même registre nous apprend que les Vendéens enclouèrent toutes les pièces d'artillerie, jetèrent les boulets dans les grèves et détruisirent « l'arbre chéri » de la liberté.

Dès que Le Coz fut bien assuré que les Vendéens étaient partis, il sortit de sa cachette, très décidé à profiter de la circonstance pour se poser en champion généreux des pauvres prêtres demeurés au Mont.

L'heure de la vengeance avait sonné pour les Jacobins ; les Chouans allaient payer cher la peur que les Vendéens avaient inspirée aux purs de l'endroit. « Cinquante prêtres, affirme Le Coz dont les déclarations sont très-suspectes, avaient répondu à l'invitation des Vendéens, bien que j'eusse fortement conseillé à mes compagnons de capti-

---

ouverture dans la voûte pour donner passage à la fumée ; sur les autels, on installa les fourneaux.

vité de ne pas quitter la prison; quand l'armée des Chouans fut mise en déroute, plusieurs fugitifs revinrent au gîte. J'insistai fortement auprès de l'administration municipale qui, en raison de quelques services rendus [1] avait de la confiance en moi, pour qu'elle leur rouvrît la prison sans tenir aucune note de leur sortie, ce qui fut fait. »

Dix ans plus tard Le Coz aimait à rappeler cette intervention, à laquelle nous ne croyons guère, étant donné le caractère de ce personnage. Il écrit à la date du 2 juillet 1803 : « J'ai sauvé la vie à plusieurs prêtres qui avaient dirigé contre moi les Vendéens au Mont Saint-Michel. J'ai fait révoquer l'arrêt de mort prononcé contre deux. L'un avait violemment menacé la municipalité du Mont Saint-Michel, si elle ne me livrait mort ou vif. Heureusement on ignorait où j'étais caché. Eh! bien, on m'a signalé comme l'un des bourreaux de ces pauvres prêtres. »

Pour peu, Le Coz écrirait qu'il était leur meilleur ami; mais nous sommes en 1803, ne l'oublions pas; les persécutions religieuses s'étaient ralenties, le pouvoir du clergé catholique s'affermissait chaque jour et l'astucieux Le Coz sentait bien d'où venait le vent.

Tandis que les insermentés, à peine vêtus, mal nourris, dépérissaient dans des cachots étroits, n'ayant pour réconfort que leur foi dans la Providence, Le Coz s'entretenait *à ses frais* et se lamentait sur la vie chère. Le 14 janvier 1794, il se

---

1. Le Coz avait réussi à capter les bonnes grâces de la municipalité montoise. Celle-ci lui décerna même un certificat constatant que Le Coz s'était toujours comporté en vrai républicain. Ce certificat fut visé, conforme et approuvé, par le comité de surveillance.

plaignait que ses facultés fussent bien affaiblies par quatre mois de prison. Il réclame aux autorités du département d'Ille et-Vilaine ses indemnités épiscopales. Tout au Mont est hors de prix. On n'a pas une épingle sans la payer. Il a été obligé de payer 40 sous 3 livres de pain. Il loue 6 livres par mois un petit matelas et une mauvaise couverture. Trois cents de ses frères en Jésus-Christ sont étendus sur de la paille pourrie et pleine de vermine. Mais, ce ne sont pas de bons républicains comme lui. On lui doit son traitement d'évêque ; déjà le 22 décembre 1793, il s'est plaint de sa situation misérable au citoyen Turreau, ardent conventionnel dont la parole est écoutée et qui était venu au Mont Saint-Michel pour jouir du spectacle, bien cher à ses yeux de philosophe humanitaire, de trois cents apôtres de la superstition.

Il écrit et il dénonce.

La citoyenne Hérodière, de Pontorson qui, d'après lui, a à son égard les sentiments d'une mère, favorise sa correspondance. Le 14 octobre 1794, il écrit, du Mont, à Daniélou qu'il a, le 24 germinal an. III, dénoncé à la Convention un homme qu'elle commence à connaître[1]. Cet homme c'est Le Carpentier. Il devait, lui aussi, sous un autre régime « tâter de la geôle du Mont Saint-Michel ».

Toutefois la détention de Le Coz est loin d'être aussi rigoureuse que celle de ses compagnons. Carrier ne l'oppresse pas tant que cela « sous le poids de son autorité néronienne. » ; l'évêque jouit de la faveur de se promener sur les grèves ; il a son lit,

---

1. *Annales de la Religion*, 9 avril 1796.

sa cellule, du papier et de l'encre ; il peut, tout à son aise, préparer des exhortations et surtout rédiger des plaintes. A force de réclamer sa liberté, il l'obtient et quelques semaines plus tard il quitte le Mont Saint-Michel.

Il y laissait des centaines de malheureux dont le seul crime était de rester fidèles à leurs serments[1].

Parmi eux se trouvait l'abbé Féligant appelé quelquefois l'aumônier des Chouans. Arrêté une première fois à Rennes, le 4 décembre 1791, il avait été condamné à une année de détention, puis transféré au Mont Saint-Michel, en même temps que Le Coz. Délivré par les Vendéens, il les avait suivis, mais il fut bientôt arrêté par les troupes républicaines ; traduit devant la commission militaire de Saint-Malo, il n'avait pas été traité avec trop de rigueur ; ses juges s'étaient contentés de le renvoyer au Mont Saint-Michel. Il en sortit à la suite de l'amnistie du 12 nivôse an III.

Il avait pour ami l'abbé Garnier, un prêtre sexagénaire qui fut détenu jusqu'à 1796 époque à laquelle la persécution parut se ralentir ; il ne jouit pas longtemps de sa liberté ; surpris par les Bleus, aux environs de Saint-Lô, la veille de Pâques 1797, il fut lâchement assassiné. L'abbé Gosselin, de Carnet, eut le même sort ; il n'avait consenti à franchir les portes ouvertes par l'armée vendéenne que pour aller exercer en cachette, son ministère,

---

1. Grâce au dossier de Michel Le Rendu, prêtre réfractaire des environs de Coutances nous connaissons la plupart des noms des ecclésiastiques internés au Mont Saint-Michel. Cf. *Archives de la Guerre ;* armée des côtes de Cherbourg 5/19. Lettre de Frémenger du 8 août 1794 et *Archives nationales,* F7 7606.

dans le canton voisin de Saint-James. Les soldats de la République le fusillèrent à Argouges, le 14 août 1795. On peut encore citer dom Dufour, ancien professeur à l'abbaye du Mont, dom Curton, cellérier et Pierre Cousin, curé d'Avranches, qui avait toujours la plume en main. Au cours de sa longue détention, il écrivit vingt gros volumes in-folio, compilation étrange, touffue, sans intérêt, où l'on ne saurait puiser aucun renseignement utile ; Courte, aumônier des vaisseaux du roi, mourut au Mont, en captivité, le 15 juin 1794 ; Denis Denis, grand chantre de la cathédrale d'Avranches et Belletier, gardien de l'hôpital de Rennes, y furent incarcérés et y décédèrent, le premier en l'an III et le second en l'an II[1].

Le plus grand nombre de ces ecclésiastiques appartenait aux diocèses de Coutances et d'Avranches qui formaient, avant la Révolution, deux évêchés différents. La plupart avaient tout d'abord été écroués au collège de cette ville qui servait de maison d'arrêt pour les personnes accusées de chouannerie. Le 28 brumaire an IV, l'administration municipale d'Avranches écrivait au département que le collège, contenant alors 147 détenus, était un local étroit et malsain. Elle ajoutait : « Le local que nous croyons propre et que nous vous proposons est le Mont Saint-Michel, maison de force où il existe de la place pour nos détenus.

---

1. On trouvera dans les ouvrages locaux des renseignements plus précis sur la période révolutionnaire dans les département de la Manche et de l'Ille-et-Vilaine, spécialement dans les études de MM. Sarot et Tresvaux. En juillet 1793, d'après une liste conservée aux archives de la paroisse d'Angey, canton de Sartilly, Manche, 107 prêtres appartenant aux diocèses de Coutances et d'Avranches étaient internés au Mont Saint-Michel.

Les prêtres que nous avons en arrestation pourraient aussi y être transférés. Ils y reconnaîtraient un domicile qu'ils n'auraient jamais dû quitter. Une compagnie de vétérans, que nous avons dans notre commune, pourrait augmenter la garde. Venez à notre secours en ordonnant la translation des condamnés et des prêtres. »

Le 9 frimaire, le département ordonnait cette mesure ; on y annexait un tableau des prêtres, condamnés à la détention en vertu de la loi du 3 brumaire ; il comprenait 46 noms, appartenant au clergé séculier et au clergé régulier ; ce serait allonger inutilement ce chapitre que de les faire figurer ici ; cette liste n'aurait d'intérêt que pour les historiens locaux.

Ces malheureux, si durement traités, recevaient cependant des marques touchantes d'affection. La tradition populaire a conservé le nom d'une femme pieuse et héroïque, la mère Roullé, une pauvre meunière de Carolles, qui sauva un des prêtres mourant de faim[1]. Depuis un certain temps, elle cachait chez elle un vénérable ecclésiastique qui célébrait secrètement la messe, dans une petite boulangerie du bourg. Un matin, l'abbé Guillard fut surpris par les Bleus ; couvert d'injures et de coups, il est aussitôt conduit au Mont Saint-Michel. Les détenus y sont tellement nombreux et l'incurie ou plutôt la férocité de l'administration est telle que les prisonniers manquent

1. En avril 1794, une nièce du chanoine Louis-Georges de Gouvets, épouse de M. Ferrey de Montitier, qui possédait une terre à Huisnes, faisait parvenir en cachette du pain de seigle à son oncle, détenu au Mont. « Sans votre pain, votre bon pain de la Gestière, écrivait à un fermier normand un prêtre de Brécey, incarcéré au Mont, je mourrais de faim. » Cf. *Revue de l'Avranchin*, 1912, n° 1.

de pain. La mère Roullé apprend cela; chaque semaine, elle traverse les grèves dangereuses, les rivières perfides ; elle apporte du pain à l'abbé Guillard ; grâce à la complaisance d'un geôlier qui a été mitron dans la petite boulangerie de Carolles, les miches parviennent au prêtre qui partage aussitôt ce pain quasi providentiel avec ceux qui souffrent dans le même cachot que lui [1].

Ce cachot était une petite chambre rectangulaire, au milieu de laquelle s'élevait une jolie colonne monocylindrique, dont les nervures s'épanouissaient, s'entrelaçaient et retombaient gracieusement comme les branches d'un saule pleureur. La pièce était connue, sinon à cette époque, du moins vers 1811, sous le nom de *Cachot du diable*. M. V. D. Jacques [2] dans les notes qu'il a prises avant les transformations du Mont Saint-Michel s'exprime ainsi : « Avant la disgracieuse ouverture pratiquée en haut, sur un des côtés du cloître, cette petite chambre était mystérieusement sombre et si pleine de terreur que les prisonniers de la maison centrale la nommaient le *Cachot du diable*. Nous ignorons sa destination primitive, à moins que ce ne fût le vestibule de la pièce voisine à laquelle on accédait par des ouvertures à couloirs profonds [3]. »

---

1. L'encombrement des prisons était tel qu'en octobre et en décembre 1794, plusieurs prêtres furent mis en liberté. Les 6, 8 et 29 février 1795, le représentant Legot en libéra plusieurs. Les derniers ecclésiastiques quittèrent le Mont en octobre 1799.

2. Victor Jacques, *Le Mont Saint-Michel en poche*. Avranches, 1874, in-8.

3. Nous avons entendu un vieux gardien appeler cette pièce le Vestibule des Voûtes ; d'après lui, par un phénomène d'optique, les tuiles rouges du cloître jetaient un reflet flamboyant dans cette salle, d'où le nom de Cachot du Diable.

La tradition populaire veut aussi que ce soit dans ce cachot que fut enfermé le père Le Baffle. Le Baffle, originaire de Genêts, petite commune située sur la côte normande, à une heure environ du Mont Saint-Michel, s'était engagé, comme marin, dans les armées de la République. Il avait servi sous les ordres du conventionnel Jean-Bon Saint-André, celui-là même qui, avec l'amiral Villaret-Joyeuse, avait attaqué les Anglais, commandés par Howe, au large de Brest, le 1ᵉʳ juin 1794. Il fallait entendre le père Le Baffle raconter le glorieux engloutissement du *Vengeur*! Il avait pris part aussi à l'expédition de Saint-Domingue et il avait laissé une jambe à l'assaut du fort de la Crête à Pierrot, le 23 mars 1802. L'empereur lui avait donné l'étoile des braves et une pension de 600 francs. Il s'était marié en 1790, entre deux campagnes, et était devenu père d'une charmante fillette en 1791.

Depuis 1803, il vivait tranquillement à Genêts aux côtés de sa fille qui s'occupait de son ménage, Mme Le Baffle étant morte, enlevée par une mauvaise fièvre.

Le père Le Baffle aimait passionnément l'empereur; Austerlitz l'avait transporté de joie; la capitulation de Paris l'atterra et ce fut la rage au cœur qu'il apprit l'entrée de Louis XVIII à Paris.

Cependant il aurait dû être radieux : au cours de ce beau mois de mai 1814, un jeune officier de marine, Pierre Edom, s'était fiancé avec sa fille Marguerite, toute rayonnante de jeunesse et de beauté. Déjà, elle avait refusé de brillants partis, mais Pierre Edom par sa loyauté, sa bravoure, avait vite conquis le cœur de Mlle Le Baffle. Sa décision d'épouser Pierre Edom navra un

Un Drame sur les Grèves. — La Noyade de Marguerite Le Baffle
1813
(D'après un dessin de G. Boulanger.)

homme du pays, riche et intrigant, Jacques Dubosc qui avait réussi à se faire bien voir du père Le Baffle. Deux ou trois jours après les fiançailles de Marguerite, on trouva Pierre Edom assassiné dans une ruelle du bourg de Genêts. Les soupçons se portèrent sur Jacques Dubosc. Le père Le Baffle, interrogé par le juge d'instruction d'Avranches, fit une déposition très grave contre l'ancien « bon ami de sa fille ». Dubosc fut écroué ; mais, faute de preuves, il bénéficia d'une ordonnance de non-lieu.

Il n'eut plus alors qu'une seule pensée : se venger de la famille Le Baffle. Les événements politiques le servirent à souhait; Napoléon venait d'être dirigé sur Sainte-Hélène. Dubosc qui comptait des amis dans l'entourage de Fouché se posa très habilement comme une victime des bonapartistes de la Manche. Il dénonça le père Le Baffle comme étant un agent de Napoléon ; des rapports de police firent connaître que l'ancien marin légionnaire avait, à l'annonce du retour de l'île d'Elbe, arboré de sa main le drapeau tricolore sur le clocher de l'église de Genêts. Le Baffle fut aussitôt incarcéré au Mont Saint-Michel et sa fille Marguerite n'eut point l'autorisation de le voir.

Un dimanche, elle revenait de vêpres et sortait du cimetière, où elle avait déposé un bouquet de fleurs sur la tombe de son malheureux fiancé, quand elle se trouva face à face avec Jacques Dubosc. Sa figure se crispa ; elle détourna les yeux en voulant fuir.

« Monstre ! », s'écria-t-elle, en apercevant celui qu'elle considérait comme le meurtrier de son ami et l'auteur de l'incarcération de son père.

— « Marguerite, dit Dubosc, je comprends que je vous fasse horreur, bien que je sois innocent; mais les apparences sont contre moi ; je suis venu vers vous, afin de vous annoncer une bonne nouvelle. J'ai des amis puissants, vous le savez ; eh bien ! j'ai obtenu d'eux la mise en liberté de votre père et j'ai voulu que ce fût vous qui lui fissiez part de son élargissement. Courez au Mont Saint-Michel ; la mer est basse, vous avez juste le temps d'y parvenir ; mais la nuit va tomber, hâtez-vous. »

Marguerite se précipita vers la grève, confiante dans les paroles de Dubosc et insouciante du danger; les indications de son ennemi étaient fausses; on était en grande marée, la mer galopait déjà dans les ténèbres ; elle surprit l'infortunée jeune fille entre Tombelaine et le Mont Saint-Michel. Le surlendemain on retrouvait son cadavre sur la petite grève du bec d'Andaine.

Dubosc disparut du pays : sa vengeance était satisfaite [1].

1. M. F. Girard a dramatisé cette scène dans une nouvelle publiée dans *la France maritime*, année 1846, p. 213.

CHAPITRE X

LE CARPENTIER ET MATHURIN BRUNEAU

Le décret du 6 juin 1811. Les prisonniers durant les Cent Jours. Les cours prévôtales. — Le Mont au point de vue pénitentiaire ; les directeurs des prisons de 1817 à 1864. Le décret du 2 août 1817. Nouvelles mutilations dans l'abbaye-forteresse : le récit de Walsh. — L'état du Mont de 1820 à 1824 d'après le docteur Ledain, détenu politique ; le régime des prisonniers; vêtements, literie et alimentation : malades et blessés. — Le mouvement de la population pénitentiaire en 1820, 1821, 1822 et 1823. — L'épidémie typhique de 1820 ; l'eau au Mont Saint-Michel ; sources et citernes. Le système Pasteur employé au moyen âge: la grande citerne à filtre. L'eau des toits; l'intoxication saturnine; manifestations pathologiques ; troubles intestinaux, nerveux et visuels. Le travail des condamnés ; répartition des salaires ; le denier de poche ou *comptant à la main*. — L'incarcération de Mathurin Bruneau ; de Saint-Malo à Rouen, de Rouen à Gaillon, de Gaillon au Mont ; la prétendue tentative d'évasion du faux Louis XVII. — Le dauphin fait des sabots. Sa mort, son autopsie, son acte de décès. — Le Carpentier au Mont. Sa détention dans la tour Perrine. La visite de l'abbé Manet ; les notes sur Le Carpentier données par le directeur de la maison centrale. Changement d'attitude de l'ex-conventionnel. Racontars divers : les aumôniers de la prison. Mort de Le Carpentier, son acte de décès; le mystère de sa tête. Un bocal introuvable.

A partir du 21 avril 1796, le Mont Saint-Michel fut destiné non seulement à recevoir des détenus politiques, mais encore et surtout des prisonniers de droit commun, ce qui augmenta considérablement le nombre des incarcérés. L'administration centrale de la Manche, effrayée par l'audacieuse évasion de Jacques des Touches de la maison d'Avranches, demanda le 23 pluviôse an VII (11 février 1799)[1] à la Police Générale d'employer des précautions multiples et journalières « afin d'empêcher l'évasion de plusieurs Chouans exécrables, détenus dans les cachots du Mont Saint-Michel ».

Si la période révolutionnaire offre pour l'histoire pénitentiaire du Mont un intérêt assez grand, rien de saillant ne se produisit à ce sujet du commencement du dix-neuvième siècle à 1811. Un décret impérial, rendu le 6 juin de cette année, fit du Mont Saint-Michel une maison de correction. Elle fut organisée administrativement sur des bases nouvelles. De 1811 à la chute du Premier Empire, des prisonniers de guerre y furent enfermés, « la volonté de Napoléon remplaçant les lettres de cachet ». Aux Cent Jours, le Mont reçut de nouveaux prisonniers dont l'histoire a gardé quelques noms : Lemoine, Chadaysson, Chastellay et Le Houssaye, « un grand jeune homme blond, molle créature plutôt faite pour les loisirs de la vie ecclésiastique qu'il finit par adopter ». En 1814, les prisonniers étaient environ 200 ; les hommes travaillaient dans la salle des Chevaliers,

---

1. A cette époque sévit, au Mont, une épidémie de fièvre typhoïde probablement, puisqu'on l'attribuait à l'eau. La mortalité était si grande qu'on fut obligé d'ajouter 20 feuillets au registre des décès.

les femmes dans le réfectoire des Moines ; l'abbé des Mons, curé de Cherbourg, qui visita le Mont cette année-là, constata les déprédations que l'on avait fait subir au monument. On venait de vendre les stalles du chœur ; les boiseries étaient démolies, les bas-reliefs étaient mutilés. Le pauvre prêtre raconte qu' « il sortit l'âme brisée de douleur et les yeux remplis de larmes[1] ».

Les cours prévôtales, établies par l'ordonnance du 20 décembre 1815, y envoyèrent quelques condamnés ; ils n'y demeurèrent que fort peu de de temps et il ne faut pas, croyons-nous, ajouter grande foi à ce passage extrait de l'étude du docteur Ledain : « Une maison centrale a été organisée au Mont Saint-Michel, à l'instar de celle de Melun et de Fontevrault. C'est aussi un lieu de retraite pour les criminels condamnés aux travaux forcés à perpétuité et qui, vu leur grand âge et leurs infirmités, étaient extraits des bagnes. On y conduisait, enfin, tous les condamnés à la déportation pour quelque cause que ce fût. Pendant mon séjour en 1822, 1823 et 1824, cette prison était encore peuplée d'un grand nombre de déportés que les cours prévôtales de 1816 y avaient entassés[2].

Le 2 août 1817, la prison du Mont Saint-Michel s'appela d'un nom nouveau ; un décret la constituait Maison de force et la destinait à recevoir des

---

1. Recherches historiques de M. des Mons, curé de Cherbourg, Ms. du Grand séminaire de Coutances. L'abbé des Mons avait eu beaucoup de peine à obtenir un laisser-passer du sous-préfet d'Avranches.
2. Cependant la détention d'Émile Babeuf ne saurait être mise en doute. Émile Babeuf, fils de François Noël, avait repris, en les modifiant sensiblement, les doctrines de son père sur le communisme. Envoyé au Mont Saint-Michel par Napoléon Ier, il y fut maintenu par la Restauration et ne recouvra sa liberté qu'à la suite des événements de juillet 1830.

individus des deux sexes, contre lesquels avait été prononcée la peine des travaux forcés. Le même décret prescrivait d'y détenir, jusqu'à leur départ pour une destination définitive, les individus ayant encouru la peine de la déportation. La maison avait à sa tête un directeur. Voici, tout d'abord, non seulement à titre documentaire, mais afin de permettre de suivre mieux certains événements, la liste des directeurs de la maison centrale du Mont depuis 1817 à 1864 :

M. Duruisseau (1817-1827).
M. Bouvier (1827-1828).
M. Martin Deslandes (1828-1832).
M. de la Rochette (1832-1833).
M. Martin Deslandes (1833-1835).
M. le baron Morat (avril 1835-septembre 1835).
M. Prat (1835-1836).
M. Deschamps (1836-1838).
M. Theurier (1838-1841).
M. Bonnet (1841-1842).
M. Le Blanc (1842-1844).
M. Lespinasse (1844-1845).
M. Marquet de Vasselot (1845).
M. Régley (1846-1850).
M. Marquet (1850-1851).
M. Durand (avril 1851-novembre 1851).
M. Modot (20 novembre 1851-17 mars 1852).
M. Chappus (17 mars 1852-mai 1852).
M. Bail (mai 1852-25 janvier 1853).
M. Peigné (25 janvier 1853-31 mars 1858).
M. A. Marquet (1858-1864).

La garde du Mont fut confiée à la 43° compagnie des vétérans, dépendant de Cherbourg.

Malheureusement, cette augmentation considérable de population pénitentiaire fit continuer l'œuvre, si préjudiciable au monument, de sa désaffectation, œuvre commencée en 1811. De nouveaux ateliers furent créés ; d'affreuses cloisons détruisirent l'harmonie des plus belles pièces ; les hommes furent parqués dans la salle des Chevaliers et les femmes dans le réfectoire des Moines ; l'église abbatiale fut transformée en une filature de coton, la sacristie en cuisine. Ce fut lamentable et cet état de choses qui dura jusqu'en 1863 et dont on trouve encore de nombreuses traces, provoqua l'indignation des littérateurs et des artistes. Ch. Nodier s'écriait : « Le chant des saintes solennités y est remplacé par le cri aigu de la scie, le sifflement du rabot et le retentissement de la cognée. » Walsh, dans un article de revue [1]. s'exprimait ainsi : « Le Mont Saint-Michel où les rois allaient en pèlerinage, tenaient d'augustes assemblées et distribuaient des récompenses chevaleresques, est livré à des détenus. Là où il y avait de la sainteté et de la gloire, on a mis le crime et la honte. Vous figurez-vous ces malfaiteurs et ces prostituées, dans ces vastes salles, sous ces beaux cloîtres où les disciples du vénérable Robert venaient méditer en paix et chanter les louanges du Seigneur ? Voilà de ces grandes dérisions de la fortune qui font saigner le cœur. » En 1818, on comptait de 700 à 800 détenus ; l'abbaye était vraiment saccagée.

Sur cette triste période et plus particulièrement de 1820 à 1824, nous avons puisé quelques

---

1. WALSH, *Visite au Mont Saint-Michel* (Écho de la Jeune France, 1833-1834, p. 128).

renseignements, dans les notes prises par un détenu politique, M. H. Ledain, docteur en médecine, condamné dans l'affaire du général Berton. Il fut détenu deux ans (1822 et 1823) au Mont Saint-Michel. M. Duruisseau, directeur de la maison centrale, le documenta utilement[1].

A cette époque, le cellier et l'aumônerie, c'est-à-dire les deux salles de l'étage inférieur de la Merveille, servaient d'ateliers aux tisserands, aux filassiers et aux fileuses de laine à la traînée; le Petit et le Grand Exil avaient été divisés en petites chambres séparées par des corridors étroits. Elles servaient de dortoirs. Le réfectoire des Moines était aussi aménagé en dortoir, tandis que la nef et le transept avaient été convertis en ateliers : seul le chœur était réservé aux cérémonies du culte. La crypte de l'Aquilon fut divisée en dix cachots; on réserva seulement un couloir étroit entre les deux rangs de cellules pour faire communiquer la salle ainsi tranformée et appelée la Pénitencerie avec les salles basses du château. C'est à cette époque que fut détruit l'autel de la Sainte Vierge, qui avait été édifié en 1156.

Le cloître et la plate-forme dite Beauregard étaient utilisés, le premier, comme préau, la seconde comme cour de promenade. Jusqu'en 1833, le parapet de Beauregard permettait aux prisonsonniers de voir le merveilleux panorama de la baie; à cette date on l'exhaussa de plusieurs pieds; sous Beauregard se trouvait un autre préau.

Les conditions d'hygiène dans lesquelles vivaient les détenus laissaient fort à désirer, malgré la

---

1. Quelques-unes de ces notes ont été publiées dans les *Archives générales de médecine*, journal complémentaire des sciences médicales, IIe série, t. II, 1833.

bonne volonté du directeur Duruisseau. Les ateliers renfermaient un trop grand nombre de travailleurs; bien éclairés, ces ateliers manquaient d'ouvertures opposées, aussi ne pouvait-on les aérer convenablement. Les ateliers souterrains étaient humides ét étroits. Les lampes à huile nécessaires, pendant l'hiver, de trois heures et demie de l'après-midi jusqu'à l'extinction des feux, fonctionnaient mal; leur fumée viciait l'air et empestait les salles.

La saison froide, novembre à avril, était très pénible pour les prisonniers : « Peu vêtus le jour, mal couverts la nuit, ils sentent vivement l'impression du froid. Les lieux qu'ils habitent sont ou mal chauffés ou même ne le sont pas du tout. Ajoutez aussi que la nature peu substantielle de leurs aliments, développant peu de chaleur intérieure, les rend encore bien plus sensibles à l'influence du froid et, surtout, du froid humide. Quelques ateliers sont chauffés par des poêles : mais il faut que le froid soit bien rigoureux pour que les entrepreneurs se décident à les allumer. Leur intérêt particulier est même alors le motif qui les porte à accorder aux détenus travailleurs cet adoucissement à leurs maux; car, celui qui passe la moitié de son temps à souffler dans ses doigts ne fait pas beaucoup d'ouvrage. Il n'y a jamais de feu dans les dortoirs, cependant les détenus y passent la plus grande partie de la journée et ils y sont continuellement les jours de fêtes et les dimanches[1]. »

On donnait aux prisonniers une livre et demie de pain par jour; ce pain était composé de deux

---

1. D'après les notes du docteur H. Ledain.

parties de froment et d'une de seigle. Ils recevaient en outre, matin et soir, une ration de soupe, sorte de brouet fort clair, dont la composition variait. Des fécules de pois, de fèves, de haricots, des pommes de terre, en formaient la base avec du beurre et de la graisse. Le premier dimanche de chaque mois, on donnait de la soupe grasse et de la viande. Vers 1830, la ration fut augmentée; les prisonniers reçurent journellement deux livres de pain de pur froment. Ils furent autorisés aussi à prendre des suppléments à la cantine, en prélevant de petites sommes sur leurs salaires. Ceux-ci étaient des plus modestes; le gain moyen quotidien était de 0 fr. 15, payable à la fin de la semaine, soit 0 fr. 90; une réserve de 0 fr. 45 était portée au compte du détenu qui la touchait intégralement à sa sortie.

Tous les détenus du Mont Saint-Michel étaient vêtus de la même manière, veste et pantalon de laine brune, béret plat de même couleur. Les déportés et les détenus politiques, les prisonniers pour délit de presse, pour cris ou propos séditieux avaient le même costume que les condamnés de droit commun. Toutefois, à partir de 1835, l'administration permit aux condamnés politiques de porter des habits ordinaires, qu'ils payaient de leurs propres deniers.

Chaque détenu couchait seul dans un *lit à galiote*, garni d'un matelas de laine et d'une couverture de coton, extrêmement mince. En hiver, ils pouvaient demander une couverture supplémentaire. Pendant la nuit, les gardiens de service faisaient des rondes, toutes les deux heures, dans les dortoirs, et visitaient grilles et serrures. Cette mesure fut l'objet de nombreuses réclamations, les prisonniers, ayant besoin de repos, se plaignaient d'être troublés et réveillés par ces visites; elles furent considérées comme nécessaires et maintenues.

Un ou plusieurs baquets étaient disposés dans les dortoirs et dans les ateliers; il en résultait des émanations fétides que signalaient tous les inspecteurs; mais le mal était sans remède[1].

Les maladies étaient fréquentes et plusieurs épidémies firent de nombreuses victimes. Cependant la question sanitaire n'était pas négligée, comme on l'a prétendu; Barbès est allé jusqu'à dire qu'il n'y avait pas d'infirmerie.

L'infirmerie du Mont se trouvait au sud-est de la maison centrale où elle était parfaitement isolée des autres bâtiments. Elle offrait toutes les conditions de salubrité que l'on peut désirer dans une maison de ce genre, tout en conservant les dispotions commandées pour la garde des détenus. Tout auprès se trouvait la prison des femmes; elle occupait les anciens bâtiments où Robert de Torigni avait installé l'hôtellerie composée de trois étages voûtés. Les bâtiments n'avaient point d'assises solides et déjà, en 1618, des écroulements s'étaient produits; des travaux de consolidation avaient été exécutés, mais ils avaient été insuffisants. En 1817, un soir d'hiver, les prisonnières entendirent un craquement formidable; elles n'eurent que le temps de se retirer dans les voussures des portes communiquant avec le Plomb du Four. Elles virent alors les métiers de tissanderie descendre

---

1. Le poète MATHIEU D'ÉPINAL dans la préface de son livre *Mes nuits au Mont Saint-Michel* (Paris, V. Bouton 1844), a parlé en termes discrets de l'ignoble vaisseau et du « meuble infâme ». Le baquet inspira même une chanson que son naturalisme ne permet pas de transcrire.

doucement jusqu'au bas du rocher. Elles n'eurent d'autre mal que celui de la peur.

Le personnel se composait d'un médecin, d'un chirurgien et d'un pharmacien; des prisonniers intelligents et de bonne conduite étaient choisis comme infirmiers. Il n'y avait pas de salle de bains; mais l'établissement disposait d'une baignoire, dans laquelle était plongé tout nouvel arrivant. Parmi les nouveaux venus, il y avait de nombreux galeux; ils étaient isolés dans une des trois salles de l'infirmerie. On appelait cette salle la chambre des Bas Bretons. Les galeux étaient soumis à des frictions de pommade soufrée et on leur donnait comme boisson une tisane de patience ou de bardane. Les teigneux aussi étaient légion. On leur rasait la tête et on leur couvrait le cuir chevelu, brossé au savon noir, avec des cataplasmes émollients[1]. La tuberculose était fréquente; les cadavres étaient le plus souvent autopsiés et il n'était pas rare que le chirurgien conservât des pièces anatomiques intéressantes, surtout quand les détenus décédés avaient joui d'une certaine notoriété; nous reviendrons sur ce sujet à propos du conventionnel Le Carpentier et de l'imposteur Mathurin Bruneau.

La mortalité était assez considérable au Mont Saint-Michel; en 1820, la mortalité en France était de 1 décès pour 39,7; or d'après une statistique établie par le docteur Ledain pour la maison centrale du Mont, la mortalité s'éleva à 1 p. 8 en 1820, à 1 p. 15 en 1821, à 1 p. 19 en 1822.

Voici le tableau établi par ce praticien :

---

1. La pharmacie avait été installée auprès de l'ancienne *Apothicairerie* que les révolutionnaires avaient pillée; ils n'avaient laissé que deux mortiers de fonte, deux cocmards, une pelle une bassinoire et un chaudron. *Arch. Nat.*, F^{19} 607.

MOUVEMENT DE LA POPULATION DE LA MAISON CENTRALE DE DÉTENTION ET DE DÉPORTATION DU MONT SAINT-MICHEL, EN 1820-1821-1822-1823.

ANNÉES	TRIMESTRES	POPULATION DE LA MAISON	POPULATION MOYENNE DES INFIRMERIES PAR JOUR	DÉCÈS PAR TRIMESTRE	POPULATION MOYENNE DE LA MAISON PAR ANNÉE	TOTAL DES DÉCÈS
1820	1er	571	50	20	560	72
	2e	564	45	39		
	3e	553	23	9		
	4e	554	19	4		
1821	1er	615	27	11	576	36
	2e	600	30	3		
	3e	603	23	7		
	4e	485	25	5		
1822	1er	567	18	11	599	11
	2e	623	10	9		
	3e	604	14	6		
	4e	604	16	5		
1823	1er	611	15	4	648	14
	2e	664	18	6		
	3e	642	14	3		
	4e	673	17	1		
Totaux		9.533	»	153	2.383	153

Le pourcentage, très élevé, de 1820, s'explique par une épidémie de fièvre typhoïde qui sévit au Mont, durant les deux premiers trimestres de cette année-là. Elle semble avoir épargné la population civile ; les décès pour cette catégorie ne dépassèrent pas la moyenne de 7 pour une population de 300 âmes.

Cette épidémie eut pour cause la mauvaise qualité des eaux, accumulées dans des citernes auprès d'immondes latrines. Or, la maison centrale usait uniquement de ces réservoirs. Les sources, peu abondantes d'ailleurs, de l'extérieur étaient réservées aux Montois. La fontaine Saint-Aubert[1], à laquelle les chroniqueurs donnent une origine miraculeuse, est la principale source à laquelle puisait la population civile ; cette eau est légèrement saumâtre, à cause de sa proximité avec la mer qui, aux grandes marées, entourait presque la margelle, surmontée d'un tourillon conique qui la protégeait.

On s'approvisionnait aussi, très peu, à la fontaine Saint-Symphorien, auprès de la Tour Boucle, sous les remparts de l'est ; mais cette source n'est guère qu'un suintement du rocher. Les Montois l'employaient aussi comme eau miraculeuse : « Elle était, rapporte dom Huynes, très guérissable aux yeux. » Les traces d'oxyde de fer que cette eau laisse sur le roc d'où elle filtre et son goût un peu

---

1. « Sous cette voûte est la source qui jaillit sous le baston de l'évêque et pour ce qu'il n'y avait point d'eau en ce lieu, le dict évêque requit Saint-Michel qui lui montra ce lieu, où il frappa de son baston et en yssit eau vive qui servait aux usaiges humains et mesmement était médicinable. » Dom Jean Huynes, *Hist. gén.*. Le *Neustria Pia* dit en parlant de cette fontaine : « *Non modo usibus humanis neccessarius, sed curandis variis morbis.* »

styptique, laissent supposer qu'elle contient des sels ferrugineux; elle pourrait donc être utile dans certaines ophtalmies et dans quelques autres affections où, d'après la pharmacopée des moines, « les eaux martiales » sont indiquées.

Enfin, on en apportait par barriques de la rive d'Ardevon et de Moidrey; son prix de revient était fort élevé, en raison de la distance qu'il fallait parcourir pour la puiser et des difficultés qu'on éprouvait à faire passer sur les tangues molles des voitures lourdement chargées.

Au contraire, l'eau des citernes du Mont était abondante, à cause de la quantité d'eau tombant annuellement au Mont et de la surface des toits de recueillement. Ces citernes avaient été l'objet d'une préoccupation constante de la part des architectes de l'abbaye-forteresse; il fallait bien, en cas de siège ou de blocus, être assuré d'avoir une eau en quantité suffisante et hors des atteintes de l'ennemi. On comptait trois citernes; la plus importante était celle de Sollier; elle mesurait 15 pieds de long, 11 de large, 15 de profondeur et, d'après les moines, elle contenait 82 tonneaux, le pied cube étant de 16 pots. Construite en 1508, sous Guillaume de Lamps, elle a été restaurée, il y a une vingtaine d'années. On l'aperçoit en montant le large escalier à paliers successifs, qui côtoie le croisillon sud de l'église abbatiale, dans la partie inférieure où se trouvait la chapelle Saint-Martin. Cette citerne est surmontée de plusieurs arcatures à trèfles, reposant sur un socle renforcé de gracieux contreforts.

Les travaux de restauration ont fait aussi découvrir un troisième réservoir, d'une date incertaine. Il se trouvait tout auprès du petit jardin attenant à l'abside de la basilique et du passage conduisant des substructions de la Merveille à la salle des Gardes. Cette citerne avait 7 mètres de largeur, 7 mètres de longueur et 9 mètres de profondeur. Elle constituait un véritable filtre : « Elle était à moitié comblée de quartz et de sable en couches superposées et alternées. Au beau milieu, une colonne cylindrique mesurant 0 m. 23 de diamètre, en granit soigneusement taillé, descendait jusqu'au fond. Dans les deux premières assises étaient ménagées, en quinconces, de petites fenêtres étroites et garnies de lames de plomb. L'eau des gouttières arrivant des réservoirs filtrait au travers du quartz et du sable, y perdait ses impuretés et remontait dans le puits cylindrique. Pasteur n'eût pas mieux imaginé pour enrayer la marche des microbes. Autour des parois de la citerne, une épaisse couche d'argile avait été tassée entre deux parements de granit pour empêcher toute filtration dans les bâtiments circonvoisins [1]. »

L'eau des citernes était donc la boisson habituelle des détenus du Mont Saint-Michel. Les infiltrations des matières contenues dans des fosses peu étanches, accumulées par une population de 700 personnes (condamnés et fonctionnaires), provoquèrent plusieurs épidémies dont la plus violente fut celle de 1820. L'eau avait, au dire du docteur Ledain une odeur et un goût détestables. Elle provoquait aussi des coliques de plomb. Quelques édifices étaient bien couverts d'ardoises, de tuiles ou de pierres plates; mais la plupart étaient garnis de feuilles de plomb: ce métal avait été très employé au moyen âge et plusieurs

---

[1]. Article signé Ranulphe, *Ann. Mont Saint-Michel*, 1908, p. 257.

couvertures, de ce genre, avaient même été faites au dix-septième et au dix-huitième siècles : elles s'oxydaient rapidement sous la double action de la chaleur solaire et de l'humidité. Cela explique les accidents saturnins dont souffraient fréquemment les détenus et que les médecins d'alors ne soupçonnaient pas. Ils prenaient pour de vulgaires entérites des troubles intestinaux produits certainement par l'ingestion de sels de plomb. De là, l'aspect jaunâtre de la peau, le liséré bleu gris sur le bord des gencives, les troubles dyspeptiques et même nerveux, les troubles de la motilité et enfin l'amblyopie et l'amaurose dont l'origine était inconnue des médecins du pénitencier. Cette intoxication produisit aussi des paralysies qui déroutaient les hommes de l'art, mais qui, aujourd'hui, sont parfaitement connues [1].

Le Mont recevait, de temps en temps, la visite des inspecteurs des services pénitentiaires ; ils signalaient, avec une louable constance, le mauvais état des lieux ; mais le gouvernement, faute de crédits, ne pouvait entreprendre de travaux importants. Les rapports nous apprennent seulement l'état de délabrement qui régna jusqu'en 1821. Le 2 novembre 1823, M. Barbé-Marbois publiait un rapport sur l'état matériel des prisons dans les départements du Calvados, de l'Eure, de la Manche, de la Seine-Inférieure et de la maison de correction de Gaillon [2] ; il ne consacre qu'une vingtaine de lignes au Mont

1. Voir notamment l'étude de Mme DÉJERINE-KLUMPKE sur les paralysies saturnines, dans sa thèse sur *les Polynévrites en général; paralysie et atrophie saturnine en particulier*. Paris, 1889.
2. Paris, Firmin Didot, 1824. *Bibliothèque du Sénat*, brochures sur le système pénitentiaire, 1, table 67. Communication de M. le sénateur Lemarié.

Saint-Michel; elles ne nous apprennent rien de particulier. M. Barbé-Marbois constate seulement que, depuis 1821, année de sa dernière inspection, le château a reçu diverses améliorations. « Ce rocher, dit-il, sert toujours de prison à ceux qui ont été condamnés à la déportation pour délits appelés politiques. Les partis vainqueurs y ont, tour à tour, enfermé leurs ennemis. Tel qui fut banni il y a vingt-cinq ans par une faction triomphante peut être aujourd'hui juge de ceux qui le bannirent autrefois. Mais quel est celui qui, échappé aux misères de l'exil ou seulement témoin de nos malheurs, ne pensera pas qu'il est des occasions où une longue détention doit apaiser la justice elle-même ? C'est ce sentiment humain et bienfaisant qui a dicté les actes de la clémence souveraine, dont sept déportés prisonniers ont été depuis peu l'objet. D'autres sollicitent la même grâce. »

Les rapports de ce même fonctionnaire nous donnent quelques renseignements sur l'emploi du temps des détenus et sur la répartition du prix de leur travail. Les condamnés se levaient à 5 heures en été, à 7 heures en hiver; ils se couchaient à 7 heures en été, à 9 heures en hiver; deux heures étaient consacrées aux repas et aux récréations; douze heures restaient donc pour le travail.

Le prix de la journée se divisait en quinzièmes.
L'entrepreneur prélevait 3/15 pour l'indemniser de ses frais, fournitures d'ustensiles, malfaçons, ci 3/15
Les 12/15 restant se divisaient en trois parties égales, suivant un marché approuvé par le ministre; l'entrepreneur recevait 4/15, ci 4/15
Les 8/15 restant appartenaient au détenu; on en faisait deux parts égales, l'une appelée *le denier*

de poche ou *comptant à la main* était remise chaque semaine au prisonnier, ci. 4/15
L'autre formait une masse ou réserve qui était remise au condamné à sa sortie, ci 4/15
Égalité. 15/15

De 1817 à 1830, aucun événement important ne se produisit dans la maison ; mais elle reçut de très nombreux détenus de droit commun. Deux d'entre eux méritent, cependant, d'être étudiés : Mathurin Bruneau et Le Carpentier.

Le 9 décembre 1815, la police de Saint-Malo arrêtait un individu âgé d'environ trente ans, qui s'était présenté chez plusieurs notables de cette ville pour solliciter des secours. Il prétendit s'appeler Charles de Navarre, prit dans une lettre le titre de Dauphin de France et affirma, le 16 de ce même mois, au lieutenant de police, qu'il était le petit échappé du Temple, le fils de Louis XVI et de Marie-Antoinette.

L'histoire de ce faux Louis XVII est trop connue pour que nous la rapportions ici [1] ; l'odyssée de cet aventurier se termina le 19 février 1818, à Rouen. Le tribunal de police correctionnelle condamna Bruneau à cinq années d'emprisonnement pour escroqueries, à deux années pour injures aux magistrats dans l'exercice de leurs fonctions et à 3.000 francs d'amende. Le jugement portait qu'à l'expiration de sa peine, le condamné serait mis à la disposition du gouvernement.

Mathurin Bruneau fut d'abord dirigé de la maison de Bicêtre, de Rouen, sur celle de Gaillon, où il entra le 30 mai 1818 ; mais les fidèles du faux

---

1. Cf. J. DE SAINT-LÉGER, *Était-ce Louis XVII, évadé du Temple ?* Paris, 1911, et DE LA SICOTIÈRE, *le Faux Louis XVII*. Revue des questions historiques, 1882.

Louis XVII ne l'avaient pas abandonné et correspondaient même avec lui à l'aide d'émissaires ou par des moyens détournés; le gouvernement résolut de le faire interner dans une prison plus éloignée de Paris et plus discrète. Il fut transféré au Mont Saint-Michel le 25 mai 1821[1].

Quelques auteurs ont prétendu que Mathurin Bruneau jouissait au Mont des avantages, bien minces d'ailleurs, des détenus politiques. C'est une erreur; il fut immédiatement *versé* au quartier des condamnés de droit commun. Il ne pouvait d'ailleurs en être autrement, puisqu'il avait été condamné pour escroqueries et outrages à l'audience envers des magistrats. Un écrivain prétend aussi que « Bruneau condamné à 10 ans de réclusion, n'avait plus que quelques mois pour avoir purgé sa peine, lorsqu'il mit à exécution un projet d'évasion. Il réussit à descendre à l'aide d'une longue corde, par la fenêtre de sa prison située à soixante pieds du sol, mais il fut arrêté par les douaniers à l'instant où il allait sortir du bourg[2]. » Cette phrase contient, tout d'abord, une erreur sur la nature et la durée de la peine prononcée; de plus, la tentative d'évasion n'est mentionnée nulle part dans les dossiers concernant Bruneau. La vérité est que cet individu se signala au Mont par ses excentricités; c'était d'ailleurs un déséquilibré et un alcoolique. Il fallut sévir plusieurs fois contre lui, pour l'obliger à travailler; finalement, après avoir passé dans les ateliers de tissage et de menuiserie, il fut *spécialisé* dans l'équarrissage des pièces de bois pour la con-

---

1. *Archives nationales*, F[7] 6979, pièce 76.
2. Martial Imbert, *le Mont Saint-Michel*, p. 139.

fection des sabots : son atelier se trouvait dans la salle des Chevaliers. Il s'enorgueillissait, paraît-il, de travailler sous des voûtes aussi nobles. Il ne cessait de répéter à ses camarades : « Nous voulons et ordonnons que vous nous traitiez avec le respect dû à notre race. Sinon, mille noms d'une pipe ! je vous fiche à pourrir ici, la pelle au derrière, quand j'en sortirai restauré ! » Une chanson fut faite sur lui et elle rappelait l'ancien métier du faux Louis XVII.

> Il faut reprendre le métier,
> Nom d'un sabot, c'est rude[1] !

Mathurin Bruneau ne dégrossit pas longtemps le hêtre; il mourut le 26 avril 1822, ainsi que le constate la pièce suivante que nous avons copiée sur les registres de l'état civil de la commune du Mont Saint-Michel[2].

L'an mil huit cent vingt-deux, le six avril à six heures du soir.
Par devant nous, Jean-Étienne Chénier, maire et officier de l'état civil de la commune du Mont Saint-Michel, canton de Pontorson, département de la Manche;
Sont comparus les sieurs Étienne-Marie Mottay, secrétaire-greffier de la maison centrale de ce lieu, âgé de cinquante-quatre ans, et René-Louis Turgot, concierge, âgé de vingt-six ans, tous deux domiciliés en cette commune, lesquels nous ont déclaré que le nommé Bruneau, Mathurin, né à Vézins le dix mai dix-sept cent quatre-vingt-quatre, (il n'existe point d'autres renseignements) est décédé au-

---

1. M. Le Héricher place par erreur cet atelier dans la chapelle Sainte-Anne, chœur de l'église abbatiale.
2. *Actes de l'état civil du Mont Saint-Michel pour l'année 1822*, registre déposé au Greffe du Tribunal civil d'Avranches.

jourd'hui à six heures du matin en cette commune ; et ont les déclarants signé avec nous le présent acte après lecture.

    Signé : Chénier, Turgot, Mottay[1].

Mathurin Bruneau mourut d'une attaque d'apoplexie, provoquée très probablement par une artério-sclérose d'origine alcoolique. M. Hédouin, médecin de la maison centrale, pratiqua l'autopsie. Il observa un amincissement considérable du pariétal gauche à sa partie antérieure, non loin de la réunion avec le pariétal droit et le frontal. Les camarades d'atelier de Bruneau déclarèrent qu'il se plaignait souvent d'une douleur très vive dans cette partie de la tête. Il y portait très souvent la main d'un geste machinal. Ledain déclare avoir vu la coupe circulaire du crâne de Bruneau et Fulgence Girard a également parlé de cette pièce anatomique conservée, dit-il, à la pharmacie de la maison centrale : « Le crâne de Mathurin Bruneau est celui d'un homme saillant (sic), mais prédisposé à la folie ; la partie supérieure de ce crâne est extraordinairement développée ; les traits de son caractère étaient la persévérance et la force de croyance et de volonté. Le front est renversé ; de la poésie, mais point d'observation, point de métaphysique. On remarque près du front un amincissement de l'os, tel qu'on reconnaîtrait au travers la couleur d'un objet[2]. »

 1. Cette pièce fixe d'une façon indiscutable la mort de Bruneau. Ledain la porte par erreur au 21 novembre 1821 et Lanon à 1823.
 2. Fulgence Girard, Le Mont Saint-Michel. Est-il besoin de faire remarquer combien cet examen phrénologique est sujet à caution ? L'os aminci ne serait-il pas tout simplement l'ethmoïde ou os cribleux, ainsi nommé parce que sa lame supérieure est percée d'un grand nombre de trous ?

Un autre personnage fut écroué au Mont le 6 novembre 1820. Le 6 mars de cette année, le conventionnel Le Carpentier comparaissait devant la cour d'assises de Coutances sous l'accusation d'avoir voté la mort de Louis XVI, d'avoir accepté l'acte additionnel et d'être rentré en France, contrairement aux dispositions de la loi du 12 janvier 1816, lui interdisant l'accès du royaume. Il fut condamné, le 15 mars 1820 à la déportation et fut transféré au Mont, le 6 novembre de cette année. On ne sait rien de bien précis sur l'endroit même où il fut enfermé ; il est probable que la cellule qu'il occupait se trouvait dans la Tour Perrine, où il était facile d'exercer une surveillance rigoureuse ; c'eût été une dérogation au règlement parce que ces cellules étaient réservées aux politiques et que Le Carpentier était un condamné de droit commun ; mais l'ancien conventionnel avait été signalé comme dangereux à l'administration pénitentiaire et il est probable que celle-ci avait pris contre lui des mesures sévères.

Peu de temps après son incarcération, Le Carpentier fut aperçu, au Mont, par une de ses anciennes victimes, cet excellent abbé Manet, de Saint-Malo, celui-là même qui s'était caché dans un grenier de la cité corsaire, lorsque le farouche représentant terrorisait le pays, en 1794. « C'est au Mont, écrit l'abbé Manet, qu'après l'avoir observé du haut des greniers où nous étions cachés, marchant en triomphateur dans nos rues aux jours de sa toute-puissance, nous l'avons vu en 1821, le front humilié dans la poussière, en atten-

---

1. Abbé Manet, *De l'état ancien de la baie du Mont Saint-Michel*, etc., p. 68.

dant les honneurs de la déportation, ramper au milieu de bandits qui pouvaient converser librement, tandis qu'il n'avait pas la permission d'adresser une seule parole aux gens du dehors [1]. »

Cependant, dès le début, Le Carpentier avait accepté son triste sort avec résignation. A la date du 30 septembre 1821, le directeur de la maison centrale, M. Marin-Duruisseau écrivait dans un rapport au ministre de l'Intérieur : « Le Carpentier se conduit bien et saisit toutes les occasions de se rendre utile. Le régicide chante en ce moment les louanges de l'auguste famille des Bourbons. »

C'est une tradition, dans l'Avranchin, d'affirmer que Le Carpentier subit, au Mont Saint-Michel, une véritable évolution religieuse, mais qu'il persévéra dans ses sentiments hostiles à la maison royale, contrairement à l'affirmation de Marin-Duruisseau. M. de Brachet ne met pas en doute la conversion du farouche ennemi des prêtres [2] : « On raconte, dit-il, que Le Carpentier s'attira par une conduite exemplaire la bienveillance de l'aumônier de la prison et les habitants du Mont eurent, dès lors, ce spectacle édifiant, mais assurément peu banal : l'ancien persécuteur acharné de la religion et de ses ministres, le destructeur sacrilège des églises et des chapelles, servait la messe avec recueillement et mettait tout son zèle à remplir très exactement les diverses fonctions d'un enfant de chœur. Si assidu qu'il fût à tous les offices, il était cependant un jour chaque année, où l'ancien conventionnel fuyait l'église avec hor-

---

1. Abbé Manet, *De l'état ancien, etc.*, p. 68.
2. A. de Brachet, *Le Conventionnel Le Carpentier.*

reur : c'était quand revenait le 21 janvier, le sanglant anniversaire de la mort de Louis XVI. Alors, sans doute, le souvenir du meurtre qu'il avait contribué puissamment à faire commettre par ses écrits et son intervention haineuse à la Convention, ravivait ses remords et peut-être son repentir. Le vieillard sombre et silencieux se confinait tout le jour dans sa cellule, seul avec ses pensées, à l'abri des regards curieux ou hostiles de tous ceux qui l'entouraient. Puis, quand la date fatale était passée, il retournait à ses occupations ordinaires et celles-là n'avaient rien que de fort louable. »

L'abstention de Le Carpentier aux offices du 21 janvier est expliquée d'une tout autre façon par certains de ses panégyristes. Il ne voulait pas, disent-ils, prier pour le repos de l'âme de celui qu'il avait toujours considéré comme le bourreau du peuple et le plus odieux des tyrans. Mais nous avons entendu dire aussi par des vieillards dont le souvenir remontait à l'époque où Le Carpentier était détenu au Mont qu'il n'y avait pas un mot de vrai dans cette anecdote. Le Carpentier, esprit dissimulé et pratique, aurait tout simplement cherché à capter les bonnes grâces de l'abbé Doré, aumônier de la maison centrale[1] : cela lui

1. Le curé de la paroisse du Mont (Saint-Pierre) remplissait les fonctions d'aumônier de la Maison centrale. On a conservé le souvenir de l'abbé Michel Reullost, gradué en théologie. Il *binait* chaque dimanche. Émigré en Angleterre, il y retrouva un ancien curé du Mont, l'abbé Mazier. M. Reullost mourut le 5 novembre 1816, il eut pour successeur l'abbé Doré. Ce prêtre était aumônier de la Maison centrale, au temps où Mathurin Bruneau et Le Carpentier s'y trouvaient détenus. L'abbé Doré était le dévouement en personne. Il contribua beaucoup à l'instruction des petits Montois, aidé dans son œuvre par la veuve Desmaizières. On a prétendu également que Le Carpen-

aurait valu certaines *douceurs*, notamment une amélioration dans l'ordinaire ; ce que l'on peut tenir pour constant c'est la bonne conduite du condamné. Elle finit par lui valoir un petit emploi dans l'administration pénitentiaire. En 1828, le directeur l'attacha aux écritures du greffe et l'ancien conventionnel devint un gratte-papier ; la plume qui avait rédigé tant de factums haineux, qui avait signé tant d'arrêts de mort, enregistrait l'entrée dans les magasins de la maison des sacs de haricots et des ballots d'étoupe !

Le Carpentier ne profita pas longtemps de cette situation, si enviée de ceux qui avaient des lettres — et il s'en trouvait plusieurs dans la maison centrale — ; il mourut, très probablement d'une affection pulmonaire ou cardiaque, le 28 janvier 1829[1]. On ouvrit son cadavre et sa tête fut,

---

tier se fit au Mont l'instituteur des jeunes garçons. On a même dit qu'il avait la spécialité de leur apprendre le catéchisme. C'est une légende qui a permis d'écrire de jolies phrases sur les contrastes. En 1827, les prisonniers du Mont eurent un aumônier spécial dans l'abbé Legros. Il eut pour successeur en 1830 l'abbé Turpin. La révolution de cette année-là eut son contre-coup au Mont Saint-Michel. Le personnel pénitentiaire fut renouvelé. Il paraît que l'abbé Turpin eut beaucoup à souffrir en raison de sa position qui l'obligeait à fréquenter des fonctionnaires peu déférents envers la robe dont il était revêtu. De 1834 à 1837, l'aumônerie fut exercée par M. l'abbé Leforestier, de Marchesieux. Il eut pour successeur l'abbé Lecourt de Saint-Loup, que les condamnés politiques ont cherché à rendre odieux et qui était un excellent prêtre.

1. Acte de décès extrait des Registres de l'état civil de la commune du Mont Saint-Michel pour l'année 1829. Greffe du tribunal civil d'Avranches :

« L'an 1829, le 28 janvier à 9 heures du matin, par-devant nous Jean-Étienne Ménin, maire et officier de l'état civil de la commune du Mont Saint-Michel, canton de Pontorson, département de la Manche, ont comparu les sieurs René-Louis Turgot, gardien-chef, âgé de 33 ans et Victor-Zéphyrin Gaillard, âgé de 37 ans, tous deux domiciliés dans cette commune, lesquels

dit-on, conservée dans la pharmacie du Mont. Fulgence Girard affirme l'avoir vue : « Elle présente un beau front et le développement phrénologique le plus régulier; cette enveloppe du principal siège de l'âme atteste bien l'harmonieux épanouissement du cerveau d'un sage. »

Tout le monde ne souscrira pas au jugement que porte sur lui l'auteur que nous venons de citer, mais il serait bien difficile de s'inscrire en faux contre l'examen phrénologique qui a motivé une si belle appréciation *post mortem*; une nouvelle étude anatomique est tout à fait impossible. La tête de Le Carpentier est allée rejoindre, on ne sait où, le crâne de Mathurin Bruneau, si tant est que ces pièces aient jamais été détachées du corps de ces tristes personnages.

M. de Brachet, qui a consacré toute une monographie à la vie et à l'œuvre du conventionnel, n'a pas éclairci ce mystère. Il paraîtrait que les Pères de Pontigny, qui remplacèrent en 1876 les missionnaires diocésains établis au Mont par Mgr Bravard, héritèrent de ce dépôt sinistre. Après la laïcisation du Mont, ils n'auraient pas emporté les têtes et les crânes des condamnés de marque. Ils les auraient confiées à un habitant du Mont, dont le fils aurait dit son secret à M. de Brachet. Après tout, ce petit mystère historique ou légendaire n'a rien de passionnant; nous laisserons

---

nous ont déclaré que le sieur Jean-Baptiste Le Carpentier de Préfontaine, fils de feu Marin et de feue Suzanne Delalée, âgé de 68 ans, né à Helleville, canton des Pieux, domicilié à Valognes, département de la Manche, est décédé le jour d'hier à 5 heures et demie en notre commune, ainsi que nous nous en sommes assurés et ont les déclarants... etc. Signé : Turgot, Gaillard, Ménin.

sans plus, la tête de Le Carpentier macérer dans l'alcool d'un bocal, au fond de l'armoire du discret habitant de la petite ville du Mont Saint-Michel. Souhaitons pour lui qu'il la vende très cher à un collectionneur d'Amérique.

CHAPITRE XI

L'INCENDIE DE 1834 ET L'ÉVASION DE COLOMBAT

L'insurrection de juin 1832. Jeanne, Colombat, Blondeau, Lepage et Prospert. Les incendies du Mont Saint-Michel. — Le feu, dans la nuit du 22 au 23 octobre 1834. L'alarme et l'épouvante. Une population de 600 détenus : prisonniers de droit commun et prisonniers politiques. Les citernes sont vides. — La chaîne à la mer. — Le sang-froid du détenu et de l'aumônier. — L'attitude du prisonnier Prospert. Les récompenses. — Le détenu Colombat : le clou libérateur. L'ingratitude du gouvernement. Colombat engage Jeanne, Blondeau et Lepage à s'évader. Un trou dans la muraille. — Un travail de taupe : une épouvantable oubliette. — Hors des murs. — Loin du Mont. L'auberge du condamné. A beau mentir qui vient... de prison. — Marc Caussidière. — Le procès des accusés d'avril. — La société des Saisons. — Le 12 mai 1839

Le 5 juin 1832, on enterrait à Paris le général Lamarque, député de l'opposition et chef de l'armée qui avait combattu les Vendéens pendant les Cent Jours. De la foule qui suivait le cercueil, le long du boulevard de la Madeleine à la Bastille, des cris menaçants s'élevèrent contre le gouvernement de Louis-Philippe; des barricades se dressèrent dans de nombreux quartiers, mais le gouvernement disposait de troupes nombreuses et la garde nationale, formée en grande partie par la bourgeoisie, lui était favorable. Les révolutionnaires, défendant leurs positions pied à pied, avaient élevé deux grosses barricades aux extrémités de la rue Saint-Martin, l'une à la hauteur de la rue Saint-Merry, près de la vieille église de ce nom, l'autre à la hauteur de la rue Maubuée. Une poignée d'hommes commandés par un décoré de Juillet, nommé Jeanne, défendit ces barricades avec un acharnement vraiment héroïque. Mais les insurgés furent vaincus; presque tous périrent sur les barricades. A la suite de ces événements, vingt et un accusés furent traduits en cour d'assises; seize furent acquittés et cinq condamnés à la réclusion : Jeanne, Colombat, Blondeau, Lepage et Prospert eurent le Mont Saint-Michel pour prison [1]. A part de violentes polémiques entre les journaux, soutiens de la monarchie et quelques organes libéraux, à part des discussions à la Chambre des Pairs à propos des saints-simoniens, le sort des détenus du Mont n'intéressa guère l'opinion publique; il fallut l'évasion de Colombat pour qu'on reparlât des agitateurs de 1832.

On connaît les incendies du Mont Saint-Michel; ils furent nombreux; on en compterait facilement une douzaine : la plupart furent allumés par la foudre, « comme si, dit l'annaliste dom Jean Huynes, c'était un signe manifeste que Dieu n'aimait pas

---

1. Y furent aussi enfermés : Roullier du Tillet, Tharin, Frémendière, Potier, Duclos, Elie, Stubble.

ces splendides édifices »; d'autres eurent pour origine des attaques ou des faits de guerre; pour certains la cause est demeurée inconnue.

Il en est ainsi de celui de 1834 : il fut assez considérable.

Dans la nuit du 22 au 23 octobre de cette année-là, vers minuit et demi, l'attention des sentinelles qui étaient postées sur la plate-forme de Beauregard, fut attirée par un rougeoiement aux fenêtres de l'église. Les factionnaires donnèrent l'alarme et l'on constata que le feu s'échappait de l'atelier des chapeaux de paille, situé dans la nef de cette splendide abbatiale romane, construite au douzième siècle par Hildebert et qui avait été mutilée, divisée en cloisons, pour l'établissement des ateliers de la Maison centrale. En quelques minutes, les flammes envahirent toute la nef, gagnèrent la charpente en bois et la voûte lambrissée de tout le vaisseau.

La situation était grave; il y avait à ce moment, 600 prisonniers de droit commun et 22 détenus politiques[1]. Les premiers étaient infiniment plus dangereux pour la société que les seconds; et, cependant le directeur redoutait peut-être moins l'évasion de ceux-ci que la fuite de ceux-là. Il donna tout aussitôt l'ordre de faire cerner le château; un cordon de troupes de ligne et de la garde nationale entoura l'abbaye-forteresse; aux portes, les postes furent doublés. M. Martin Deslandes, directeur de l'établissement, aidé de l'abbé Lecourt, aumônier, de M. Chappus, inspecteur, du Docteur Hédou, médecin, de M. Dufour, com-

---

1. La plupart avaient été condamnés, en vertu du jugement du 27 août 1832.

mandant la garde nationale et de l'abbé Leforestier, curé de la paroisse Saint-Pierre, organisa les secours avec beaucoup de sang-froid. Le tocsin d'alarme sonna dans la tour que léchaient déjà les flammes. A deux heures du matin, de nombreux habitants de communes voisines, Moidrey, Ardevon, Pontorson, Les Pas, Huynes et, de l'autre côté des rivières, de Genêts et de Vains-sous-Avranches accoururent au Mont ; l'eau des citernes était épuisée : l'arrivée des populations de la côte qui, dans la nuit, avaient aperçu la terrible flambée, permit d'organiser les chaînes ; la mer commençait à entourer le Mont.

La croyance populaire veut que l'eau salée n'éteigne point le feu ; cependant, cette nuit-là, on puisa ferme dans les flots. L'ardeur des Montois a même été célébrée dans une pièce de vers qui aurait ravi Delille et dont nous reparlerons au chapitre consacré à la littérature pénitentiaire [1].

Le directeur, malgré l'agitation qu'il ressentait, en raison de l'ignorance des causes de cet incendie, — il pouvait croire qu'une main criminelle l'avait allumé pour faciliter des évasions, — ne perdit pas la tête. Il s'adressa aux détenus politiques. Voici comment Colombat raconte cette scène vraiment tragique : « Messieurs, nous dit le directeur, je viens faire appel à votre loyauté, à votre courage. Je compte sur vous. » Nous lui répondîmes : « Nous sommes prêts ; dans le danger, nous ne connaissons qu'un seul devoir et nous sauverions même nos ennemis ». Cette réponse, je ne puis me l'attribuer, fut spontanée :

---

1. J. Travers, *le Mont Saint-Michel*, sonnets, Cherbourg, 1835. Boulanger, in-8. Extrait des *Mémoires de la Société nationale académique de Cherbourg*, 1835, pp. 381-412.

mes camarades d'infortune la trouvèrent toute naturelle.

« Aussitôt le directeur nous fit distribuer des haches; chacun de nous se porta dans les endroits où il était nécessaire de couper le feu, afin d'isoler le foyer de l'incendie. Je suivis le directeur. Les flammes s'approchaient du télégraphe; nous passâmes par une tourelle. L'inquiétude qui agitait M. Martin Deslandes et la précipitation de ses mouvements entraînèrent sa chute. Il se démit une jambe et la douleur fut si vive qu'il se trouva presque sans connaissance. Je fus assez heureux pour pouvoir le charger sur mes épaules. Je descendis la tourelle afin de le mettre à l'abri du danger que je courais comme lui, lorsqu'un obstacle m'arrêta au passage d'une seconde tourelle par laquelle il fallait absolument franchir la distance qui pouvait nous sauver. La couverture de cette seconde tourelle était tout en feu; l'écroulement eut lieu presque sur nos têtes. Dans ce moment, je conservai heureusement mon sang-froid et parvins à sauver M. Deslandes, ainsi que moi, de la position périlleuse dans laquelle nous étions[1] ».

S'il faut en croire aussi l'auteur d'une petite brochure qui n'est qu'un méchant pamphlet politique[2], un autre condamné, Prospert, aurait joué, dans la même circonstance, un rôle vraiment admirable. Prospert, qui avait été condamné en raison de sa participation à l'émeute du 5 juin 1832, était surnommé par ses camarades, « le droit et

---

1. EDOUARD COLOMBAT, *Souvenirs d'un prisonnier d'État au Mont Saint-Michel.* Caen, brochure de 16 pages.
2. J. COUVAIN, *les Prisonniers du Mont Saint-Michel*, 1872, petit in-16.

loyal Prospert ». Il était détesté des gardiens qu'il dénonçait continuellement au directeur.

Contrairement à l'affirmation de Colombat, les politiques avaient réussi à s'emparer des fusils de la garnison.

— « Il faut reprendre notre liberté ! » s'écrièrent-ils.

Et Prospert de répondre :

— « Oui, mais si nous fuyons, les voleurs suivront notre exemple. »

En effet, devant le péril imminent d'être brûlés ou asphyxiés, les guichetiers ont ouvert le quartier des condamnés ordinaires.

— « Nous n'avons pas le droit, s'écrie Prospert, de rejeter dans la société quatre cents malheureux qui sortiraient d'ici pires qu'à leur entrée. »

— « Qu'importe, déclarent les politiques, qui ont appartenu à la levée des boucliers vendéens en 1831, échappons-nous quand même ! »

Prospert se précipite entre eux et la grande porte ouvrant sur le bourg : « Je brûle la cervelle dit-il, au premier qui violera la consigne ! » Les républicains et les gardes nationaux se joignent à lui « et par une abnégation sublime, les prétendus fauteurs d'anarchie suppléent ainsi les défenseurs officiels de l'ordre, pour empêcher une véritable tourbe de bandits d'envahir, en brisant ses chaînes, les paisibles campagnes normandes et bretonnes. »

Il faut faire une grande part à l'exagération dans ces deux récits ; Colombat, un maître en fait de réclame, ne sauva nullement son geôlier, en le portant sur ses épaules, à travers une mer de feu et sous l'écroulement des toitures. Prospert n'eut point à tenir ces beaux discours ; les mesures de précaution prises par M. Martin Deslandes suffisaient à *boucler* les condamnés. La porte d'entrée ne fut pas abandonnée par les gardiens, pour cette bonne raison que le Châtelet et Belle-Chaire ne furent point menacés par le feu. Seule, la grande nef fut ravagée par l'incendie et encore les murailles furent-elles épargnées; neuf ateliers furent détruits, mais on préserva du fléau les dortoirs, les magasins, et tout le côté nord du château. Avant huit heures du matin, on était maître du feu; l'incendie d'ailleurs n'avait rien eu de bien terrible et, pour des raisons que l'on devine, geôliers et détenus, amplifièrent énormément le rôle qu'ils jouèrent pendant ce sinistre. L'expertise qui fut faite en démontra le peu d'étendue, les dégâts ne s'élevèrent qu'à 41.000 francs[1].

L'abbé Lecourt trouva dans les flammes la croix de la Légion d'honneur, M. Tencey, maître serrurier à Avranches, les frères Poirier, ouvriers de cette ville qui travaillaient au Mont Saint-Michel, cette semaine-là, y gagnèrent une médaille d'argent et Colombat y ramassa, dit-il, le clou libérateur.

---

1. L'incendie causa beaucoup moins de ravages au Mont que les directeurs et les architectes n'en occasionnèrent. *Le Journal d'Avranches*, nos des 2 et 9 septembre 1838, contient une violente polémique sur les agissements de M. Prat, ancien commissaire de police à Lyon « qui s'occupa plus de la dégradation du monument que du bien des détenus ». « Il a fait tort au Mont de 110.000 francs et s'il était resté plus longtemps, il aurait fini par démolir le monument. La preuve en est que, sans un bloc de maçonnerie que fit faire d'urgence un architecte de Paris, tout le bâtiment, occupé par les détenus politiques et par le directeur, n'existerait plus aujourd'hui. Il faut avouer que voilà un geôlier (traitement de 5.000 francs) qui nous coûte cher. » L'entrepreneur des travaux, M. Delalande, protesta contre les allégations du *Journal d'Avranches* ; mais il dut reconnaître que pour avoir de la pierre, on avait sapé la base des bâtiments : « Simple imprudence », disait-il.

C'est encore un des curieux épisodes de cet incendie.

Colombat nous raconte qu'en rentrant dans sa cellule après le sinistre, il aperçut, par terre, un « *fort clou* » qu'il prit machinalement ; il le jeta sur son lit, puis après réflexion le cacha... Il venait d'entrevoir sa liberté !

Au lendemain de l'incendie, il avait éprouvé une grande désillusion. Le préfet de la Manche était venu à la maison centrale et devant toutes les autorités civiles et militaires M. Martin Deslandes avait tenu ce langage aux détenus politiques : « Messieurs, je n'ai qu'à me louer de votre conduite et je le dis ici devant M. le Préfet, vous devez sortir de cette maison par la belle porte. » Puis, tendant la main à Colombat : « Monsieur, avait ajouté le directeur, je n'oublierai jamais le service que vous m'avez rendu. »

Ces bonnes paroles devaient rester vaines pour Colombat. Un mois après la visite préfectorale, le directeur de la maison centrale était avisé que des grâces entières étaient accordées aux prisonniers légitimistes et que des commutations avaient été opérées en faveur de nombreux condamnés ordinaires ; de Colombat et des autres « apôtres de liberté, » il n'était question.

Colombat repensa à son clou.

Il commençait à trouver le temps long. Il y avait plus de deux ans qu'il était interné au Mont avec Jeanne, Blondeau et Lepage, compromis aussi dans l'affaire du cloître Saint-Merry et la grâce attendue, espérée même très raisonnablement à la suite du fameux incendie, ne venait point ! Il résolut de s'évader et fit part de ses projets à Blondeau et à Lepage ; ils commencèrent par le dissuader, puis, voyant que sa résolution était inébranlable, ils cherchèrent avec lui les meilleurs moyens d'atteindre le but proposé. Enfermés dans la même cellule, les trois hommes confectionnèrent, tout d'abord, une corde de 35 pieds environ, en utilisant tous les débris de ficelle, tous les chiffons et les lambeaux de linge qu'ils purent se procurer. Une inspection minutieuse de la cellule leur avait aussi révélé la présence d'un excavation qui, agrandie, pouvait leur ouvrir un passage vers l'extérieur. Ils agrandirent cette ouverture avec des précautions infinies, remplissant des gravats et du plâtre arraché aux murs de petits sacs de toile qu'ils vidaient, en cachette, par la fenêtre de leur cellule ou dans le baquet. Enfin, au bout de sept mois passés dans des transes continuelles, le trou était suffisamment large et long pour permettre à un homme de se glisser jusqu'à une sorte de couloir, prenant issue sur un chemin de ronde. Colombat affirme que ce couloir, ou mieux ce puits, n'était autre qu'une de ces horribles oubliettes, chères aux religieux du moyen âge. « Il me fut, dit-il, tout à fait impossible de descendre jusqu'au fond, à cause de l'odeur fétide qui s'en exhalait. Une chandelle était entourée d'un cercle qui prouvait qu'à l'instant même elle allait être éteinte. Je remontai, car j'avais eu la précaution, en creusant l'espèce de couloir qui m'avait amené à la découverte du souterrain, de laisser quelques pierres qui me servaient de marches, puis je me recouchai. Je fus quatre jours sans redescendre dans le caveau pour laisser à l'air le temps d'y pénétrer ; enfin je résolus de reprendre mes occupations si pénibles, j'entrai dans le souterrain et l'inspection des lieux me glaça d'effroi... Après avoir reconnu tous les coins et recoins, j'aperçus des ossements et une tête de mort ; de vieilles ferrures rouillées annonçaient que cette basse-fosse avait été témoin des derniers soupirs de quelques victimes dans les âges précédents ; je remontai même la tête de mort et je la présentai à mes compagnons en leur disant : « Voyez ! Nous ne sommes pas seuls ici. »

Colombat continue sur ce ton pendant plusieurs pages. Tout, dans son récit est déclamation et invraisemblance. Enfin, il arrive à un soir d'orage du mois de juin 1835 ; il cherche à décider Blondeau et Lepage à s'engager dans le couloir, à descendre au fond de l'oubliette ; il leur fait un grand discours sur la liberté qui les appelle ; ses compagnons font la sourde oreille ; il rampe, seul, dans l'étroit boyau ; il est au fond de l'oubliette ; mais à 45 pieds au-dessus du chemin de ronde, il se laisse glisser le long de la corde ; il tombe meurtri, il se relève, descend un escalier de 160 marches et arrive, enfin, au dernier rempart de Mont. « Il y a six tourelles, je choisis celle du nord ; c'est celle par laquelle on hisse les denrées et les vivres, lorsque la marée est montante. » Il est une heure du matin, il est déjà descendu de 300 pieds ; enfin il est sur les grèves, mais la mer va l'engloutir. Le jour paraît ; il entend un coup de canon ; c'est son évasion que l'on signale ; il fuit toujours devant lui et atteint la terre étrangère, Jersey, paraît-il.

Tel est, résumé fidèlement en quelques lignes, le récit de l'évasion de Colombat. Il n'est pas douteux que ce dernier a dramatisé cet événement d'une façon extraordinaire ; conçoit-on trois prisonniers, surveillés de très près en raison d'une condamnation politique, confectionnant librement une longue corde avec du chiffon et du linge, creusant une galerie de plus de vingt pieds, d'une largeur suffisante pour donner passage à un homme, sans que les gardiens qui visitaient nuit et jour toutes les deux ou trois heures les cellules, se fussent aperçus de ce travail considérable? Le conduit débouchant précisément dans une oubliette et celle-ci ayant une communication avec un chemin de ronde, voilà qui est encore bien extraordinaire ! Si bien que l'on connaisse le plan du Mont Saint-Michel et la disposition des bâtiments, il est impossible de suivre Colombat dans la voie de son évasion. Quel est donc l'escalier de 160 marches qui borde le précipice étroit auquel il fait allusion, et que signifie cette descente de plus de 300 pieds, de cent mètres par conséquent, alors que le niveau moyen de la mer au sol de la basilique, c'est-à-dire au-dessus des cellules des Exils atteint 78 mètres [1] ? Enfin la tour que choisit Colombat est précisément la plus élevée; la tour du Nord d'où, dit-il, il se laissa glisser, après avoir attaché sa corde à une poulie, par laquelle on hissait les approvisionnements, n'a jamais eu d'appareil de ce genre ; le détenu a confondu avec la

---

1. Voici quelques mesures utiles pour la connaissance de la hauteur du Mont Saint-Michel.

Du niveau moyen de la mer au sol de l'église abbatiale	78 m. 60
Du sol de cet édifice au niveau supérieur de la tour neuve	34 m. 70
De la base de la flèche au sommet du chapiteau portant la statue.	39 m. 80
Statue de Frémiet, du socle à la pointe de l'épée de saint Michel	4 m.
Total. . .	157 m. 10

tour Basse, située entre la tour de la Liberté et la tour Boucle; elle ressemble beaucoup au musoir d'un môle.

L'évasion de Colombat est certaine, mais elle a été dramatisée par lui; il fallait bien se rendre intéressant et trouver la matière d'une brochure. Elle parut à Caen, chez Hardel, vers 1838. Elle était vendue au bénéfice de l'auteur qui, profitant de l'amnistie du ministère Molé, était rentré en France et tenait à Caen un petit débit de boissons, dont l'enseigne était *A la descente du Mont Saint-Michel* et où il racontait à de rares consommateurs son horrible captivité au Mont Saint-Michel et sa merveilleuse évasion.

Le procès des accusés d'avril 1834 qui se déroula de février 1835[1] au mois de décembre de la même année, eut également pour résultat d'envoyer au Mont Saint-Michel quelques insurgés de Paris et de Lyon. Parmi ces derniers se trouvait Marc Caussidière, dessinateur en soieries; on a prétendu qu'il chercha à s'évader dans des circonstances identiques à celles dont avait profité Colombat. Nous n'avons trouvé aucune pièce relative à cet événement. Moins de deux ans après son incarcération, Caussidière, ainsi que plusieurs des détenus du Mont, quittait libre le château, en vertu de l'amnistie proposée par le ministère Molé.

Bientôt l'agitation allait recommencer. Le 12 mai la société des *Saisons* conduite par Barbès, Blanqui, Martin Bernard, Quignot et plusieurs autres

1. C'est au cours du procès dit « des Accusés d'avril », que M. Fulgence Girard avait fait connaissance de Martin Bernard, de Barbès et de Blanqui. Il avait même facilité l'évasion de Cavaignac, Granger, Vignerte et plusieurs autres qui s'échappèrent de Sainte-Pélagie.

s'emparait d'un magasin d'armes dans la rue Bourg-l'Abbé. Repoussés du Palais de Justice, les insurgés se barricadèrent dans la rue Greneta : après une résistance désespérée, ils furent presque tous tués ou pris. Nous allons en retrouver quelques-uns dans les prisons du Mont Saint-Michel.

CHAPITRE XII

L'INCARCÉRATION DE BARBÈS (17 juillet 1839). PREMIERS MOIS DE DÉTENTION

Un sous-préfet bien agité; la prison d'Avranches. Quatre *passagers* d'importance. L'écrou provisoire de Barbès, de Martin Bernard, de Delsade et d'Austen. — D'Avranches au Mont Saint-Michel. — Barbès et ses compagnons dans leurs chambres. La disposition du Petit Exil. — Où furent logés les condamnés ? Description de la tour Perrine ; le prétendu cachot de Barbès, la classe de l'abbé Le Vatois. — L'âge mythique, d'après Martin Bernard. — Portrait de M. Theurier, directeur de la maison centrale. La charge de M. Gustave Geffroy d'après l'esquisse de M. Fulgence Girard. — Une administration bienveillante. Comment étaient traités les politiques. Barbès et son banquier de Granville. — Barbès d'après ses notices individuelles rédigées par le directeur du Mont, le sous-préfet d'Avranches et le préfet de la Manche. — Un détenu emporté: les récriminations de Martin Bernard. — Arrivée de Blanqui: l'agitation commence. L'abbé Lecourt et M. F. Girard. — Un prétendu monstre en soutane. Les colères de Martin Noël. Une scène douloureuse. Dans les cachots. Le ferrement des condamnés en rébellion.

Le 16 juillet 1839, M. Gaudin de Saint-Brice, sous-préfet d'Avranches, arpentait fiévreusement la vaste cour qui s'étendait entre les anciens bâtiments du Petit-Évêché et le vieux manoir épiscopal illustré, au dix-septième siècle, par le savant Daniel Huet. Il s'entretenait avec un officier de gendarmerie et un homme vêtu d'une longue redingote, cravaté de blanc, au visage glabre; c'était le procureur du roi, M. Abraham-Dubois.

On entendait ce petit groupe parler de barricades, de Lamartine et de Hugo, de Sa Majesté Louis-Philippe, de clémence auguste et de responsabilité pénitentiaire !

L'horloge de la mairie d'Avranches tintait le quart avant deux heures, quand une voiture cellulaire, escortée de quatre gendarmes à cheval, vint se ranger auprès du mur de la prison qui formait un des côtés de la cour dans laquelle se trouvaient les fonctionnaires ; six gendarmes à pied accoururent sur un signe de leur officier de la caserne voisine et barrèrent les extrémités de la rue qui conduisait à la maison d'arrêt[1]. Un agent du service pénitentiaire sauta de la voiture cellulaire, ainsi que son camarade qui se trouvait sur le siège et tous deux firent descendre quatre individus, menottes aux mains, qu'encadrèrent les

---

1. On lit dans *le Journal d'Avranches*, du 21 juillet 1839 : « Mardi, sur les deux heures, une voiture cellulaire à huit places, arrivant par la route de Saint-James traversa Avranches et vint s'arrêter en face du portail de l'ancien Palais épiscopal, dont la cour communique avec la geôle. Quatre des jeunes gens condamnés par la cour de Paris descendirent successivement: Barbès, M. Bernard, Delsade et Austen. Leurs gardiens avaient reçu des instructions très rigoureuses. Puis la voiture reprit le chemin de Bretagne pour conduire Mialon à Brest. » *Le Journal d'Avranches* est des plus intéressants à consulter, en raison de la collaboration que lui prêtait M. F. Girard. Je remercie vivement M. Marie, directeur de *l'Avranchin* (ancien *Journal d'Avranches*) qui a bien voulu mettre à ma disposition les collections de cette feuille.

gendarmes de l'escorte. Ils n'eurent pas vingt mètres à faire pour atteindre la porte de la prison. Ils y entrèrent précipitamment, suivis du sous-préfet, du procureur et du lieutenant de gendarmerie.

La chose n'avait fait aucun bruit, nul curieux n'était venu ; seul, un homme d'affaires, avoué ou avocat, portant sous le bras une serviette bourrée de dossiers et qui se rendait au Tribunal, attenant presque à la prison, s'était arrêté un instant, intrigué sans doute par ce petit déploiement de force publique.

Les quatre individus, vêtus assez correctement d'habits d'une couleur sombre, étaient Armand Barbès, Martin Bernard, Joseph Delsade et Rodolphe Austen.

On sait que, dans l'après-midi du 12 mai 1839, Barbès à la tête d'une bande de révolutionnaires, avait réussi à s'emparer du poste du Palais de Justice de Paris, commandé par le lieutenant Drouineau. Revenu à la barricade de la rue Greneta, Barbès y fut blessé et arrêté presque aussitôt alors qu'il sortait d'un magasin où il venait de se faire panser. La Chambre de Paris l'avait condamné, le 12 juillet, à la peine capitale ; mais Lamartine et Hugo étaient intervenus. Un quatrain de l'auteur des *Orientales* toucha Louis-Philippe et le sous-préfet d'Avranches, qui l'avait lu la veille dans *le Moniteur*, le récitait à ses compagnons :

> Par votre ange envolée ainsi qu'une colombe,
> Par ce royal enfant, doux et frêle roseau,
> Grâce, encore une fois, grâce au nom d'une tombe.
> Grâce, au nom d'un berceau !

Sur les quinze condamnés à la suite de l'insurrection, onze avaient été envoyés à Doullens et quatre au Mont Saint-Michel. Ces derniers étaient partis de Paris, en voiture cellulaire, le 15 juillet à 3 heures du matin ; ils arrivèrent à Avranches à 2 heures de l'après-midi, le lendemain. Ils avaient donc mis 35 heures à faire un parcours d'environ 380 kilomètres ; c'était presque un record pour l'époque ; aussi les prisonniers, très secoués dans *le panier à salade*, étaient-ils fourbus et affamés. « Le geôlier de la prison d'Avranches, gros homme à la face rubiconde et aux allures avenantes, nous improvisa, écrit Martin Bernard,[1] moyennant finances, une espèce de dîner, dont nous avions d'autant plus besoin que, pendant les trente-six heures qui venaient de s'écouler, on ne nous avait accordé que le pain et l'eau. »

M. Gaudin de Saint-Brice n'interrogea pas les condamnés ; il se contenta de viser une lettre du préfet de Police au gardien-chef d'Avranches et de donner une signature sur l'ordre de conduite que lui présenta le chef d'escorte de gendarmerie. A ce moment encore le sous-préfet ignorait l'endroit où devaient être dirigés Barbès, Martin, Delsade et Austen ; il s'en doutait bien un peu, à vrai dire.

Il rentra, aussitôt, à la Sous-Préfecture et écrivit au préfet de la Manche pour l'aviser de l'arrivée des condamnés. L'incarcération à la maison d'arrêt d'Avranches l'inquiétait vivement : « Il paraît, écrit-il dans son rapport[2], que ces individus

1. Martin Bernard, *Dix ans de prison au Mont Saint-Michel et à la citadelle de Doullens.* Londres, Jeffs, 1854, p. 18.
2. Archives de la Manche, *Dossier de Barbès.* Rapport du sous-préfet d'Avranches au préfet de la Manche, 16 juillet 1839.

sont destinés au Mont Saint-Michel ; mais il semble résulter de la lettre de M. le Préfet de Police que des instructions seront ultérieurement données. Je les attends avec une vive impatience, la présence de tels hommes dans une maison peu sûre et sans grands moyens de surveillance laissant toujours craindre des évasions [1]. »

Il avisait également par le télégraphe le ministre de l'Intérieur de l'arrivée des condamnés.

L'inquiétude de M. le sous-préfet ne devait pas être de longue durée. Dès le soir à 7 heures et demie, il recevait de Paris l'ordre de faire transférer immédiatement au Mont Saint-Michel les quatre condamnés du 12 juillet.

Il aurait bien voulu qu'ils partissent le soir même ; mais il était vraiment trop tard pour qu'on organisât le transfèrement. La voiture cellulaire était repartie et le chef de l'escorte, s'appuyant sur son ordre de conduite limité à Avranches, refusait net de prendre, au delà, charge des prisonniers. M. Gaudin dut se préoccuper de trouver une voiture pour véhiculer ceux-ci au Mont Saint-Michel. Ce n'était pas chose facile ; il fallut réquisitionner M. Letessier, maître de poste à Avranches. Il demanda un prix relativement élevé pour prêter deux cabriolets ; un particulier eût payé dix francs par voiture ; l'État déboursa 77 fr. 50 ; de tous temps, il fit bien les choses.

M. Gaudin de Saint-Brice aurait désiré télégraphier au directeur de la maison du Mont Saint-

---

Cité par V. HUNGER, *Barbès au Mont Saint-Michel,* p. 2. Paris, Champion, imp. 1909.

1. De l'ancienne prison d'Avranches, plusieurs détenus, s'étaient évadés, pendant la Révolution ; la nouvelle prison, plus voisine que l'ancienne du Palais de Justice, n'était pas non plus très sûre... pour les gardiens.

Michel l'arrivée des quatre condamnés; mais il était trop tard; la nuit était venue ou, du moins, le crépuscule était si brumeux sur la grève que les signaux de Chappe ne pouvaient être échangés utilement entre les deux stations d'Avranches et du Mont Saint-Michel, postes de la ligne Paris-Brest, qui correspondaient directement entre eux, à onze kilomètres de distance. Le sous-préfet prévoyait bien, d'ailleurs, que des instructions avaient été directement données à la maison du Mont Saint-Michel.

Le lendemain, — 17 juillet, — au petit jour, à 3 heures 45, les portes de la maison d'arrêt d'Avranches s'ouvraient pour donner passage à Barbès, à Martin Bernard, à Delsade et à Austen. Les condamnés avaient encore les yeux gros de sommeil. L'air frais du matin toujours très vif à Avranches en raison de l'altitude de la ville dominant de plus de cent mètres la baie du Mont, leur fouetta agréablement le visage; Barbès et Austen furent invités à monter dans le premier cabriolet, Martin Bernard et Delsade dans le second. C'étaient deux bonnes voitures, larges, bien suspendues, avec capote de cuir mobile. Les capotes étaient relevées; les condamnés prirent place dans le fond; sur le devant, le cocher était assis à droite, un gendarme à gauche. De chaque côté, un gendarme à cheval flanquait le cabriolet. Les deux voitures se suivaient à trente mètres.

La petite ville d'Avranches était encore endormie; seuls quelques chiens erraient le long de la rue de la Constitution, une rue droite et large, bordée de maisons bien bâties. C'était l'ancienne route de Bretagne qui était devenue une rue, depuis que la vieille ville avait débordé en faubourgs, hors des murailles construites par saint-Louis et consolidées au moment de l'occupation anglaise. Les Avranchais l'avaient longtemps appelée le Grand-Chemin, puis rue Esmangart du nom de l'intendant qui l'avait fait ouvrir; mais ces bons Normands, fatigués de voir leur plus belle rue changer de nom à chaque forme de gouvernement, sinon à chaque ministère, résolurent de la désigner de telle façon qu'à moins d'une monarchie absolue, le pouvoir, république, empire ou royauté, en respecterait l'appellation générale et prudente. Le nom de Constitution lui fut donné; seules, certaines familles nobles protestèrent et conservèrent pour leur adresse la désignation primitive : route de Bretagne.

Les voituriers avaient reçu l'ordre de prendre, non pas la route de Pontorson, mais celle de Céaux et de Courtils qui depuis le Pontaubault suit à peu près le rivage. A deux kilomètres d'Avranches, au moment où la route abandonnant le plateau, descend par un quadruple jambage le versant sud de la colline, au premier tournant de la côte de l'M, le Mont Saint-Michel apparut, à deux lieues et demie de distance, aux yeux des quatre condamnés.

Cette vision brusque, inattendue, est une des plus belles que l'on ressente dans ce pays où, cependant, les panoramas merveilleux se déroulent avec une diversité charmante. Elle a fait naître dans l'esprit de Victor Hugo des vers qui, malgré leur poésie, ont une précision presque topographique. Il n'est pas jusqu'au pont sur le Sélune qui n'ait frappé l'œil du poète :

Un pont fait par César, quand il vint dans les Gaules,
Montrait à l'horizon son vieux profil romain.

Ce pont, Barbès et ses compagnons le franchirent le cœur serré, les yeux fixés sur cette grande pyramide qui sortait triomphante des brumes du matin, mais qui, si glorieuse fût-elle dans son histoire, n'allait être après tout pour eux qu'une dure prison.

Il était un peu plus de cinq heures et demie, quand le convoi arriva à la Rive, un petit village situé comme son nom l'indique, sur le bord de la baie, à l'extrémité des marais d'Ardevon. Le temps était superbe ; le soleil déjà haut à l'horizon éclairait puissamment tout le côté est et sud de la gigantesque abbaye-forteresse. Sur la tour romane, que la foudre avait décapitée si fréquemment, les bras du télégraphe Chappe s'agitaient en tous sens. « Je suis sûr que l'on parle de nous ! » dit Barbès avec un mélancolique sourire. Martin Bernard examinait, en littérateur et en artiste, les monuments qui se profilaient devant lui : le pignon de la Merveille, d'où fusait la tour des Corbins, l'abside de l'Église gothique dont les arcs-boutants se croisaient sur le ciel, les bâtiments abbatiaux, percés de fenêtres étroites, la tour Perrine, dont ils allaient bientôt faire la connaissance ; enfin les remparts crénelés, bosselés de tours rondes ou triangulaires, hérissés d'échauguettes aux toits pointus. « Pour moi, dit Martin Bernard, quelles que fussent mes préoccupations, oubliant même que j'étais enchaîné et qu'un avenir inconnu de tortures et de misères allait commencer pour nous derrière ces aériennes murailles, je ne fus accessible qu'à un seul sentiment, celui de l'admiration. »

Les deux cabriolets s'engagèrent alors sur la grève, précédés d'un guide envoyé par le directeur de la maison, averti la veille, par le préfet de police, de l'arrivée des quatre condamnés. La demi-lieue de tangues fut facile et prompte à franchir. On était en morte-eau, à un moment où la mer *enlace* à peine le Mont ; les sables mouvants n'étaient donc pas à redouter et c'est à peine si les chevaux des voitures et ceux des gendarmes eurent à patauger, en traversant quelques ruisseaux qui dégorgeaient à travers les herbus de la côte.

On pouvait alors accéder à l'abbaye de deux façons, tout en entrant par la même porte, celle de la Bavole ; il y avait le chemin de ronde, s'amorçant par plusieurs paliers, derrière la tour Gabriel du Puys et contournant les bâtiments abbatiaux, et la rue de la petite ville qui longe les murs du sud et de l'est et qui, bordée de boutiques, d'auberges et de vieilles maisons, grimpe, par des escaliers aux coudes brusques, appelés Degrés, jusqu'à la porte du Châtelet. On fit prendre au convoi le premier de ces chemins, sans doute pour ne pas éveiller la curiosité des braves Montois, habitués pourtant à ce genre de spectacle.

Barbès, Martin Bernard, Delsade et Austen n'échappèrent pas à l'impression que tous ressentent en montant cet escalier de granit si farouchement beau, si profond, sur les marches duquel flotte une lueur indécise, filtrant entre le Châtelet et Belle-Chaise et que le peuple appelle si justement *le Gouffre*.

Elles avaient disparu de leurs niches trilobées, ces statues de saint Benoît, de saint Maur et de saint Aubert, qui annonçaient l'abbaye, c'est-à-dire un lieu de paix et de prières, « une île de quiétude au sein de la mer tempestueuse du monde », selon la charmante expression d'un bon annaliste michelien. La Révolution, qui avait chassé les religieux en invoquant les grands principes de liberté, avait fait du sanctuaire de l'archange une geôle formidable ; ce n'était plus le mot *Pax* des Bénédictins que l'on pouvait lire au seuil de cet incomparable monument ; il évoquait plutôt une pensée de douleur et de désespoir et l'œil cherchait sur l'arcature de la voûte ce vers terrible du Dante :

Laissez tout espoir vous qui entrez là.

Les condamnés furent immédiatement conduits au greffe de la maison où l'on transcrivit quelques pièces administratives ; Barbès et Martin Bernard firent entendre deux ou trois mots de protestation. Le directeur, M. Theurier, leur répondit que s'ils avaient des observations à formuler, ils étaient autorisés, par les règlements, à correspondre, sous enveloppe fermée, avec le ministre de l'Intérieur, mais qu'en aucun cas l'administration pénitentiaire de Mont n'avait à se préoccuper des causes de la détention. Il donna l'ordre aux gardiens de conduire *ces Messieurs* dans les logements qui leur avaient été préparés.

Tout cela fut dit et fut fait d'une manière très correcte. Martin Bernard le reconnaît lui-même : « Le directeur, écrit-il, nous reçut avec une extrême politesse et une expression de cordialité qui nous sembla de bon augure pour nos relations à venir ; quant au médecin, les paroles qu'il échangea aussi avec nous ne nous parurent pas non plus révéler une nature malveillante[1]. »

1. MARTIN BERNARD, *loc. cit.* Du *Journal d'Avranches*, 21 juillet 1839. « Le caractère honorable des administrateurs, sous

La relation fantaisiste et déclamatoire que Martin Bernard nous a donnée de sa détention au Mont Saint-Michel, ne nous apprend pas grand'chose de l'endroit où ses compagnons et lui furent tout d'abord incarcérés ; mais nous sommes fixés sur ce point par le rapport adressé au préfet de la Manche, le 20 juillet 1838, par le directeur, M. Theurier.

Barbès, Martin Bernard, Delsade et Austen, sont arrivés ici, le 17 de ce présent mois, à six heures du matin. Après avoir été écroués, ils ont été déposés dans des chambres séparées qui se trouvent situées au midi, dans la partie appelée le Petit Exil. La chambre de Barbès, isolée des trois autres, a de doubles grilles et est la plus sûre de la maison [1]. Un gardien dans lequel j'ai la plus grande

l'autorité desquels les détenus sont placés, nous donnent l'assurance que ces fonctionnaires sauront unir envers eux à l'accomplissement de leur devoir les égards que réclame et prescrit l'humanité ; les détenus appartenant à la cause démocratique ne sont pas les seuls que renferme l'abbaye. *Trois condamnés légitimistes* y ont été récemment déposés. Nous chercherons à savoir qui ? »

1. La possibilité d'une évasion des détenus hantait l'esprit du directeur. Le jour même où Theurier apprenait que Barbès et ses compagnons allaient être incarcérés au Mont Saint-Michel, il demandait que l'effectif de la garnison du Mont, se composant de 126 hommes, fût augmenté. Le 3 août 1839, le ministre de la Guerre ordonna de porter ce nombre à 140. Il ne faut pas trop s'étonner de l'appréhension de ce directeur. Dès qu'une affaire touche un peu à la politique, le fonctionnaire s'inquiète. Il y a quelques années, j'ai été témoin de l'affollement d'un magistrat, amovible il est vrai, mais que sa situation de fortune aurait dû rendre plus indépendant et moins pusillanime. Ayant reçu l'ordre d'exercer la contrainte par corps contre une vieille religieuse, condamnée pour fausse sécularisation, il se figurait qu'une évasion serait possible dans les locaux aménagés pour les détenus de cette catégorie. En fait, il n'aurait encouru aucune responsabilité, puisque les services pénitentiaires étaient rattachés au ministère de l'Intérieur. Il arriva, Dieu merci, que la bonne sœur paya les 25 francs d'amende et les frais. Le pauvre magistrat ne dormit encore que d'un œil. Il redoutait toujours la publication d'un cantique à la Sainte-

confiance, Mibaud, ainé, est spécialement chargé de la garde et du service de ces quatre détenus; il couche dans une chambre qui se trouve vis-à-vis celle de Barbès et à un mètre de distance. Les trois autres occupent un pavillon qui a six étages; le gardien se trouve au troisième. Martin Bernard au quatrième, Delsade au cinquième, enfin, Austen au sixième.

C'est donc bien dans la tour Perrine que furent enfermés les condamnés de Juillet. Nous avons donné au chapitre relatif aux prisonniers écossais la description de cette tour; on voudra bien s'y reporter; le cachot que l'on montre aux touristes crédules et où l'insurgé aurait été détenu plusieurs années est tout simplement le *réduit de pénitence*, où le fougueux méridional[1] « calma ses nerfs », à la suite d'un attentat commis sur ses gardiens; la chambre basse où il vécut ses jours de captivité n'a rien d'effrayant : c'est une pièce saine, bien éclairée et bien aérée, dont les fenêtres, aspectées au sud, sont munies d'une double grille en fer forgé. Dans cette salle, un père de l'ordre de Pontigny, M. Levatois enseigna de 1876 à 1880, le latin aux élèves de la classe apostolique de Saint-Michel; ceux-ci ne se sont jamais plaints de « la sombre horreur » du réduit ténébreux sur lequel se sont apitoyés les beaux parleurs et les chauds partisans du grand martyr de la liberté. Encore une légende qui disparaît.

Cependant, la vie s'écoulait sans incident pour Barbès et ses trois compagnons: ils désignèrent plus tard cette période sous le nom d'*âge mythique*,

---

Vierge, qu'il avait composé, alors qu'il faisait ses études au petit séminaire de X... L'ami auquel il avait jadis confié cette pièce ne lui a point joué le mauvais tour de la faire paraître.

1. *Dix ans de captivité*, p. 69, en note.

pour rappeler, dit Martin Bernard, dans une note peu compréhensible, le mystérieux des âges reculés du monde et le mystérieux des premiers temps de leur captivité.

Le directeur se montrait envers eux plein de sollicitude. C'était un brave homme, un peu timide et qui ne méritait nullement les reproches accumulés sur lui. M. Gustave Geffroy, s'emparant presque mot pour mot d'une appréciation de M. Fulgence Girard, nous représente Theurier « comme un gros bourgeois orléaniste, allié des Montalivet; comme un homme gras, discret, mielleux, prenant un air d'intérêt aux réclamations de son troupeau de captifs, mais en réalité imposteur, méfiant, taquin, exigeant, récréant le séjour ennuyeux qu'il avait accepté par des sournoiseries d'homme correct, en quête de distractions, par de subites cruautés de tortionnaire[1]. »

Si, quelques mois plus tard, notamment après l'arrivée de Blanqui, M. Theurier prit des mesures relativement sévères, c'est qu'il y fut contraint par l'attitude provocatrice des condamnés et par les projets d'évasion que ceux-ci élaboraient habilement, avec des complicités extérieures.

D'ailleurs, les détenus ne se plaignaient pas de leur situation et leur conduite était très satisfaisante, comme le faisait connaître au préfet de

---

[1]. Fulgence Girard écrivait ceci en 1849 : « C'était un homme aux formes les plus polies, sa voix lente et carressante (*sic*) s'épuisait sans cesse en protestations et en professions d'humanité. Son visage, toujours souriant, ses yeux roulant sentimentalement ou toujours baissés, son obésité podagre, tout son extérieur enfin, semblait au premier abord, en harmonie parfaite avec ses paroles... Mais, bientôt, le masque tombait ; ses lèvres minces au sourire amer révélaient un caractère dissimulé et une nature implacable. »

la Manche, M. Gaudin de Saint-Brice, dans un rapport daté du 31 juillet. L'administration laissait fléchir en leur faveur plusieurs articles des règlements. C'est ainsi qu'outre les livres de la bibliothèque particulière de M. Theurier, Barbès et ses compagnons étaient autorisés à recevoir les livres et les effets que leur adressaient leurs familles et leurs amis. Ils pouvaient aussi correspondre librement, par écrit, sous la seule réserve que leurs lettres fussent préalablement lues par le directeur, conformément à la circulaire du 1er septembre 1836.

Le ministre de l'Intérieur recommandait seulement d'éloigner des condamnés toute cause d'excitation politique ; il dut être saisi par eux d'une demande aux fins d'être autorisés à se réunir dans leurs cellules et à prendre leurs repas en commun, car on lit, dans un rapport « qu'il ne peut être question de permettre aux politiques de s'assembler ni pour la promenade, ni pour les repas, ni pour aucun autre motif ».

Ils n'étaient pas non plus astreints au travail manuel : « Toutefois, disait le ministre, si l'administration n'exige pas que Barbès, Martin, Delsade et Austen se livrent au travail, elle doit leur conseiller d'éviter un état d'oisiveté qui finirait par détruire leur santé et qui pourrait même affecter leur moral... Le directeur devra faire en sorte de leur procurer les moyens de travailler dans leurs chambres s'ils en témoignent le désir[1]. »

Il ne paraît pas que les détenus aient suivi les sages conseils de l'administration ; ils se contentaient de lire et d'écrire ; ils amélioraient aussi

---

1. Rapport du directeur Theurier, 30 novembre 1839.

l'ordinaire de la maison, en se faisant servir, de la cantine, des plats supplémentaires. Ils recevaient, en effet, certaines sommes de l'extérieur ; c'est ainsi que, le 22 août 1839, M. Gallien-Toupet, banquier à Granville, sollicitait l'autorisation de verser entre les mains du directeur de la maison centrale, une somme de deux cents francs, au compte de Barbès, de la part de M. Carles, beau-père de la sœur du condamné.

Barbès, homme du Midi, s'était plaint de la température un peu basse de sa chambre. Aussitôt, le 18 novembre, le ministre donna des ordres pour que les cellules des détenus politiques fussent chauffées ; il fut alloué un stère de bois par mois, à chaque prisonnier, du 1er novembre au 1er mai.

Barbès ne se plaint nullement de sa situation. Il écrit à un de ses amis, à la date du 20 février 1840 : « Les craintes que vous concevez sur ma santé ne se réaliseront pas, soyez en sûr. Je me sens de la vie pour longtemps encore et en état d'endurer bien des années d'emprisonnement [1]. »

Theurier proclame à qui veut l'entendre qu'Armand Barbès est un bon détenu ; non seulement il le dit, mais il l'écrit. Voici les notes qu'il donne au révolutionnaire.

BARBÈS, *Armand*.

Conduite dans la maison	Excellente, très résigné ; n'ayant jamais donné lieu à aucune plainte ; s'occupe de lectures et d'écrits, ne correspond qu'avec sa sœur, son beau-frère et son frère.

[1]. JEANJEAN, *Armand Barbès*, 1809-1870. Sa vie, son action politique, sa correspondance. Paris, 1909, t. I, p. 93.

BARBÈS, *Armand.*

Observations du Directeur
{ Persiste opiniâtrément dans son opinion ; verrait avec regret qu'on s'occupe d'obtenir sa grâce et ne l'accepterait qu'en cas d'amnistie générale [1].

Martin Bernard, lui, était un détenu tout autre. Sa vie se passait en protestations véhémentes et en déclamations grotesques. Le jour même de son incarcération, il eut maille à partir avec son gardien. Celui-ci était venu le chercher pour le conduire, en promenade, sur le plate-forme occidentale du Mont, dite Aire de Plomb. Accoudé sur le parapet de cette plate-forme, Martin Bernard admirait le superbe panorama qui se déroulait à ses yeux depuis la pointe de Carolles jusqu'au grouin de Cancale ; toute la baie s'ouvrait devant lui, barrée, au nord, par l'archipel de Chausey.

« Tout à coup, dit Martin, l'instrument passif des combinaisons de nos ennemis, s'approche de moi :

« — Monsieur, me dit-il, il faut rentrer, votre heure est passée.

« — Comment ! quelle heure voulez-vous dire ? lui répliquai-je, bien que je devinasse quelle allait être sa réponse.

« — Ma consigne, me répondit-il, est de vous mener à la promenade, chaque jour, pendant une heure seulement.

« Il m'était démontré que nous étions au régime du Spielberg [2]. »

Bien qu'il fût défendu aux quatre condamnés de se réunir et même d'échanger entre eux quelques

---

1. *Archives Manche.* Dossier Barbès.
2. MARTIN BERNARD, *Dix ans de prison*, pp. 37 et 38.

mots quand ils se rencontraient, les gardiens n'appliquaient pas strictement cette règle; Martin Bernard fut bientôt cause de la cessation de cette tolérance. Il réussit à engager des conversations assez suivies avec Barbès. En phrases ridicules, on tombait, à bras raccourcis, sur ce pauvre Louis-Philippe. Les couloirs résonnaient des imprécations contre un régime « osant restaurer la Bastille en face de la France de Juillet ! »

Le directeur, comme s'était son devoir, en référa à l'autorité supérieure qui ordonna la stricte application des règlements. En apprenant cette nouvelle, Martin Bernard entra dans une violente colère. Il menaça le directeur et prononça un discours emphatique qu'il a eu soin de reproduire dans son ouvrage. Barbès maudit, dans son for intérieur, l'imprudent bavard, dont la sottise avait eu pour résultat de rendre sinon plus dure, du moins plus étroite, une captivité qui, auparavant, était vraiment tolérable; aussi l'insurgé professionnel qui avait du bon sens et auquel les livres saints n'étaient pas inconnus, dut-il murmurer, avec saint Paul : « Seigneur, préservez-moi de mes amis; de mes ennemis, je saurai bien me défendre ! »

Il songeait à son évasion. L'arrivée de Blanqui allait modifier la situation plutôt paisible de la maison, dont le calme était relatif avec Barbès, Martin, Delsade et Austen, mais qui commençait à s'agiter depuis l'incarcération, en décembre 1839, de Martin Noël, de Roudil, de Guilmain, de Bézenec, d'Elie, d'Herbulet de Fomberteaux, de Vuillecoq et de Joigneaux.

Ce fut la présence de la femme de l'un d'eux qui amena les troubles et les représailles. Mme Guilmain, ayant obtenu du gouvernement l'autorisation de séjourner dans la ville du Mont Saint-Michel, où elle avait loué une chambre, juste au-dessous des Exils, réussit à s'aboucher avec d'autres détenus que son mari et à servir d'intermédiaire entre tous les condamnés de Juillet et un avocat d'Avranches, M. Fulgence Girard, dont le libéralisme passait pour révolutionnaire dans la petite ville où il exerçait très honorablement sa profession [1].

M. Fulgence Girard fit même tous ses efforts pour voir personnellement les détenus politiques. Secrétaire de la Société d'archéologie d'Avranches, et rédacteur d'un journal de cette localité, il apprit que l'aumônier, M. l'abbé Lecourt, venait de restaurer un des piliers de l'église, de ce splendide vaisseau roman, construit par Hildebert au douzième siècle et dans lequel l'incendie de 1834 avait exercé d'affreux ravages.

M. F. Girard parla avec éloge dans son *Journal d'Avranches* de la science archéologique et monumentale de M. Lecourt ; il crut que l'envoi du numéro publicateur lui ouvrirait toutes grandes les portes de la prison d'État. Il en fut pour ses frais.

« L'abbé accueillit, dit-il [2], mes ouvertures par

1. M. Fulgence Girard, né à Granville, le 21 septembre 1807, décéda, le 10 avril 1873, à Bacilly, dans sa propriété de la Broise.
2. FULGENCE GIRARD, *Mont Saint-Michel*, p. 125. Le 2 mai 1839, M. F. Girard avait appelé l'attention de la Société d'archéologie d'Avranches sur les travaux de restauration que le gouvernement se proposait de faire, enfin, exécuter au Mont Saint-Michel. Le 20 juin 1839, l'Association Normande visitait le Mont sous la conduite de l'abbé Lecourt, aumônier *et architecte*. Les membres de cette société purent remarquer qu'on avait ébranlé les fondations de la Merveille, pour faire passer, au pied, un chemin de ronde : une lézarde s'était produite

les assurances sympathiques les plus propres à gagner ma confiance ; seulement il me déclara qu'il ne lui était pas possible de me conduire auprès des condamnés ; qu'il ne pouvait, lui-même, y pénétrer à toute heure, mais que je pouvais être certain que les offres dont je le chargerais leur seraient religieusement transmises. « Au reste, ajouta-t-il vers la fin de notre entretien, soyez certain que rien ne leur manquera dans la maison ; le ministère a prescrit d'avoir pour eux les plus grands égards et M. le directeur est tout disposé à se conformer à ces ordres. »

M. Girard qui voulait se ménager des entretiens susceptibles de mener à bonne fin une évasion, eut conscience que son *truc* était éventé. Toutefois il ne se tint pas pour battu et revint au Mont quelques jours après. L'aumônier lui mit alors les points sur les i :

« Vous avez tort, lui dit en substance l'abbé Lecourt, de multiplier vos visites au Mont. On vous a vu, lors de votre dernier voyage, fixer au moyen de votre binocle, les fenêtres des cellules des condamnés. Le directeur est informé de tout cela. Vos démarches ne peuvent avoir d'autre résultat que de resserrer la captivité de vos amis. »

A partir de ce moment, le savant archéologue, le très distingué historien qu'était l'abbé Lecourt,

---

entre la salle des Chevaliers et la salle des Hôtes. M. Doisnard, architecte de la Manche, écrivait le 30 juin 1839 au *Journal d'Avranches* : « Un vandale officiel veut guillotiner le monument. Dans le courant de juin 1837, le ministre de l'Intérieur a cependant été informé que la grosse tour de l'église menaçait ruine. A cette époque l'état des bâtiments, quoique déjà inquiétant, ne présentait pas le danger imminent qui s'est manifesté depuis. »

se transforma aux yeux de M. Girard et des détenus politiques en « un vulgaire argousin, en un monstre en soutane ».

L'aumônier fut avec Theurier la bête noire des condamnés de Juillet !

C'était, pourtant, un bien bon prêtre que l'abbé Lecourt, un enfant du pays qu'une vocation tardive il est vrai, mais sincère, avait attiré vers les ordres et dirigé du côté de ses ingrates fonctions d'aumônier d'une maison pénitentiaire.

Né, à la fin du dix-huitième siècle, à Saint-Loup près Avranches, d'une excellente famille d'agriculteurs aisés, il s'était marié tout jeune ; resté veuf avec un fils, il avait résolu, après mûres réflexions, de se consacrer à Dieu et, très courageusement, il avait fait ses études au petit séminaire de l'Abbaye Blanche de Mortain, puis au grand séminaire de Coutances. Ordonné prêtre, il avait préféré au vicariat avantageux et tranquille que lui avait offert son évêque le poste dangereux d'aumônier des détenus au Mont Saint-Michel, en remplacement de l'abbé Turpin. Il prit possession de cette charge, lourde et ingrate, en 1833.

Dès son arrivée, son zèle, son expérience des affaires et son habileté dans les travaux manuels, (C'est le prêtre le plus adroit de ses mains que je connaisse, disait le doyen de Pontorson), lui permirent de rendre les plus grands services à l'administration de la maison centrale. Le sang-froid, l'habileté, l'intrépidité qu'il montra, lors de l'incendie du 22 novembre 1834, qui faillit dévorer toute l'abbaye du Mont, lui valurent la croix de la Légion d'Honneur. La plupart des détenus ayant été, à la suite de cet événement, transférés à Doullens, l'abbé Lecourt les suivit mais revint bientôt au Mont Saint-Michel, qu'il ne devait plus quitter qu'en 1862, époque à laquelle il prit sa retraite[1].

Voilà l'homme que les détenus politiques ont transformé en monstre en soutane, dans leurs écrits ampoulés et pleins de mensonges ; on tenait au malheureux aumônier des discours de ce genre, alors qu'il cherchait à apaiser un condamné fou furieux : « Si vous étiez entré ici, avec les sentiments d'un vrai ministre de la religion, si vous étiez venu m'apporter à moi qui suis si jeune encore, des paroles de consolation et de patience, je vous aurais certainement écouté, sinon avec une entière déférence, du moins avec toute la convenance possible ; mais, lorsqu'en oubliant les devoirs de votre ministère, vous venez ici, la menace à la bouche, lorsque vous vous faites l'interprète de mes bourreaux, je vous réponds : « Sicaire de l'Inquisition, respectez un soldat de la cause du Peuple ; sortez d'ici, disciple de Loyola. Vous déshonoreriez le Christ, si la religion du Christ pouvait être responsable de vos cruautés et de vos astucieux mensonges[2] ! »

Ce phraseur devait être le héros d'une aventure ou plutôt d'un incident qui se produisit dans les premiers jours de janvier 1840 et qui fut grossi à plaisir par les journaux de l'opposition.

On sait que les détenus ne pouvaient avoir sur eux aucune somme d'argent ; c'est une prohibition

---

1. L'abbé Lecourt est mort au Mont Saint-Michel, il y a une trentaine d'années.
2. « Le discours de Noël Martin est textuel », dit Martin Bernard qui s'extasie sur la naïveté et l'originalité d'esprit « caractérisant le brave enfant de Paris (!) ».

absolue dans toutes les prisons. Les condamnés politiques du Mont Saint-Michel ne faisaient pas exception à cette règle ; aussi, lorsqu'ils recevaient de l'argent, les mandats étaient touchés par le directeur qui portait à l'actif de leur compte le montant de la somme encaissée.

Martin Noël, écroué depuis quelques jours, voulut se payer quelques douceurs; n'ayant pas d'argent, il pria Barbès de lui prêter vingt francs; avec le consentement de celui-ci, le directeur fit sortir cette somme du compte de Barbès et, jusqu'à due concurrence, autorisa les menues dépenses de Martin Noël; puis, conformément au règlement, il demanda à ce dernier de reconnaître que les sommes dépensées avaient été effectivement employées, selon le désir du condamné.

Quand le gardien présenta cette pièce à Martin Noël, celui-ci entra dans une violente colère : « Je suis l'obligé de Barbès, s'écria-t-il, et non de M. Theurier. Je ne donnerai jamais un reçu libellé dans une forme aussi avilissante. Au surplus, voilà le cas que je fais de votre papier. »

Et Martin Noël déchira la pièce.

On le conduisit devant le directeur. Il maintint ses prétentions d'une façon pleine d'arrogance. Le directeur déclara qu'il regrettait qu'une telle obstination l'obligeât à astreindre le condamné politique à la nourriture des condamnés de droit commun, pendant quinze jours, et Martin Noël fut réintégré dans sa cellule.

Son exaspération était telle que le directeur jugea prudent de le faire surveiller; à la seconde ou à la troisième ronde de nuit, Martin Noël, prétendant qu'on le réveillait pour *l'assassiner*, se leva de son lit, s'empara d'une bûche et se précipita sur les gardiens. Ceux-ci durent battre en retraite et le condamné réussit à se barricader dans sa chambre. Ses vociférations ameutant tous les détenus, le directeur prit le sage parti d'attendre le jour. Au matin, il parlementa avec Noël qui ouvrit la porte de la cellule.

Les admirateurs des condamnés de Juillet affirment que le directeur avait promis qu'aucune peine ne serait infligée à Noël, que la sanction devait se borner à un seul changement de chambre. En présence d'un fait aussi grave, il paraît bien extraordinaire que M. Theurier ait pris un semblable engagement. Le règlement prescrivait le cachot; c'est là que fut conduit le perturbateur. Fit-il un simulacre de résistance? ses amis affirment que non et, d'après eux, une scène atroce se passa.

« Frappé par vingt bras, écrit M. Fulgence Girard, Martin Noël est terrassé dans un instant; un coup de sabre lui ouvre les reins; son sang coule; mais sans s'inquiéter de la gravité d'une blessure qui pouvait être mortelle, ces misérables le saisissent par les cheveux et le traînent, ainsi, jusqu'à la porte latérale de l'église qui conduit aux souterrains; mais Martin Noël se défend encore, lutte toujours. Ses bourreaux triomphent de cette résistance, ils saisissent le malheureux par les pieds pour le traîner aux cachots. L'escalier noir, ouvert devant eux, conduit aux galeries de Montgommery dont les voûtes ténébreuses aboutissent à une ancienne crypte funèbre; de là il plonge dans une immense cave dont les voûtes romanes reposent en lourds pendentifs, sur des colonnes monolithiques pesantes et ramassées. Au fond se trouvent les degrés qui descendent à l'entrée des antiques oubliettes, les cachots actuels[1]. Ce fut le long de tous ces escaliers et de ces caves que fut traîné par les pieds ce malheureux enfant; sa pauvre tête sanglante, brisée, rebondit sur tous ces granits. »

M. Girard écrit encore quatre ou cinq pages sur ce ton; puis, il arrive, enfin, à la scène du ferrement : « Le serrurier, dit-il, procéda au ferrement de ce corps d'où semblait avoir fui la vie. L'entrave qui fut écrouée aux pieds de ce malheureux se composait de deux larges anneaux en forme de fer à cheval, percés de trous aux extrémités. Lorsque ces anneaux eurent été adaptés aux jambes, une barre de fer ou boulon fut introduite et chassée à coups de marteau dans les quatre trous. Les anneaux se trouvant, par calcul, d'une plus faible dimension que les jambes, la barre de fer se fraya un sanglant passage en comprimant, écrasant et broyant les chairs. Les souffrances de cette opération furent si atroces qu'elles rappelèrent le patient à la connaissance, c'est-à-dire aux angoisses du supplice... Ainsi ferré, brisé, meurtri, perdant le sang par ses reins ouverts, ce corps, où tout ce qui n'était pas contusion était plaie, fut laissé par les bourreaux étendu et râlant sur la pierre boueuse du cachot... Combien se prolongea cette agonie dans ce réduit ténébreux où une nuit constante ne lui permettait pas de mesu-

---

1. Cette description est tellement inexacte qu'il est impossible de dire dans quel cachot fut enfermé Martin Noël. Il est probable que ce fut dans le cachot du Diable. En 1877, il y avait encore quatre cachots, un dans le mur oriental du couloir des voûtes; *les Deux Jumeaux* au sud et tout auprès un quatrième dit *le Corps de garde*. On voyait nettement, à cette époque, la trace de deux escaliers qui servaient à monter au Plomb du Four.

rer le temps par la succession des jours ? Il l'ignorait, lorsque, sur le rapport du geôlier, le médecin d'abord, puis le serrurier descendirent successivement dans son cul de basse-fosse. On procéda à son déferrement qui fut un nouveau supplice; le serrurier passa près d'une heure à travailler, avec ses grossiers instruments dans ces chairs purulentes et meurtries, pour en arracher l'engin inquisitorial. La haine n'étant pas encore assouvie, Martin Noël fut, de nouveau, laissé pantelant et dévoré de fièvre sur le roc nu de cet antre de vengeance. Bien des jours s'écoulèrent ainsi; la vivace énergie de la jeunesse et la force de sa constitution s'épuisaient avec la progression la plus rapide; la blessure, dont le coup de sabre lui avait percé les reins, s'envenimait profondément et lui causait des douleurs horribles; le médecin vint de nouveau le visiter; il jugea l'état du prisonnier si inquiétant qu'il ordonna son extraction des cachots. Des rudiments de gangrène avaient éclaté dans sa blessure. Où fut transporté ce malheureux jeune homme ? A l'infirmerie ? Non, les détenus politiques n'ont pas au Mont Saint-Michel ce que les forçats ont au bagne, une infirmerie. Dans sa cellule? Non, sa faute n'était pas suffisamment expiée. Il fut renfermé malade, pour cinq semaines, dans une des loges de correction. »

En lisant la récit de cette scène affreuse, on fait tout aussitôt la part de l'exagération. Pour un homme qui eut les reins ouverts et percés et dont les membres furent atteints par la gangrène, Martin Noël se remit assez vite de ses blessures. Mais cet incident fut très habilement exploité. L'autorité supérieure à laquelle le fait avait été dénoncé ordonna une enquête. Elle démontra que le gardien avait usé du droit de légitime défense et que si le directeur avait appliqué les règlements avec une certaine sévérité, le condamné n'avait qu'à s'en prendre à lui-même, en raison des violences qu'il avait exercées sans aucun motif sur des gardiens qui appliquaient un règlement.

Plusieurs autres détenus qui avaient pris part au vacarme et qui avaient excité Martin Noël dans sa rébellion furent punis également. Roudil qui avait injurié les gardiens et qui avait ameuté contre eux les détenus politiques et même les condamnés de droit commun, fut mis au cachot pendant quinze jours, dont cinq de fers.

La presse de l'opposition exploita avec habileté ces scènes regrettables, et les politiques hurlaient à tous les échos les mauvais traitements dont ils prétendaient être les victimes, « mais il les subissaient avec bonheur, en apôtres du droit et en martyrs de la liberté ! »

CHAPITRE XIII

UNE FEMME SUSPECTE AUX GEOLIERS : LA GUIL-
MAIN. LA TENTATIVE D'ÉVASION DE BARBÈS ET
DE BLANQUI. BARBÈS EST TRANSFÉRÉ A NIMES
(20 juillet 1843).

Les agissements de Mme Guilmain : une femme suspecte aux gardiens. — Hendricks trahit ses compagnons. Le *mouton* du directeur. Les tribulations de « la Guilmain ». — Parlotes entre détenus politiques ; la cellule de Delsade ; Hendricks est *brûlé*. — Les inquiétudes du directeur Theurier : le fil d'archal révélateur. Visite du sous-préfet d'Avranches. Mesures de sécurité. Découvertes de limes, de scies et de cordes. — Transfert des prisonniers politiques au-dessus du cloître. Les loges. Scènes de tapage, d'injures et de violences. — L'agitation des politiques ; l'indignation de la presse libérale. — La vérité sur les loges ; leur description. — Alimentation des détenus. Cantine, suppléments ; ce que l'État payait aux entrepreneurs. Barbès fait une scène terrible. Le récit du capitaine Regnier. L'intervention de Flotte. — Les bonnes notes de Barbès. Il est suspect au sous-préfet. L'extraction des loges ; les nouvelles cellules, les doubles grilles. Encore l'aumônier. — Trop de visites. M. et Mme Carles. Un nouveau directeur. La nuit du 10 au 11 février 1842. La tentative d'évasion : la chute de Barbès d'après les rapports officiels. La démission de M. Bonnet. — Son successeur M. Leblanc ; il parle peu, mais agit beaucoup. Barbès aux loges. — Sa maladie ; une consultation du docteur Voisin.

La venue de Mme Guilmain au Mont Saint-Michel avait été très désagréable au directeur de la maison centrale ; il ne comprenait pas comment le ministre de l'Intérieur avait permis à cette femme de s'installer au Mont et surtout de voir, trois fois par semaine, son mari dans la chambre de l'Exil. Aussi, pour mettre sa responsabilité à couvert, Theurier adressait-il, le 13 avril, au ministère un rapport dans lequel il accusait formellement Mme Guilmain de servir d'intermédiaire entre tous les autres prisonniers politiques et certaines personnes de l'extérieur qui préparaient une évasion. Il précisait même des faits particulièrement inquiétants. « Il existe, réellement, un projet d'évasion, qui doit être tenté par tous ceux qui ne seraient pas graciés au 1er mai ou au 6 août et beaucoup l'espèrent même sans l'avoir demandé... Je crois aussi, Monsieur le Ministre, devoir vous demander d'interdire pour toujours les visites de Mme Guilmain à son mari, dans la chambre de celui-ci, sans témoins et de les restreindre à celles du parloir, en présence d'un gardien. S'il y avait eu urgence, j'aurais, de suite, adopté cette mesure, ainsi que celle d'une fouille générale dans les chambres, particulièrement dans celles des nommés Blanqui, Vilcoq, Barbès, Quignot, Martin Bernard, Delsade, Dubourdieu, Godart et Guilmain, tous occupant le même quartier et que je soupçonne d'accord.

« Samedi dernier, le 10 du courant, le détenu Hendricks qui était proche voisin de Guilmain, ayant eu avec lui et Vilcoq une querelle, est venu me trouver en me priant de lui rédiger une demande en grâce qui a été faite de suite et adressée à Sa Majesté. Il a commis l'imprudence de le dire à ses voisins pour les narguer et il a reçu des reproches et des menaces atroces. Blanqui, le coryphée du parti, l'a menacé de mort. Loin de se repentir de ce qu'il avait fait, Hendricks est venu me demander à quitter ce quartier qu'il maudit et je l'ai fait mettre dans une chambre de punition, n'en ayant point d'autres à lui donner. C'est de lui que je tiens des renseignements dignes de foi, et j'espère en obtenir de nouveaux sous peu[1]. »

Le directeur avait appris aussi que Mme Guilmain, la Guilmain, comme il l'appelle dans les rapports qui suivirent, avait donné congé du petit appartement loué par elle dans la ville du Mont Saint Michel et qu'elle avait vendu le mobilier le garnissant, sous réserve de ne le livrer qu'à son départ.

L'arrivée de Mme Guilmain n'avait pas été vue d'un très bon œil par la population montoise; elle avait eu beaucoup de mal à trouver une chambre et le prix qu'elle en offrait fit seul violence à la répulsion qu'éprouvait le propriétaire à passer bail avec la femme d'un détenu. M. Fulgence Girard fait à ce propos une réflexion très juste[2] : « Telle est la population de la ville ou bourgade

---

[1]. Rapport du directeur de la maison centrale du Mont Saint-Michel au Ministre de l'Intérieur, 13 avril 1841. *Archives Manche.*

[2]. FULGENCE GIRARD, *Histoire du Mont Saint-Michel*, p. 206.

du Mont Saint-Michel qu'il est très peu de familles, si toutefois il en existe, qui ne tiennent à l'administration par un de leurs membres, ouvrier, employé ou fournisseur de la maison centrale. De là l'influence ou pour mieux dire l'autorité irrésistible que le directeur exerce sur toute cette population [1] ».

Les bas Normands que sont les Montois craignaient toujours de s'aliéner les bonnes grâces de l'administration pénitentiaire; ils avaient peur surtout de se compromettre et de s'attirer des ennuis avec la police et la justice, en fréquentant des personnes venues on ne savait d'où, *des horsains* en un mot, suivant l'expression du pays. Leur défiance était si naturelle, si raisonnée, qu'on ne saurait leur en faire grief.

Mme Guilmain avait eu aussi un mot bien malheureux qui s'était vite colporté dans l'infime cité : « Nos amis, avait-elle dit en parlant des députés de l'opposition et des journalistes libéraux, finiront par faire supprimer cette horrible prison du Mont Saint-Michel. »

Ce propos avait bouleversé les Montois; fermer la maison centrale, c'était enlever une population de plus de six cents personnes, porter atteinte à de multiples intérêts, semer la ruine chez tous

---

[1]. La petite ville du Mont, la *pendula villa*, des anciennes chroniques écrites en latin, comptait alors 350 habitants; elle en a maintenant 232, recensement de 1910. Inutile de dire combien elle était pittoresque, vers 1840, avec son unique rue, bordée d'auberges et d'hôtelleries, ses vieilles maisons aux pignons coiffés de tourelles pointues, ses boutiques aux auvents gracieux et aux larges cintres, fleuris d'écussons, aux escaliers de bois extérieurs; la seconde moitié du dix-neuvième siècle l'a transformée et enlaidie. C'est un gros chagrin pour les artistes, les antiquaires et les historiens.

les habitants de la ville. Si le Mont avait compté, ce jour-là, un seul républicain il eût été bel et bien perdu pour le parti et Louis-Philippe eût hérité d'un chaud et irréductible partisan [1].

Hendricks continuait d'être le *mouton*; il apprit encore à Theurier certaines choses sur les allées et venues de Mme Guilmain; mais ses co-détenus avaient fini par le soupçonner : ils ne parlaient plus devant lui. Hendricks était *brûlé*.

C'était bien Mme Guilmain qui servait d'intermédiaire entre les condamnés de Juillet et leurs amis politiques. Peu de temps après l'arrivée de la femme du détenu au Mont Saint-Michel, M. Fulgence Girard échangeait, grâce à elle, avec Barbès une correspondance assez active [2]. Voici une de ces lettres; nous avons seulement supprimé un passage vulgaire et emphatique sur la monarchie de « Maître Philippe » et les *insigni nebulones* de Dupin.

Barbès à Fulgence Girard

Sans date.

Mon cher et vieux ami,

Tu ne t'es pas trompé en faisant foi sur le plaisir que me causerait ta bonne petite lettre; c'est la goutte d'eau dans le désert; la parole de vie qu'il nous eût été si doux de recevoir de ta bouche, mais que les tyranneaux de qui

1. Vers 1862, peu de temps avant la suppression de la Maison centrale, il fut question d'envoyer en Corse, à Chiavari, pénitencier agricole, près de deux cents détenus; tous les corps politiques du département de la Manche s'émurent et ce fut un *tolle* général. Le gouvernement capitula devant l'opinion publique, sursaturée d'intérêts locaux.
2. M. le commandant F. Le Bouffy, petit-fils de M. F. Girard, a bien voulu nous permettre de reproduire cette lettre et plusieurs passages de la correspondance échangée entre les condamnés et M. F. Girard.

nous dépendons, ne te permettront jamais de venir nous apporter. Je savais tes efforts pour parvenir jusqu'à nous[1]; ne me les eût-on pas dits, que j'en eusse encore été sûr, car je connais toute la chaleur de ton amitié et ton dévouement sans pareil; aussi, dans un moment où la possibilité de refaire pour mon compte personnel, certaine entreprise où nous prêtâmes aide, de compagnie[2], s'était présentée à mon esprit, je n'avais pas hésité à disposer d'avance de mon frère d'Avranches; mais la chose, cette fois, a avorté en herbe et il faut se résigner, jusqu'à nouvel ordre, à ne pas jouer d'autre tour à notre ami Philippe. C'est encore beaucoup que l'industrie du camarade G..... n[3] nous ait ouvert ce qu'en style de prison nous appelons un soupirail; avec toi, son esprit fertile en inventions, veillera à ce qu'à l'avenir nos relations ne soient plus interceptées... Tu trouveras ci-jointe une lettre que je te prie de faire parvenir par voie sûre et détournée à notre collègue, dans la défense d'avril, Thomas. Je désirerais bien que la réclame que je l'engage à faire portât fruit pour ce pauvre Charles, dont la condamnation est une véritable monstruosité. Tu me rendras service en me faisant savoir à l'occasion si tu as aperçu, dans les colonnes du *National*, quelque chose qui eût rapport à la requête que je fais à Thomas.

Adieu, mon bon et brave ami, je te serre la main.

Ton frère et ami,

A. BARBÈS.

Mais Theurier était sur ses gardes.

Dans la nuit du 17 au 18 avril, vers onze heures du soir, le directeur, accompagné de plusieurs gardiens, fit une ronde à l'improviste dans les cellules des politiques; il constata que les portes des chambres de Quignot, de Barbès et de Martin

---

[1]. Barbès fait sans doute allusion à la visite que M. F. Girard avait rendue à l'aumônier du Mont sous un prétexte d'archéologie.

[2]. Évasion des prévenus d'avril, à laquelle concoururent extérieurement Étienne Arago, Armand Barbès et F. Girard.

[3]. Guilmain, certainement.

Bernard étaient entr'ouvertes; les cellules étaient vides. Il y eut, dans le personnel pénitentiaire, un moment d'angoisse. Les détenus s'étaient-ils évadés?... Theurier, entendant un chuchotement dans la cellule de Delsade, s'y précipita; il le trouva avec ses trois amis. Sur l'injonction du directeur, Quignot, Martin Bernard et Armand Barbès regagnèrent aussitôt leurs cellules, sans faire aucune résistance, sans mot dire.

Nous savons par Martin Bernard ce qui s'était passé[1] : « Notre ami Delsade, dit-il, qui faisait de ses yeux et de ses oreilles un usage qui nous causa souvent les plus grandes surprises, Delsade, après des efforts de la plus ingénieuse industrie prisonnière, vint à bout d'ouvrir sa porte [2]. Une fois sa porte ouverte, comme nos verrous n'étaient pas cadenassés, un vieux morceau de fil d'archal fit l'affaire de nos serrures. Il y avait déjà trois jours que, chaque soir, entre la ronde de neuf heures et celle de minuit, Barbès, Quignot, Delsade et moi, n'étions plus qu'au régime de la prison ordinaire[3]. Un pareil petit bonheur ne pouvait pas durer; nous le savions et nous nous amusions même d'avance de la figure de nos geôliers, quand ils nous surprendraient. Le quatrième soir, vers 10 heures, nous entendons ouvrir la porte du corridor qui conduisait à notre donjon : « Pris ! » nous écriâmes-nous gaiement. En effet, quelques secondes après, cinq ou six gardiens

---

1. MARTIN BERNARD, *Dix ans de prison au Mont Saint-Michel*, p. 103.
2. Delsade occupait la cellule du cinquième étage de la tour Perrine.
3. Les prisonniers de droit commun avaient des dortoirs pour eux seuls, les politiques étaient en cellules.

nous trouvaient dans la cellule de Delsade, où nous étions restés tranquillement, bien certains que notre ami n'aurait pas le temps de nous renfermer dans nos cellules et de refermer lui-même sa porte, petite manœuvre qu'il exécutait avec une rare adresse. »

L'importance de cet incident n'avait pas échappé à Theurier. Dès que le jour eut permis la communication avec Avranches, par les signaux Chappe, le directeur télégraphia au sous-préfet. M. Gaudin de Saint-Brice arriva au Mont, dans la matinée, eut un long entretien avec le directeur et l'inspecteur ; les fonctionnaires se préoccupèrent tout d'abord du point de savoir si les politiques n'avaient point de complices parmi les gardiens. Il avait paru extraordinaire que les condamnés eussent pu se réunir si facilement. Il fut bientôt reconnu que Delsade pouvait ouvrir sa porte de l'intérieur, malgré le verrou qui la retenait à l'extérieur et, qu'une fois sorti, il avait pu soit à l'aide de fausses clés (un fil d'archal lui avait suffi, d'après Martin Bernard), soit autrement, ouvrir les cellules de ses compagnons, se trouvant dans le même quartier. Ainsi tombèrent les soupçons qui s'étaient élevés un instant sur les gardiens préposés à ce service pénible et délicat. M. Gaudin de Saint-Brice se plut à rendre hommage au personnel pénitentiaire qui « dans cette circonstance grave, montra de la résolution et un zèle au-dessus de tout éloge [1].

Il fut ensuite convenu que les fenêtres seraient garnies de *doubles grilles* pour empêcher toute communication avec l'extérieur, que les murailles

---

1. *Archives Manche*. Mont Saint-Michel, Rapports.

seraient sondées à nouveau. Pour faire ces opérations, il était nécessaire de renfermer, pendant quelque temps, les politiques dans les Loges. Le sous-préjet prévoyait bien que cette mesure allait provoquer de violentes protestations; aussi donna-t-il pour instructions d'avertir les condamnés « qu'en raison des réparations à faire aux cellules, l'administration était forcée de les placer provisoirement et pour quelques jours seulement dans une autre partie de la maison [1] ».

Il voulut même être témoin de la communication aux politiques de la mesure qu'il venait de prendre. Ceux-ci furent amenés au greffe, un par un; et tandis que le sous-préfet était assis devant une table en fer à cheval, avec l'inspecteur et deux ou trois employés supérieurs, M. Theurier leur expliqua le motif de leur transfert dans un autre local.

S'il faut en croire Martin Bernard, les politiques ne furent pas dupes des agissements de l'autorité. Ils se rappelèrent que, déjà, il avait été question de munir les fenêtres de doubles grilles; treize jours auparavant, on avait même toisé les ouvertures.

A Theurier qui parlait de réparations nécessaires, Martin Bernard répliqua :

« — Vous machinez, monsieur, le placement de doubles grilles ! »

Le directeur répondit d'un ton visiblement embarrassé :

« — Je puis vous assurer, monsieur, que je n'ai pas d'ordres à cet égard. Quant à la mesure dont je vous fais part, je proteste que ce n'est pas une punition. »

1. *Id.* Ibid.

« — Pourquoi, d'ailleurs, s'écria Martin Bernard, userait-on de moyens disciplinaires à notre égard? Je ne sache pas que nous ayons commis ce que vous appelez un délit dans votre règlement. Mais votre réponse est tellement ambiguë qu'il ne peut plus me rester aucun doute. Malédiction sur vous, monsieur, si vous vous faites l'instrument de l'abomination que je devine et sur laquelle vous ne voulez pas vous expliquer maintenant[1] ! »

Lorsque les cellules furent évacuées, on y pratiqua des fouilles; on saisit quelques lettres compromettantes et une masse considérable de journaux démocratiques. On examina les murs; on reconnut que des ouvertures avaient été pratiquées entre certaines cellules. On en découvrit une entre les cellules de Vilcoq et de Blanqui; elle formait un carré de 0 m. 40; elle était si régulière qu'on l'eût dite faite par un ouvrier menuisier et comme il y en avait un *aux criminels* on le soupçonna aussitôt. Cette ouverture était très habilement masquée par quelques gros livres et par un rideau de papier. On remarqua également des trous dans le plancher de la chambre de Petremann, nouvellement arrivé de Doullens.

Des recherches plus minutieuses amenèrent, le 20 mai, la découverte sous le plancher de la cellule de Guilmain de 150 grammes de gros plomb, d'une vrille de moyenne grosseur, de deux crochets ou rossignols et d'une lettre de Guilmain à Delsade; on trouva dans la cheminée de la cellule de Huber Louis, une petite scie de 0 m. 15 centimètres, deux ressorts de montre dentelés et montés sur bois, dans la chambre de Blanqui, deux

---

1. MARTIN BERNARD, *loc. cit.*, p. 105.

limes et deux scies et, dans la loge de Guilmain, vingt petites lames de scie, s'adaptant parfaitement aux montures trouvées chez Blanqui.

Cependant le directeur se sentait suspect à l'administration. A la fin de son rapport sur sa visite des 18 et 19 avril, M. Gaudin de Saint-Brice était d'avis que M. Theurier « abandonnât le système des concessions qui lui avait si mal réussi pour resserrer les liens trop relâchés de la discipline et ressaisir l'autorité qui a paru déjà depuis longtemps considérablement affaiblie dans ses mains ».

M. Theurier n'était pas le seul coupable; l'administration supérieure, le ministère même, avaient contribué à rendre difficile une surveillance qui, peu à peu, s'était relâchée. La crainte de la presse et surtout celle des interpellations au Parlement avait amené le pouvoir à faire fléchir en faveur des condamnés politiques des règlements dont l'application stricte était indispensable pour le maintien du bon ordre à l'intérieur de la maison centrale. Les visites que faisaient aux détenus, dans leurs cellules, hors de la présence des gardiens, les familles des politiques, la prohibition de faire des fouilles et des perquisitions, la possibilité pour les condamnés de recevoir, de l'extérieur, des brochures, des journaux et même des paquets, tout cela amoindrissait l'autorité des gardiens et annihilait leur surveillance. Theurier avait protesté contre ces violations des règlements; mais, en haut lieu, on n'avait tenu aucun compte des observations, pourtant si pressantes et si légitimes des bureaux de la maison centrale.

En avril et en mai, Barbès avait reçu, d'un sieur Doux jeune, drapier à Carcassonne, une caisse dont le contenu n'avait pour ainsi dire pas été vérifié et un paquet, dont l'expéditeur était un nommé Berthomieux, de Paris; il renfermait des livres avec des annotations manuscrites. Fallait-il s'étonner après cela de trouver dans les cellules et dans les loges non seulement des pamphlets démocratiques, — ce qui n'était guère dangereux, — mais encore des vrilles, des scies montées, des crochets et des rossignols, ce qui était beaucoup plus utile pour prendre la clé des champs?

Le transfert aux Loges exaspéra les politiques : la presse s'émut de la mesure sévère prise contre eux. On ne parla bientôt plus que d'infernales oubliettes, d'odieux in-pace, du Spielberg, de cages de fer. On assassinait les apôtres de la liberté, etc., etc.

Le Mont Saint-Michel avait, au surplus, une réputation déplorable dans l'opinion publique. On rééditait sur lui toutes les rengaines contre l'ancien régime; on en ajoutait d'autres, plus sombres encore. On aimait surtout à rappeler une harangue de Garnier-Pagès en 1833, alors que M. Thiers envoyait au Mont les condamnés de Juin : « Les condamnés qui sont à Sainte-Pélagie, avait-il dit, redoutent par-dessus tout le transport à Melun, à Poissy ou dans d'autres maisons centrales; à Melun, à Poissy, les condamnés redoutent par-dessus tout leur transfert à Saint-Michel, et je puis citer à cet égard, un fait bien saillant, bien remarquable. Des détenus étaient à Poissy, ils redoutaient d'être transférés au Mont Saint-Michel. Que firent-ils ? Ils brisèrent avec intention une porte : ils forcèrent un tiroir, où ils prirent un canif et quelques plumes; ils se firent traduire devant la cour d'assises de Versailles et là, comme l'avocat général concluait à quelques années de détention, ils se récrièrent et, citant le texte de la loi, ils firent voir que c'étaient les travaux forcés qu'ils avaient encourus et mérités. Ainsi, il est un lieu en France où l'on doit être traité de telle sorte que, froidement, et par suite d'un calcul fait à loisir, on préfère les travaux forcés à l'habitation de ce lieu, et c'est celui qu'on a choisi pour les condamnés politiques ! »

Le parti libéral s'indignait à la lecture de ces lignes qu'un auteur anonyme avait prises pour épigraphe à une brochure, tirée à un grand nombre d'exemplaires et vendue cinquante centimes au profit des détenus politiques [1].

Les *Loges*, surtout, étaient considérées comme un enfer.

Qu'étaient donc ces loges où avaient été transférés, dans la matinée du 18 avril 1841, Barbès, Quignot, Martin Bernard, Delsade, Dubourdieu, Blanqui, Godard, Vilcoq et Guilmain ?

Tous ceux qui ont visité le Mont Saint-Michel, tous ceux même qui en ont lu seulement la description, connaissent ce superbe et colossal bâtiment, s'élevant au nord de l'abbaye-forteresse et qui est formé de trois étages, contenant chacun deux salles. Le peuple a baptisé cet édifice du nom de *Merveille* : c'est justice ; l'Aumônerie et le Cellier, à la base, nous impressionnent par leur sombre architecture ; la salle des Hôtes et la salle des Chevaliers, à l'étage moyen, nous attirent par leurs proportions élégantes ; au-dessus, le Réfectoire offre la douceur de son vaisseau, éclairé par une série de fenêtres s'ouvrant dans de pro-

1. *Les Détenus politiques au Mont Saint-Michel*, à Paris, dans les bureaux de la *Réforme;* in-8, 1843.

Une Évasion en 1840
(D'après un dessin du temps.)

fonds ébrasements. Tout auprès, sur le même palier, est le Cloître qui est, en quelque sorte, l'essence de ce monastère, sa plus haute expression, son âme. Cette cour carrée, aérienne, à plus de trois cents pieds au-dessus du niveau de la mer, enfermée dans une quadruple galerie, est peut-être « la plus glorieuse entreprise des Bénédictins, » comme l'écrit dom Huynes. « Sous ces arceaux où l'on ne voit que le ciel, où l'on n'entend que les vents, où l'on ne voit que l'art dans sa perfection, où la pensée arrive à sa plus pure exaltation, où la terre n'est qu'un lointain souvenir comme celui d'une existence antérieure, on vit de cette vie idéale, dont les principaux actes sont la rêverie, l'admiration, l'amour, la prière[1] »

Quand l'abbaye, laïcisée par les lois révolutionnaires, eut été, au nom de liberté, convertie en prison, quand sa transformation en maison de force eût augmenté d'une manière considérable sa triste population de prisonniers, on dut convertir, nous l'avons vu, ses plus belles salles en dortoirs et en ateliers de toutes sortes. Il fallut même surajouter aux anciens bâtiments ; on construisit d'affreuses cellules au-dessus d'une des galeries du cloître et même sur les toits des chapelles du chœur, défigurant ainsi cette superbe abside, qui s'ajoure à l'orient de l'église abbatiale.

Les loges se composaient de vingt cabanons alignés sur un seul plan, au-dessus de la galerie nord du cloître ; elles s'ouvraient sur un couloir parallèle, percé d'un certain nombre de fenêtres

1. Ed. Le Héricher, *Avranchin monumental et historique*, II, p. 369.

prenant jour au-dessous du cloître. Ces réduits étaient, presque tous, de dimensions égales ; ils avaient environ 6 pieds de haut et 18 pieds de superficie ; ils étaient éclairés, chacun, par une ouverture, fermant au moyen d'un châssis portant quatre carreaux. On n'avait employé pour la construction de ces loges qui déparaient, qui déshonoraient le cloître, que du fer et du bois ; toutes les pièces avaient été solidement boulonnées et chevillés, à cause de la violence du vent qui soufflait à cette hauteur. Les cloisons, en chêne, et l'intérieur de ces cellules avaient été peints en rouge sombre afin, disait-on dans le clan des politiques, de rappeler aux prisonniers que cette demeure était le premier degré du sanglant appareil qui pouvait un jour se dresser pour eux à la barrière Saint-Jacques.

En vérité, nous ne croyons pas que les constructeurs de ces loges y aient mis tant de malice.

L'ameublement de ces cellules se composait d'une galiote, garnie d'une paillasse, et semblable à celle des chambres de l'Exil, d'une chaise et d'un seau.

L'alimentation des condamnés ne subit aucune modification, lors de leur transfert aux Loges ; les récriminations que Martin Bernard fit entendre au sujet de la fameuse « purée dans laquelle grouillaient des vers », ne semblent pas justifiées ; le régime se composait, pour le déjeuner, de soupe, de pommes de terre, de ragoût, d'œufs et de lait, distribués alternativement ; au dîner on servait, cinq fois par semaine, de la soupe grasse et du bœuf bouilli, le jeudi du bœuf à la mode et le dimanche, du bœuf rôti. Les politiques recevaient, par jour, comme boisson, un litre de cidre ou un demi-litre de vin. L'entrepreneur touchait par chaque journée de prisonnier politique environ un franc, exactement 0 fr. 9380.

Sauf le cas de punition, les politiques avaient la faculté de se faire servir de la cantine certaines boissons et quelques mets. Lorsque Barbès tomba malade, il mangeait de la viande de boucherie et de la volaille; il consommait aussi un pain blanc de 750 grammes.

Les condamnés avaient la permission de fumer; Barbès, atteint de phtisie laryngée, cessa bientôt l'usage du tabac.

Le plus gros inconvénient des Loges était qu'elles n'avaient pas de cheminée; leur construction en bois interdisait l'usage du feu; au contraire les cheminées des cellules tiraient admirablement; il était alloué à chaque condamné politique un stère de bois par mois, à partir du 15 octobre jusqu'au 15 avril et un kilogramme de chandelle pour l'éclairage; si ces quantités ne lui suffisaient pas, il pouvait, sur son pécule, se procurer des suppléments.

Du 18 avril au 21 mai tout se passa tranquillement aux Loges; on entendait bien, par-ci par-là, quelques récriminations, mais aucun incident grave ne s'était produit[1]. C'était d'ailleurs, l'époque où il n'y faisait ni trop chaud ni trop froid; ces cellules, glacières en hiver et fournaises en été, étaient très habitables au printemps et à l'automne.

---

1. Cependant depuis le 1ᵉʳ mai, on sentait de l'énervement chez les condamnés. Le 18 mai, Pétreman, s'étant montré insolent avec ses amis, était puni des fers. Le 19, Roudil qui s'était plaint avec véhémence de la qualité du cidre, fut entraîné au cachot d'une façon brutale. M. Theurier indisposait aussi les condamnés en leur enlevant certaines distractions inoffensives, notamment en les privant du plaisir d'élever des pigeons.

Le 21 mai, Armand Barbès rentrant de faire, sous la surveillance d'un gardien, sa promenade quotidienne d'une heure, se mit dans une colère violente. Il venait de constater qu'une lucarne, ouverte dans la porte de sa loge, avait été bouchée. Il déclara qu'il ne serait pas réintégré dans ce réduit, avant que la lucarne ne fût rétablie. Il demanda, d'une façon impérieuse, à parler au directeur ; mais celui-ci refusa de venir et ordonna aux gardiens de faire rentrer de force Barbès dans la loge. Il se passa alors une scène extrêmement violente, sur laquelle nous avons plusieurs versions, mais elles peuvent être suspectes; les écrivains, amis de Barbès, ont, sans doute, exagéré les brutalités des gardiens, les rapports officiels ont peut-être passé sous silence des excès profondément regrettables.

L. Nouguès [1] s'exprime ainsi : « Au bout de dix minutes, le gardien chef Turgot arrive, fend la presse de ses subordonnés, entassés dans l'étroit passage, et mettant le sabre à la main, comme pour donner le signal de la violence, il ne prononce qu'un mot : « Frappez ! » A cette consigne sauvage, la horde des geôliers s'élance sur nos malheureux compagnons, les entoure d'abord, les sépare et s'efforce d'entraîner Barbès vers l'extrémité du corridor. Arrivés à cet endroit et pouvant alors se déployer, les féroces geôliers se ruent à vingt sur Barbès, le frappent tous à la fois, lui arrachent cheveux et barbe, mettent ses habits en lambeaux et l'étendent sur le carreau, où le foulant tour à tour sous leurs pieds,

---

1. L. Nouguès, *Une Condamnation de mai 1839*. Paris, 1850, n-8, p. 291.

ils s'acharnent à le frapper encore. Las pourtant et n'ayant fait que la première partie de leur besogne, les assassins saisissent Barbès par les jambes et laissant porter la partie supérieure de son corps à terre, ils le traînent sur le sol à travers paliers et corridors, escaliers aux marches de granit jusqu'au fond d'un cachot. Là, après l'avoir de nouveau accablé de coups, ils le dépouillèrent de ses vêtements lacérés pour le revêtir des haillons vermineux d'un réclusionnaire[1]. »

D'après le capitaine Régnier, qui commandait alors le détachement du 1ᵉʳ léger au Mont, les choses ne se seraient pas ainsi passées. Barbès, voyant la lucarne condamnée, aurait invectivé son gardien et se serait précipité sur lui, en lui assénant un coup de bâton. A ce moment, Guilmain, Delsade et Martin Bernard, enfermés dans leurs réduits, en auraient brisé les portes et se seraient jetés sur le gardien. La troupe intervint alors et tout rentra dans l'ordre ; Barbès fut conduit au cachot, non sans peine, car il fit une très grande résistance, ainsi que Martin Bernard et Delsade.

Le capitaine Régnier ajoute : « A peine cette incarcération fut-elle faite que les détenus politiques proférèrent les plus abominables menaces contre le directeur, contre l'inspecteur, enfin contre toute la maison. Les cris de : « A bas cette canaille de directeur, à bas les baïonnettes, à bas le système cellulaire » ! se firent entendre. Depuis six heures jusqu'à onze heures du soir, les prisonniers ne cessèrent de proférer les plus grandes

1. Ce récit est un développement de la plainte que M. Fulgence Girard adressa au ministère de l'Intérieur au nom de M. et de Mme Carles, beau-frère et sœur de Barbès.

horreurs contre l'administration et contre le gouvernement, avec une telle force qu'on les aurait entendus d'une demi-lieue sur la grève[1]. »

Il est bien certain que le capitaine Régnier est plutôt sobre de détails ; l'après-midi et la soirée du 21 mai virent, certainement, une petite émeute. Au bruit de la scène entre Barbès, Delsade, Guilmain et Martin Bernard, les politiques s'étaient mis à hurler dans leurs loges : « On égorge nos frères ! ». Se fondant sur les articles 2 et 5 du règlement, ils réclamèrent la présence du directeur.

Celui-ci répondit qu'il recevrait un des détenus.

Flotte, beau parleur, dont les condamnés exploitaient un peu la vanité, se rendit encadré de deux gardiens au cabinet de Theurier. Il se répandit en protestations violentes et déclara que la presse ferait connaître au monde entier les traitements odieux infligés à d'honnêtes et libres citoyens.

Le directeur répondit que si les condamnés avaient des réclamations à faire, celles-ci gagneraient à être formulés sans impertinence et sans menaces. Il ordonna de conduire Flotte au cachot.

Flotte résista ; quatre gardiens le réduisirent à l'impuissance ; Martin Noël fut aussi appréhendé. Il fut même ferré par le petit André, un employé qui, au dire des condamnés, « se plaisait à leur prodiguer des lazzis farouches. » On lui prêtait les propos suivants, tenus pendant que le serrurier passait les fers :

« Nous avons des fers pour tous les goûts ; nous

---

1. D'après les lettres du capitaine Régnier, citées par V. Hunger, *Barbès au Mont Saint-Michel*, p. 14, en note.

UNE RÉVOLTE DE DÉTENUS POLITIQUES
(21 Mai 1841.)
(D'après une gravure du temps.)

en avons, par exemple, qui vous borderaient les mains derrière le dos à vous faire ressembler à l'empereur, comme deux sous, ce qui ne laisse pas d'être flatteur et agréable, surtout quand on a couché deux jours avec ces bracelets-là; mais nous avons mieux encore; on peut vous prendre les pieds et les mains ensemble, de sorte que vous aurez les quatre pattes saisies, comme un veau qu'on porte au marché. »

Béraud, jeune étudiant en médecine, qui avait pris une part très active à la rébellion, fut lui aussi descendu dans les cachots. Il raconte qu'il était parvenu à desserrer un peu ses fers : « Le soir, dit-il, une ronde de gardiens vint me les visiter et Turgot, s'apercevant qu'ils étaient desserrés, me maltraita et envoya chercher un tournevis. A l'aide de Gaillard, il tourna vigoureusement la vis et aussitôt le sang jaillit. Je sentis mes os broyés. Voyant que j'avais encore mes lunettes, il me les arracha : « Des misérables comme vous, dit-il, ne doivent rien avoir ! » Puis, tirant son sabre, il m'en menaça en ajoutant : « Le premier qui raisonne, je le lui passe à travers le corps. » Je tombai évanoui sur les dalles et restai sans connaissance... Le surlendemain, le médecin vint me visiter ; déjà malade d'une affection de poitrine, ma situation empira beaucoup ; je fis, de nouveau, appeler le docteur et réclamai ses secours :

— « C'est inutile, monsieur », me dit-il.

— « Comment inutile ? »

— « Eh ! sans doute ; vous n'avez plus que onze mois à rester ici ; d'ici là, vous ne mourrez pas. »

— « Mais, monsieur, je puis mourir le lendemain de mon départ ! »

— « Cela ne me regarde pas ! »

Martin, lui aussi, aurait été victime de mauvais traitements. Blanqui prétend l'avoir entendu crier plusieurs fois pendant la nuit du 22 mai : « Ah ! ah ! vous me brisez ».

Enfin Huber, qui avait passé la tête au travers de la lucarne de sa loge, aurait été pris par un nœud coulant, « comme un gaucho de Buenos Ayres le fait d'une bête fauve, avec son lazzo ».

Il n'est pas douteux que tous ces récits sont dramatisés à plaisir; la rébellion n'eut pas le caractère grave que lui donnèrent les politiques. En tout cas, elle fut rapidement réprimée, un peu sévèrement peut-être. Theurier ne garda même pas rancune à Barbès, de cette scène qui fit grand bruit. Le 13 juillet, il fournissait sur lui la note suivante : « Bonne conduite; n'a subi qu'une punition pendant le premier semestre de 1841 et c'est la première. Elle avait été motivée par son refus de rentrer dans sa chambre en rentrant de la promenade; lit, écrit et correspond avec sa sœur et son beau-frère; persiste toujours dans ses opinions républicaines. Il refuserait toute grâce particulière[1]. »

Cette note très bienveillante ne fut pas du goût du sous-préfet. M. Gaudin de Saint-Brice écrit au-dessous : « Je ne partage pas l'opinion favorable, émise par le directeur sur la conduite du détenu Barbès, car il est constant qu'il est l'âme de tous et le chef qui dirige les condamnés politiques dans toutes les occasions de quelque gravité ». Le préfet, en transmettant ces notes au ministre de l'Intérieur, ajoutait : « Le préfet par-

---

1. *Archives Manche, loc. cit.*

tage, en entier, l'avis de M. le sous-préfet. »

Cependant on s'occupait à mettre les cellules des Exils et de la tour Perrine en état de recevoir les condamnés. Tous les murs avaient été sondés ainsi que les planchers ; les serrures avaient été changées, le système des verrous modifié. Les portes des cellules avaient été refaites; elles étaient maintenues par une grosse barre de fer qui, fixée à la porte au moyen d'un piton robuste, allait s'accrocher dans un autre piton scellé au mur du corridor. La porte était formée de plusieurs plateaux de chêne, superposés les uns sur les autres, en long et en travers et ne mesurant pas moins de six pouces d'épaisseur.

« L'opération, dit Martin Bernard[1], de lever ou de baisser le pont-levis d'une citadelle n'aurait pas produit un bruit plus lourd et plus retentissant que l'ouverture et la fermeture de cette porte avec ces hideux agencements. Qu'on s'imagine maintenant qu'un tel fracas devait être désormais répété trois fois, chaque nuit; car c'était le nombre de rigueur des rondes nocturnes de nos geôliers et l'on verra que notre sommeil, plus encore que nos veilles, était l'objet des préoccupations de la pensée qui présidait à notre captivité. »

Mais ce qui impressionna le plus les politiques, ce qui les terrifia, ce fut la vue des doubles grilles. On a dit beaucoup de sottises, au sujet de ces doubles grilles, et les descriptions données sont le plus souvent inexactes. Essayons de préciser leur disposition et leur nature.

Les fenêtres des cellules étaient pratiquées au fond d'ébrasements considérables que Martin Ber-

---

1. Martin Bernard, *loc. cit.*, p. 138.

nard qualifie improprement de barbacanes. Ces ébrasements, rappelant un peu des entonnoirs, étaient produits par l'épaisseur des murs. Ils sont fréquents dans les salles du Mont Saint-Michel et varient de profondeur. Certains ébrasements ont cinq, huit et même dix pieds. Une première grille, ou plutôt un grillage, fut posé à l'extérieur. Ce grillage était tendu dans un cadre formant une légère saillie et maintenu au moyen de grosses pattes-fiches recourbées et faisant l'office de crampons sur le bois du châssis; le ciment et le plomb maintenaient fortement ce châssis encastré dans le mur.

Dans le pourtour intérieur des ébrasements, on scella de grosses barres de fer, parallèlement au treillis de l'ouverture, aussi bien en hauteur qu'en largeur; dans les cellules, ayant des meurtrières dont le pourtour inférieur était au niveau du sol, on bâtit un massif de maçonnerie à hauteur d'appui pour créer une base solide à la grille intérieure. Afin de pouvoir atteindre le grillage extérieur, l'ouvrir ou le fermer à volonté, on avait établi une tringle variant selon la profondeur de l'ébrasement. Le treillage extérieur, tressé à fines mailles avait l'inconvénient d'intercepter l'air et la lumière; il était, pour l'administration, une garantie absolue contre les communications avec le dehors; la grille intérieure était comparable au côté d'une cage dont les barreaux avaient 0 m. 025 de section.

Ces travaux coûtèrent 23.954 fr. 70.

On attribue au cardinal La Balue la confection des cages de fer; l'inventeur des doubles grilles fut, d'après les condamnés politiques, l'aumônier de la maison centrale, l'abbé Lecourt.

« Les travaux de forge, dit M. Fulgence Girard reçurent une telle impulsion de l'ardeur apportée par l'aumônier dans la direction du travail des grilles que plusieurs de ces cellules eussent été prêtes à recevoir les détenus dès le commencement de juin, si les ressentiments du directeur eussent été assouvis. Le préfet et le général du département étant venus le 3 juillet visiter le Mont, purent s'assurer si ces appareils dus à l'instinct inquisitorial d'un humble chapelain n'éclipsaient pas à tous égards les célèbres inventions du cardinal La Balue[1]. »

Blanqui accuse formellement l'abbé Lecourt d'avoir, tout au moins, aidé à prendre, le 6 avril 1841, les mesures nécessaires pour l'établissement des doubles grilles; mais le portrait qu'il a brossé de l'aumônier, sa bête noire, est tellement chargé qu'il est bien difficile d'ajouter foi à l'insinuation dirigée contre le prêtre :

« Certes, c'est un étrange personnage que cet aumônier-charpentier, qui a un grand fils commis aux écritures, qui ôte sa chasuble, après la messe, pour grimper sur les charpentes, qui pose et scelle les verrous et les barreaux, construit les portes des cachots, qui confesse et claquemure ses ouailles. Il est comme un homme avide, sans foi, faux; il est sale comme un peigne, laid comme le plus laid des singes. Je ne fais pas de style; j'écris *currente calamo*; c'est lui qui a imaginé les grandes grilles qui ont transformé nos cellules en cages de fer; c'est lui qui a joué le rôle le plus hideux dans ce drame. Lorsque, le 6 avril, on vint prendre des mesures pour les grilles, il

---

[1]. Fulgence Girard, *loc. cit.*, p. 253.

accompagnait l'architecte. Il entra d'un air souriant, vint à moi, me prit les mains, me parla avec effusion, en ayant soin de se placer entre la fenêtre et moi, de manière à masquer le commis qui prenait rapidement les mesures[1]. »

L'assertion de Blanqui est invraisemblable. Si l'on admet que l'administration pénitentiaire prenait toutes les précautions voulues pour ne pas laisser prévoir aux condamnés politiques, déjà surexcités, une transformation de leurs cellules en réduits plus sévères, elle avait un excellent moyen de le faire, moyen qu'elle prit certainement : profiter pour avoir les mesures du moment où les condamnés étaient sous le préau ou faisaient leur promenade quotidienne. L'abbé Lecourt servant de paravent à l'architecte, cela fait honneur à l'imagination de Blanqui, mais est contraire à la vérité.

L'abbé Lecourt, nous l'avons dit, était entré dans les ordres, après avoir perdu sa femme; le fils, auquel Blanqui et plusieurs autres politiques font allusion, sans parler du légitime mariage, — est-ce oubli ou malignité ? — était employé au greffe; le souvenir que les Montois ont conservé de lui est excellent; c'était un jeune homme très serviable et très doux. Comme son père, il aimait à s'occuper de travaux manuels; mais il n'avait que faire dans la cellule des condamnés; la création des doubles grilles fut demandée par Theurier, en raison des multiples communications que les détenus avaient avec l'extérieur; ils ne pouvaient s'en prendre qu'à eux-mêmes, si la

---

[1]. Lettre de Blanqui à F. Girard, citée par celui-ci, *Histoire du Mont Saint-Michel*, p. 221.

surveillance était devenue plus étroite et leur captivité plus rigoureuse.

Le 18 juillet, Armand Barbès, Martin, Vilcoq, Bernard, Delsade et Quignot furent avisés qu'on allait leur faire réintégrer leurs cellules. Comme ils s'étaient plaint à toutes les autorités d'avoir été écroués aux Loges, Theurier crut que les politiques reverraient leur anciennes cellules sinon avec plaisir, du moins avec une certaine satisfaction.

Il se trompait ; Armand Barbès et Delsade firent un train d'enfer.

« Nous venons d'apprendre, s'écrièrent-ils, que Blanqui, Dubourdieu, Godard et Guilmain vont rester aux Loges. Nous ne voulons pas de privilège ; nous sommes tous frères, nous aurons un traitement pareil ! »

Il fallut user de violences pour faire descendre Barbès « de son perchoir. »

Le 23 août, tous les politiques étaient ramenés dans les Exils ; mais la situation n'était guère meilleure qu'aux Loges ; les doubles grilles ruinaient leurs projets d'évasion et les privaient de toute communication.

Bientôt l'agitation recommença.

Le 12 septembre, Huber Louis, alors qu'il se promenait sur Beauregard, escorté de deux gardiens, profita d'un moment d'inattention de ceux-ci pour attacher une corde, dissimulée sous sa blouse, à la tourelle dite du Méridien ; il réussit à se glisser jusqu'au chemin du Nord ; mais une sentinelle postée en cet endroit donna l'alarme et Huber fut immédiatement appréhendé. Le lendemain, Delsade, Elie et Herbulet, réussirent à arracher une partie de cadre de la grille extérieure de leurs cellules, très probablement en se servant de la tringle de commande permettant d'ouvrir et de fermer le treillage. Ils furent immédiatement conduits aux cachots.

Mais ce qui rendait nerveux le directeur c'étaient les visites que recevaient les condamnés et que l'administration supérieure, malgré les avis donnés, continuait à autoriser. Le frère de Martin Bernard était resté trois jours au Mont, du 3 au 6 septembre ; il avait eu avec son frère plusieurs entretiens ; on avait attiré son attention sur les doubles grilles. La presse libérale fut sollicitée d'intervenir. Elle livra à l'indignation publique les fonctionnaires coupables d'exercer sur les détenus les plus cruels traitements ; les scènes de la mise en loge, de la conduite aux cachots, de la répression brutale, furent rappelés en termes véhéments ; le sous-préfet vint faire une enquête ; le procureur du roi s'émut et une information judiciaire fut ouverte ; mais l'administration pénitentiaire, jalouse de ses prérogatives, refusa tout renseignement aux magistrats du parquet. Ceux-ci en référèrent au procureur général près la cour de Caen, qui fit connaître, très sèchement, à son substitut que la maison centrale de détention avait été, comme prison d'État, enlevée au ministre de la Justice et placée dans les attributions du ministre de l'Intérieur. »[1] Le procureur d'Avranches n'avait donc aucune qualité pour agir ; le magistrat se le tint pour dit, et de ce jour, il ne s'éleva plus de conflits entre le parquet et la sous-préfecture d'Avranches.

1. *Archives du Parquet d'Avranches*, aujourd'hui détruites (incendie de décembre 1899).

Les visiteurs se succédaient ; Mme Blanqui, mère, venait le 15 septembre ; nous reparlerons de cette visite au chapitre relatif à Blanqui. Le 27 du même mois, la sœur de Barbès, Mme Carles, son mari et ses deux enfants débarquaient au Mont.

M. Fulgence Girard semble reprocher à Theurier d'avoir enfreint les prescriptions de ses chefs, en ce qui concerne les visites de la famille Barbès ; il y aurait apporté des restrictions et gêné singulièrement les épanchements du frère et de la sœur. La correspondance officielle démontre, au contraire, que le directeur fut avec les Carles d'une bienveillance extrême. Voici un passage du rapport que Theurier adressait, à ce sujet, au sous-préfet d'Avranches, à la date du 20 octobre [1] : « A l'égard des visites faites à Barbès, par M. et Mme Carles au parloir, et en présence du premier gardien, j'ai cru devoir les permettre, malgré les instructions, contenues dans la lettre de M. le ministre, du 25 septembre, vu le long trajet que M. et Mme Carles avaient fait pour se rendre ici, avec une permission bien en règle et qui leur a été retirée, sans motif particulier, après les deux premières visites. Si j'ai pris la liberté d'interpréter ces instructions et d'en saisir l'esprit autant que la lettre, c'est que la dépêche précitée n'interdisait que ce qui pourrait devenir un sujet de désordre et même de crainte et qu'elle ne m'ôte pas la faculté d'admettre M. et Mme Carles à visiter leur frère au parloir et en présence d'un gardien. Loin de pouvoir exercer une fâcheuse

---

1. *Archives de la Manche*, Mont Saint-Michel, correspondance administrative, registre 102.

influence sur le maintien de l'ordre et de la discipline dans la maison, cette permission ne pouvait faire que bon effet. »

Les Carles n'étaient pas cependant des visiteurs agréables... pour le directeur. Ils se répandaient, après chaque entrevue avec Barbès, en récriminations de toute sorte. Mme Carles fit notamment des reproches sanglants à M. Theurier parce que celui-ci n'avait pas remis à Barbès un flacon cacheté qu'elle lui avait envoyé.

Le directeur déclara qu'il lui était interdit de faire parvenir aux condamnés des objets dont la nature lui était inconnue et, sans malice, il ajouta :

— « Supposez, madame qu'il s'agisse d'un poison. »

Mme Carles s'emporta :

— « Hélas, s'écria-t-elle, vous m'accusez de vouloir empoisonner mon frère ! »

Et Mme Carles « une de ces belles et chastes personnes dont la présence seule commande le respect sympathique, dont les vertus et les attraits sont l'épanouissement extérieur de l'âme [1] », pâlit affreusement et fut sur le point de s'évanouir. Mais se ressaisissant, elle invita M. Theurier à lui faire apporter un verre du liquide qu'elle avait envoyé à son frère.

— « Je vais le faire boire à mes enfants ! » dit-elle, d'un ton vraiment héroïque.

Le directeur se contenta de congédier la famille Carles ; un des gardiens entendit M. Theurier murmurer : « Quelle comédienne ! »

Peut-être le directeur n'avait-il pas tout à fait tort...

1. F. Girard, loc. cit., p. 273

Les Carles partirent fort aigris. « Ils se rendent à Paris où ils se proposent de faire publier leurs prétendus griefs contre le gouvernement et contre l'administration. Ils n'ont pu, à ce qu'il paraît, trouver à Avranches quelqu'un qui voulût se charger de cette affaire[1]. »

M. et Mme Carles s'étaient, en effet, rendus à Avranches pour consulter un avocat, M⁶ F. Girard. Celui-ci les accompagna chez le procureur du roi, M. Abraham Dubois ; il était absent, ce jour-là ; mais dès le soir, il se rendit chez M⁶ Girard et écouta les doléances des Carles. Il leur fit connaître qu'il avait fait, personnellement, une enquête sur la situation des détenus au Mont Saint-Michel, mais que le procureur général, après avoir pris des renseignements auprès du préfet de la Manche, lui avait donné pour instruction de s'abstenir de toute intervention, la maison centrale du Mont dépendant uniquement du ministère de l'Intérieur.

Les Carles partis, l'agitation n'en continua pas moins. Le 18 octobre, Quignot, Martin Noël, Petremann et Flotte descellèrent une partie des grillages. On les conduisit aux cachots. Le 21 octobre, Huber cherchait encore à s'évader ; le *mouton* Hendricks rendit la chose impossible. Le 26 octobre Martin Noël mettait le feu à sa paillasse. C'était précisément le jour où M. Charles Lucas, inspecteur général des prisons, se trouvait au Mont Saint-Michel.

Etait-il venu en tournée ordinaire, ou sa présence ne s'expliquait-elle pas par les plaintes

---

1. Mont Saint-Michel, correspondance administrative, registre cité. *Arch. Manche.*

transmises par les prisonniers au ministère de l'Intérieur, et à celui de la Justice et que la presse libérale avait reproduites avec des commentaires désobligeants pour l'administration? Cette seconde hypothèse est très vraisemblable. L'inspecteur reçut les doléances de plusieurs politiques, notamment celles de Mathieu d'Épinal; il fut établi que le directeur appliquait les règlements; toutefois, il est certain que le rapport de l'inspecteur général fut défavorable à M. Theurier qui fut relevé de ses fonctions le 4 décembre; il les quitta le 15 du même mois. Il eut pour successeur M. Bonnet.

Celui-ci prit possession de son poste, le 28 décembre et visita le jour même tous les politiques.

Au dire de ceux-ci, l'impression que produisit le nouveau directeur fut plutôt favorable : « De prime abord, écrit Martin Bernard[1], la physionomie de M. Bonnet ne nous déplut pas. Appelé, d'urgence, au nouveau poste, qu'il venait occuper, il était facile de voir qu'il ne comprenait pas encore, dans toute sa mystérieuse portée, le rôle qu'il allait avoir à jouer près de nous et qu'il s'y prêterait avec répugnance, dès qu'il l'aurait compris ; car on sentait en lui l'homme spécial, tout à fait étranger aux passions politiques, le bureaucrate qui, ne devant sa position de directeur de maison centrale qu'il occupait déjà avant de venir au Mont Saint-Michel qu'à son travail et à son activité, bornait là son ambition et ne croyait pas avoir besoin, comme son prédécesseur, de racheter son incapacité par des services occultes.

---

[1] Martin Bernard, loc. cit., p. 152.

Adroitement questionné par plusieurs d'entre nous, sur les instructions nouvelles qu'il apportait, il répondit, sans hésiter, que, pour le présent, il n'en avait aucune, mais qu'il prenait l'engagement de provoquer aussitôt qu'il aurait étudié la question toutes les améliorations dont l'adoption pourrait dépendre de lui. »

Les prisonniers se montrèrent satisfaits ; M. Bonnet, cependant, ne se compromettait guère ; c'était la prudence administrative qui parlait par sa bouche ; après réflexion, les politiques comprirent qu'ils n'avaient rien à attendre que d'eux-mêmes.

Le 15 janvier 1842, ils reçurent une bonne nouvelle ; le ministre de l'Intérieur les autorisait à communiquer avec leurs familles et à se promener, deux par deux. Ils mirent aussitôt à profit l'une et l'autre de ces mesures. Elles portèrent rapidement leurs fruits.

Dans la nuit du 10 au 11 février, Barbès, Blanqui, Martin Bernard, Huber Constant et Thomas Alexandre, tentèrent de s'évader.

Cette tentative a été racontée de différentes manières ; Blanqui dans une lettre écrite à sa mère, lui en a fait part d'une façon assez exacte ; d'autres écrivains l'ont dramatisée ridiculement ; presque tous ont affirmé que Barbès se cassa la jambe. Les rapports officiels de l'inspecteur Gaujoux remettront les choses au point. Ce fonctionnaire écrivait ceci au sous-préfet d'Avranches, moins de deux heures après l'incident.

MONSIEUR LE SOUS-PRÉFET,

Je m'empresse de vous faire connaître qu'à trois heures du matin, le gardien Hay, jeune, est venu m'appeler chez moi, pour me prévenir que les nommés Barbès, Blanqui, Martin Bernard, Hubert Constant et Thomas Alexandre, condamnés politiques, avaient tenté de s'évader. Ces cinq détenus, après avoir coupé, les uns un carré de leur plancher ou cloison, les autres après avoir démoli le mur de la cheminée, qui sépare la chambre de Blanqui de celle de Martin Bernard, s'étaient réunis dans la chambre de Hubert Constant, où se trouvent deux croisées; ils ont scié un barreau de l'une de ces fenêtres qui donne dans la cour dite des Doubles Grilles, qui conduit de chez le portier au logement du directeur, et c'est après être sortis par cette fenêtre, qu'arrivés sur le Saut Gautier, ils ont placé une corde qu'ils s'étaient faite, au moyen de plusieurs draps noués les uns avec les autres.

Barbès a été le premier à descendre par cette corde de circonstance et, arrivé à peu près à la moitié de la hauteur du Saut Gautier que vous connaissez, les forces lui ayant manqué, il s'est précipité en roulant jusqu'au pied de la roue, où est habituellement un factionnaire. Ses quatre camarades qui le croyaient tué ayant appelé le factionnnaire au secours, alors (*sic*) le militaire a prévenu le poste et Barbès a été conduit au susdit endroit et conduit à l'entrée du château où je l'ai rencontré à mon entrée dans la maison. Mes premiers soins ont été de le faire conduire au poste des gardiens, de faire appeler M. le médecin qui l'a examiné et *n'a trouvé aucun membre fracturé*, mais avec de fortes contusions et tout moulu. Il a été mis dans sa chambre, ainsi que Blanqui et Martin Bernard, chacun dans la leur, et Thomas et Hubert dans la chambre noire. La plus grande surveillance est exercée à leur égard et je me propose de faire réparer, de suite, les différents trous qu'ils avaient pratiqués. J'ai demandé à Thomas dans quel but il avait tenté une évasion n'ayant que trois mois à faire; il m'a répondu qu'il n'avait eu que l'intention d'aider celle de ses camarades et de rester lui-même [1].

---

1. Le docteur Ledain, qui fut enfermé au Mont pendant deux ans, a fait cette observation très juste : « Le désir de l'évasion est beaucoup plus impérieux, plus entreprenant et plus ingénieux chez les détenus qui touchent à l'expiration de leur peine que chez les autres. On cite un homme, condamné à dix ans de réclusion pour avoir pillé des fourgons appartenant au duc de Wellington. Il était, depuis 9 ans au Mont Saint-Michel

PRISONNIERS DE DROIT COMMUN SUR LES REMPARTS
(D'après une gravure anglaise de 1834.)

Je suis toujours porté à croire que Mme Blanqui[1] qui, encore hier, à quatre heures du soir, était venue voir son fils a procuré les principaux moyens d'évasion et surtout les scies ou limes qui ont servi à couper les barreaux, les planchers et les cloisons, et dont je vais me mettre à la recherche. Du reste la maison est tranquille et je n'ai aucune crainte que l'ordre soit troublé.

Pour le directeur absent,
L'*inspecteur*,
Gaujoux.

Dans les rapports que Gaujoux adressa postérieurement au sous-préfet d'Avranches, nous trouvons plusieurs autres détails.

Les condamnés déclarèrent qu'ils avaient tout d'abord espéré que leur situation serait améliorée, par suite du changement de directeur; voyant, deux jours après l'installation de celui-ci, que leur détention était toujours aussi dure, ils résolurent d'exécuter le plus vite possible un projet d'évasion qu'ils avaient conçu depuis longtemps. Thomas, dont la cellule était au-dessus de celle de Barbès, avait, à l'aide d'une scie, coupé une planche au-dessous de son lit; par le trou, Barbès était monté dans la chambre de Thomas et tous deux avaient pratiqué une ouverture carrée dans la cloison séparant la cellule de Thomas de celle de Huber Constant. Ce dernier avait démoli un pied et demi environ du mur de la cheminée de sa chambre;

---

où il jouissait d'une assez grande liberté. Arrivé presqu'au terme de sa peine, il tenta de s'évader en se laissant glisser le long d'une corde par une fenêtre à plus de 60 pieds d'élévation. Des douaniers l'arrêtèrent à la porte de la ville.

1. L'inspecteur rejette ainsi la faute sur l'administration supérieure qui avait, si imprudemment, autorisé les condamnés à recevoir pour ainsi dire librement la visite de leurs familles.

il en avait caché les pierres dans sa paillasse; la cheminée étant commune par son conduit à celle de Martin Bernard, celui-ci n'eut plus qu'à l'escalader jusqu'au niveau de la chambre de Huber. Ce même passage servit à Blanqui. Ils se trouvèrent ainsi réunis chez Huber, qui avait préalablement scié un des barreaux de sa fenêtre. Par cette fenêtre, très peu élevée au-dessus du sol, ils descendirent, au moyen d'une corde dans la cour des Doubles Grilles, un peu au-dessous du logement du médecin; de là, ils gagnèrent le Saut Gautier. Après avoir attaché autour d'une saillie du parapet la corde de fortune faite de draps noués, Barbès descendit le premier; ses compagnons anxieux demeuraient sans bouger et sans parler, sur la terrasse. Mais la corde était trop courte; elle mesurait exactement 71 pieds; or la hauteur du Saut-Gautier, de la plateforme supérieur à la base est de 106 pieds; il manquait donc 35 pieds à la corde. Barbès en eut-il conscience? Pensa-t-il qu'il était arrivé au pied de la terrasse et qu'il n'en était plus qu'à une faible distance? Il déclara qu'il n'avait point conservé un souvenir exact de ce qui se passa. Il se sentit choir dans le vide. Le factionnaire, voyant rouler une masse, dans l'ombre, cria plusieurs fois : « Qui vive? » Il entendit des voix bourdonner au-dessus de lui, celles de Martin Bernard, de Blanqui, de Huber et de Thomas, restés sur la terrasse et qui, terrifiés, avaient entendu la chute de Barbès, impuissants à lui porter secours et voyant, du coup, toutes leurs espérances ruinées et en perspective une captivité plus dure que jamais.

Blanqui prétendit que la corde n'était pas trop courte, que Barbès réussit même à tomber sur ses pieds au bas du rocher, que ses contusions furent le résultat non pas de la chute, mais du glissement accéléré le long de la paroi du rocher. Blanqui, qui détestait Barbès, ajoute : « Cette triste mésaventure n'eût pas eu lieu si Huber était descendu le premier, car il était le plus fort et le plus expérimenté et il serait arrivé sans encombre. Enfin ce qui est fait est fait. »

On sent percer le dépit et la rancœur dans cette phrase et l'on peut supposer qu'il y eut entre Barbès et Blanqui plus d'une parole vive d'échangée, quand on agita dans la cellule de Constant Huber l'ordre de la périlleuse descente.

Les rapports de Gaujoux nous apprennent aussi que « l'on trouva un paquet de limes de la plus grande perfection dans la chambre de Thomas, une somme de 14 fr. 50 sur Huber, de 16 francs sur Blanqui, et de 14 fr. 85 sur Martin Bernard. »

Le 15 février, Bonnet revenait au Mont, où l'administration l'avait rappelé d'urgence; il refit l'enquête de l'inspecteur Gaujoux et en confirma au préfet tous les termes; pour le directeur, il n'était pas douteux que Mme Blanqui, seule, avait fait passer aux détenus les instruments nécessaires à l'évasion; une enquête complémentaire du sous-préfet ne révéla qu'un fait nouveau : « Avant de quitter leurs chambres, écrit M. Gaudin de Saint-Brice, les détenus politiques avaient placé dans leur lit des mannequins coiffés et, quelques-uns ayant coupé leur barbe, l'avaient soigneusement ajoutée, de manière à simuler une figure humaine ». Ce truc, classique pourrait-on dire, avait été employé en prévision des rondes de nuit qui s'effectuaient après onze heures du soir.

M. Bonnet donna sa démission, dès le 18 février;

cependant à la demande du sous-préfet il ne quitta son poste que le 19 mars.

Entre ces deux dates se produisirent de nouveaux troubles.

« Le 21 février Béraud jetait un grillage dans le chemin de ronde, faisait entendre des cris menaçants et était mis dans une loge. Quatre de ses compagnons qui protestaient avaient le même sort; le 22, Huber et Nouguès cassaient les carreaux de leurs croisées ; Roudil et Elie voulaient se livrer à des actes de violences, tous les quatre étaient conduits dans le quartier de punition et enfermés chacun dans une loge. Le 23, Bézénec essayait de se pendre. Le 3 mars, « des actes de violences et de dévastation étaient commis par Godard, Flotte et Martin Noël; le 5, Blanqui jetait des bûches à la tête des gardiens; le 6, six autres politiques étaient conduits successivement aux Loges [1] ».

M. Bonnet remit le service à M. Leblanc, son successeur, le 19 mars, au matin; comme le remarque l'auteur que nous venons de citer, « trouvant sans doute, que ses prédécesseurs écrivaient trop, Leblanc n'écrivit plus du tout... Avec lui les registres de correspondance deviennent d'insignifiants catalogues ».

Nous connaissons, cependant, une visite faite par Louis Barbès à son frère Armand. Elle eut lieu, sans incident, le 19 mai, dans une des Loges où, après l'évasion du 11 février, la plupart des politiques avaient été enfermés : Blanqui le 20 avril, Quignot le 25, Roudil, Martin Noël, Godart, Huber, Hélie et Herbulet le 24, Martin Bernard, Barbès et quelques autres le 26.

1. V. HUNGER, *Barbès au Mont Saint-Michel*, p. 24.

Béraud et Thomas avaient, pour un motif ignoré, été transférés à la prison d'Avranches; Barbès les avait invités à s'aboucher avec M. Fulgence Girard, auquel il écrit à la date du 19 mai :

Mon cher Fulgence,

Le peu commode procédé d'écriture[1], dont j'use par précaution excessive peut-être, remplit parfaitement lui-même l'office de censeur et me commande comme une nécessité de faire aussi bref que possible ce petit billet. Le mal n'est pas grand, du reste, car Béraud te donnera de vive voix et beaucoup mieux de toute façon que je ne le pourrais faire par écrit, toutes les nouvelles plus ou moins monotones et toujours vexatoires de notre vie de prison. Comme je sais que le titre seul de républicain et de *cellulé* du Mont Saint-Michel est auprès de toi une recommandation plus que suffisante pour Béraud, je me dispense de te dire combien, je serai personnellement sensible à tout ce que tu pourras faire pour rendre tolérable la captivité que, de par notre régime, notre compagnon d'armes et de souffrances va subir dans la prison d'Avranches.

A. Barbès.

Thomas, « l'ami qui, après avoir exécuté de sa main une partie des travaux intérieurs d'évasion », devait raconter à M. F. Girard tous les faits généraux et cellulaires et les faits et gestes particuliers à l'évasion[2].

Barbès et ses compagnons étaient toujours aux Loges ; ils étaient *bouclés* par le nouveau directeur M. Leblanc, « un petit homme imberbe qui avait, dit Martin Bernard, les formes rondes et potelées,

---

1. L'encre sympathique, dont le réactif était connu de M. F. Girard.
2. Ce sont donc bien les condamnés eux-mêmes qui ont documenté M. Fulgence Girard pour son étude sur le Mont Saint-Michel, prison d'État.

le regard doux et la figure fine d'une jeune fille. »
S'il écrivait peu, M. Leblanc agissait ferme ; le 22 mai, le ministre de l'Intérieur écrivait au préfet de la Manche : « J'ai remarqué, avec satisfaction, que depuis que M. Leblanc a pris la direction du Mont Saint-Michel, il ne s'est rien passé de grave dans le quartier des politiques, et comme nous devons attribuer ce résultat à la fermeté du nouveau directeur et non à des concessions de sa part, je vous prie de lui recommander de persévérer dans cette voie[1]. »

De telles recommandations, est-il besoin de le dire, étaient des ordres. Les politiques furent traités plus durement que jamais. M. Leblanc n'avait pas pour eux la bienveillance relative de M. Theurier. Voici les notes qu'il donnait sur Barbès, le 1er juillet 1842 :

« Homme d'action, mais véritable comédien : a de l'emphase dans le langage. Plein d'orgueil. Entretenu dans cet orgueil par sa famille au dehors et, en prison, par ses codétenus sur lesquels il a beaucoup d'influence; capable de tout pour fixer l'attention publique. »

Le 4 août, M. Leblanc saisissait deux lettres adressées au ministre de l'Intérieur par Huber et Barbès, « dans les interlignes desquelles les condamnés avaient écrit avec de l'encre sympathique et donné des renseignements exagérés et calomnieux de leur position aux Loges ».

Le régime devint encore plus sévère. Depuis quelques semaines, Barbès crachait le sang; le 19 juillet, il fut pris d'un violent accès de fièvre ; le médecin ne diagnostiqua rien d'inquiétant,

---

1. *Archives Manche.* Corresp. adm. citée.

mais le docteur ordonna sa réintégration dans sa cellule ; les autres condamnés, enfermés aux Loges, bénéficièrent aussi de la même mesure.

M. Fulgence Girard s'était rendu au Mont, dans les derniers jours de juillet, à la demande de Mme Carles qui avait écrit à Mme F. Girard pour avoir des nouvelles de son frère. M. Girard se vit refuser l'accès de la cellule de Barbès. Celui-ci, ayant appris la visite de son ami, lui écrivit aussitôt une longue lettre [1], dans laquelle il dépeint ainsi son état : « Depuis trois mois, j'expectore des crachats sanglants, non pas continuellement et tous les jours, mais à des intervalles irréguliers de jour et d'heure. Depuis le même temps, à peu près, ma voix a subi une altération et un amoindrissement très prononcés ; il y a des moments où je puis, à peine, me faire entendre, moi qui avais auparavant une voix puissante et forte. De plus, j'éprouve un sentiment de constriction, de resserrement du larynx, et ce sentiment suscite une espèce de râclement très fréquent. Certaines fois, le larynx me semble comme une barre, obstrué par un corps spongieux. La toux est apparue depuis une quinzaine de jours seulement, elle n'est pas encore bien forte, mais cependant, elle existe assez fréquente et sans expectoration. Il faut encore ajouter que j'ai la fièvre fort souvent et que ma langue est très chargée... Plusieurs traitements ont été essayés et aucun d'eux n'a amené autre chose qu'une amélioration passagère suivie bientôt d'une nouvelle recrudescence de la maladie : application de sangsues, émétisation, purgation ; puis à cause des allures de la fièvre,

---

1. Rapportée par M. F. Girard, ouv. cité.

emploi du sulfate de quinine; enfin la fièvre ne passe pas et la langue demeure toujours encrassée. »

Barbès paraît avoir assez de confiance dans le médecin de la Maison centrale; à coup sûr, il ne lui est pas suspect[1]. Mais on devine qu'il ne serait pas fâché d'être visité par un homme de l'art, soit d'Avranches, soit de Granville, car les consultations par lettres ne sont pas sérieuses. Le médecin du Mont verrait sans déplaisir un de ses collègues consulter Barbès, mais il faudrait faire une demande à l'administration et il lui répugne de la solliciter.

Barbès prétendait que le directeur Leblanc ne voulait pas reconnaître sa maladie[2]; il semble bien au contraire, d'après les rapports officiels, que, dès le 9 septembre, M. Leblanc faisait examiner par le docteur Surville Armand Barbès et donnait « un avis favorable sur l'opportunité et même la nécessité d'accueillir la demande de Mme Carles, relative au transfert de Barbès dans une autre maison, avant la venue de la saison rigoureuse ».

Il y avait alors, à Avranches, un médecin qui jouissait d'une très grande considération dans le corps médical de la Basse-Normandie et dont le souvenir vivait encore à la fin du dix-neuvième siècle dans l'esprit de plusieurs vieux Avranchinais. Le docteur Édouard Voisin, médecin en chef de l'hospice d'Avranches, praticien de mérite, fut sollicité par M. F. Girard d'aller

---

1. Martin Bernard, au contraire, incrimine le médecin. Lettre de Martin Bernard à F. Girard, du 17 novembre 1842. Cf. *Histoire du Mont Saint-Michel*, p. 353.
2. « Ce petit Leblanc, écrit Barbès, qui, d'un air dégagé, déclare que j'ai l'esprit frappé, mais que je ne suis pas malade du tout ».

voir d'urgence au Mont le condamné de Juillet ; il accepta de grand cœur après s'être assuré que l'administration ne s'opposait pas à sa visite. « Les malades, dit-il, ont mauvaise mine : mais elle n'a jamais pour moi couleur politique ! » Il rappela qu'il avait, naguère, donné ses soins à un détenu légitimiste, M. Lahoussaye.

Malgré un temps affreux et des chemins pleins de boue et de fondrières, le docteur Voisin et M. Girard partirent pour le Mont Saint-Michel dans un léger cabriolet[1]. M. Voisin seul fut admis ; il examina le malade, prescrivit une médication provisoire et rédigea un rapport aux termes duquel il déclarait que la guérison de M. Barbès ne pourrait s'opérer que sous l'influence d'un climat plus doux.

La visite du docteur Voisin eut aussi pour résultat d'apporter quelque tempérament à la rigueur de la détention de Barbès ; sa famille fut autorisée à l'entretenir plus souvent et plus librement.

Son frère Louis avait désiré louer un appartement au Mont Saint-Michel ; on lui fit comprendre qu'en raison de la tentative d'évasion de Barbès, il était préférable, dans l'intérêt de celui-ci, qu'il

---

1. Le cabriolet du docteur Voisin avait été guidé dans les grèves par un ancien condamné de droit commun, le sieur L., que nous ne désignons pas autrement parce qu'il a encore, croyons-nous, des parents au Mont Saint-Michel. L. était un homme extrêmement robuste qui offrait ses services aux touristes venant en voiture au Mont Saint-Michel. Afin de justifier les pourboires exorbitants qu'il exigeait, le plus souvent, d'une façon grossière, il prenait soin d'embourber les attelages. Après des efforts simulés, il retirait les voitures de la tangue molle et glissante. Il déclarait que sans lui, bêtes et gens allaient être engloutis. Les visiteurs, dont la tête était farcie par des histoires d'enlisements tragiques, proclamaient leur sauveur ce comédien à demi-escroc.

s'abstînt d'avoir une résidence aussi rapprochée. Il s'installa à Pontorson ; tous les jours, M. Louis Barbès se rendait de cette dernière ville au Mont Saint-Michel, qui en est distant de neuf kilomètres ; il lui apportait quelques petites *douceurs* et des livres, empruntés au cabinet de lecture de la mère Fénard, d'Avranches. Bien entendu, toutes ces *entrées* étaient soumises à une minutieuse investigation. La lecture était une grande consolation pour Barbès ; mais certains organes démocratiques parurent dangereux à l'administration. Le 7 janvier 1843, sur un rapport de M. Moreau Christophe, inspecteur général des prisons, *la Revue Indépendante* ne put franchir le seuil de la cellule de Barbès.

Cette cellule, il devait bientôt la quitter. Le 26 janvier 1843, à deux heures de l'après-midi, trois agents de la Sûreté de Paris se présentèrent au greffe de la Maison centrale. Le directeur, avisé de leur venue, par une dépêche du sous-préfet d'Avranches, les conduisit à la cellule de Barbès. Il lui fit connaître qu'il allait être transféré à la Maison centrale de Nîmes : « M. le Ministre, dit M. Leblanc, a bien voulu prendre en considération votre état de santé ; et votre famille, ayant pris à sa charge les frais de transfert, vous allez être dirigé sur Nîmes. L'administration aime à croire qu'aucun incident ne signalera votre voyage. »

Barbès haussa les épaules en grommelant quelques mots ; il fut autorisé à serrer la main à ses compagnons de captivité et à 4 heures moins un quart, la voiture cellulaire, emportant Barbès vers le Midi, quittait le Mont Saint-Michel. L'insurgé y était resté emprisonné 3 ans 6 mois et 9 jours.

CHAPITRE XIV

L'INTERNEMENT DE BLANQUI AU MONT
(6 février 1840, 15 février 1844.)

Blanqui, Herbulet, Godard, Quignot, Dubourdieu et Hendricks à la maison d'arrêt d'Avranches. — Ils sont transférés au Mont Saint-Michel. — Blanqui apprend la tentative de suicide d'Austen. — Une crise d'aliénation mentale : le Polonais à Pontorson. Blanqui attrape un rhume ; la mauvaise humeur de l'*enfermé*. Toujours grincheux et phraseur. Le jardin du directeur et le soleil de la liberté. — Fleurs et fruits. — La prose d'un marin retraité. — Rapports entre Auguste Blanqui et Armand Barbès ; caractères dissemblables ; antipathies et rancunes. L'accident de Barbès, d'après Blanqui. Les projets d'évasion de Blanqui ; le plan de Fulgence Girard. — Les visites de Mme Blanqui mère. Les habitants du Mont et « ce vieux coquin de Blanqui ». Un mot de l'aumônier. La santé de Blanqui ; abcès et laryngite. — Nouvelles visites de Mme Blanqui. L'intransigeance du prisonnier. Encore des phrases. Une consultation du docteur Voisin. — Blanqui est transféré du Mont à Tours. Soulagement des habitants du Mont Saint-Michel. — Bon voyage !

M. Gaudin de Saint-Brice, sous-préfet d'Avranches, et M. Abraham Dubois, procureur du roi en cette ville, furent avisés le 1ᵉʳ février 1840, le premier par une dépêche du ministre de l'Intérieur, le second par une lettre du procureur général près la cour d'appel de Caen, que les nommés Auguste Blanqui, Charles Herbulet, Godart, Quignot [1], Dubourdieu et Hendricks, allaient être, sous peu de jours, *passagers* à la maison d'arrêt d'Avranches, leur dernière étape avant le Mont Saint-Michel.

Ils furent beaucoup moins émus de cette nouvelle qu'ils ne l'avaient été, six mois auparavant, en apprenant le transfert d'Armand Barbès, de Martin Bernard, de Joseph Delsade et de Rodolphe Austen. Ils savaient, cette fois, *que la seconde fournée* était dirigée vers le Mont et ne demeurerait à la prison d'Avranches que le temps nécessaire pour reposer l'escorte et les condamnés.

Le gardien chef prépara les cellules et deux gardiens supplémentaires furent envoyés de Saint-Lô; la gendarmerie locale assura le service d'ordre.

La nuit était tombée, le 5 février, lorsque les deux voitures cellulaires arrivant de Paris, déposèrent, au seuil de la prison d'Avranches, les six insurgés de Juillet. Un écrou provisoire fut transcrit immédiatement et Blanqui, ainsi que ses compagnons, fut conduit dans les chambres de la maison, donnant sur la cour intérieure. On leur servit l'ordinaire des prisonniers; ils y ajoutèrent un petit supplément prélevé sur leur modeste pécule personnel.

Le lendemain matin, dès six heures, un char à

---

1. Quignot avait signé l'ordre de la prise d'armes du 21 mai 1839. Martin Bernard dit de lui : « Il incarnait la probité politique, le droit, le dévouement à la cause de l'égalité. »

banc se rangeait devant la porte : elle donna passage aux six condamnés ; un quart d'heure après, la voiture les emportait, dans la nuit encore noire et pluvieuse, vers la maison du Mont Saint-Michel. Aucun incident ne s'était produit et le sous-préfet, ainsi que procureur du roi, regagnèrent avec une visible satisfaction leur hôtel et préparèrent une dépêche à leurs chefs respectifs pour la leur transmettre, dès que le jour permettrait au télégraphe aérien d'agiter ses bras [1].

M. Gustave Geffroy a raconté, avec l'âme d'un poète et l'émotion sympathique d'un ami, le court voyage des condamnés, de la prison d'Avranches à celle du Mont Saint-Michel. Le page est fort belle ; la voici [2] :

> Le cortège parcourt, au bruit des roues, des fers des chevaux, des sabres heurtant les étriers, les pentes des routes qui suivent la Sée, descendant vers le gué de l'Épine. Près Courtils, à la pointe de Roche-Thorin portant droit sur le Mont qui grandit, se vaporise, se dissout dans la brume d'hiver et la voiture entre dans la tangue. On n'entend plus le bruit des roues qui tournent, le bruit des pas des chevaux qui enfoncent leurs sabots dans la poussière humide et glaiseuse. Seul, le cliquetis clair des sabres tinte dans l'air avec un son de frêle clochette. La brume est moins épaisse ; les voiles se décroisent lentement ; le haut monument, les longs promontoires des côtes se précisent, vaguement bleutés et dorés, l'horizon est plus profond,

---

[1]. La maison d'arrêt d'Avranches, en raison de sa proximité avec le Mont Saint-Michel, recevait très souvent des passagers : « Une voiture cellulaire, dit *le Journal d'Avranches*, du 1er janvier 1842, a déposé lundi soir, dans notre prison municipale, 6 condamnés dans l'affaire Quénisset : Petit, Auguste, Jarrasse, Dufour, Boggio dit Martin, Mallet et Launois, dit Chasseur. Ils y ont passé la nuit et sont repartis le lendemain à 7 heures et demie pour le Mont Saint-Michel où ils doivent subir leur peine. »

[2]. Gustave Geffroy, *l'Enfermé*. Paris, 1904, p. 78.

le paysage s'agrandit, mais reste mystérieux et inquiétant. Qu'est-ce donc que cette grève tremblante, cette grève mouillée, sans fin, cette grève qui semble un piège, le trompe-l'œil d'un sous-sol de boue, sans cesse ébranlé et détrempé par la mer ? Qu'est-ce donc que cette prison isolée, perçue entre cette tangue blanche et ce ciel blanc, dans cette atmosphère de rêve polaire ? On la voit mieux maintenant; elle s'avance; elle vient au-devant des prisonniers; elle leur montre un dur visage de pierre, couleur de fer et de rouille, un visage ridé, cicatrisé, aveugle, amer, qui ne sourit plus, un visage de vieillesse insensible.

Détachons-nous, à regret, de cette prose poétique, de cette description, de cette sensation d'un paysage éprouvée par un voyant ému et lettré; la vérité, la voici : le jour où Blanqui arrive au Mont est pluvieux et maussade; de gros nuages courent, bas et rapides, dans le ciel; la rive bretonne est invisible; elle a disparu sous d'épais *tirants* d'eau; la route suivie s'écarte beaucoup de la capricieuse rivière de Sée; le gué de l'Épine n'est point franchi; on passe tout simplement sur le Pontaubault, pour atteindre les villages d'Ardevon et de la Rive; la demi-lieue de grève est franchie sans incident et les formalités de l'écrou s'accomplissent comme pour Barbès et les trois compagnons, au matin du 17 juin 1839. Ce sont les mêmes bâtiments qui vont abriter Blanqui, c'est le même directeur, ce sont les mêmes gardiens qui vont aussi veiller sur les insurgés de Mai. Décrire les Exils, la tour Perrine, parler de M. Theurier, de l'aumônier, de l'abbé Lecourt, serait autant de redites; nous ne reviendrons pas non plus, ni sur les scènes des cachots, ni sur celles des loges, ni sur les doubles grilles et auxquelles Blanqui fut mêlé; en général, il a joué dans tout cela un rôle plus effacé, étant donné son caractère prudent.

Cependant, Blanqui fut très impressionné par le récit que lui fit, à la dérobée, son compagnon Martin Bernard, auquel il demandait des nouvelles d'Austen, écroué six mois auparavant. Martin Bernard lui apprit que, le 14 février, Austen avait tenté de se suicider dans sa cellule, en se portant un violent coup de couteau en pleine poitrine, près des cicatrices des blessures reçues sur la barricade de la rue Greneta; Delsade, son co-détenu, ayant entendu une chute au sixième étage (il occupait, lui, une cellule au cinquième) prévint le gardien. Celui-ci trouva Austen baignant dans son sang et sans connaissance. Le médecin accourut; la blessure n'était pas grave; la lame avait glissé sur le sternum; les poumons étaient intacts et l'hémorragie provenait seulement de vaisseaux superficiels. Le blessé était soigné dans sa cellule; la plaie était cicatrisée, mais le malheureux donnait, disait Martin Bernard, des signes évidents d'aliénation mentale. Depuis plusieurs mois, Austen, d'après ses compagnons, était devenu taciturne; il touchait à peine aux aliments et ne parlait pas à ses gardiens : « Ce n'était plus cet enfant de la Pologne, à la taille élevée et svelte, aux longs cheveux blonds, à la figure pâle et rêveuse, aux traits droits et réguliers, tantôt respirant la mélancolie, tantôt animé d'une singulière ardeur martiale[1] »; il était devenu jaune, amaigri, le regard était fuyant, la parole embarrassée.

On le mit en observation dans une cellule plus spacieuse et mieux éclairée; mais sa mélancolie

1. MARTIN BERNARD, *Dix ans de prison au Mont Saint-Michel*. Steube, dit Staubb, se suicida à cette époque.

devint telle qu'il fallut le transporter, le 20 septembre 1840, à l'hospice des aliénés de Pontorson.

Des bruits fâcheux coururent sur la santé de Blanqui, dès son arrivée au Mont Saint-Michel; sa maladie ne fut qu'un gros rhume; le médecin avait proposé à Blanqui de solliciter, pour lui, du directeur, l'autorisation de se promener une heure ou deux, sous la surveillance, bien entendu, des gardiens, dans les jardins qui étaient réservés aux agents de l'administration : « Vous parlez toujours, Monsieur Blanqui, lui avait dit le médecin de votre beau soleil du Midi, vous verrez combien le nôtre est doux et agréable au printemps; n'apercevez-vous pas déjà poindre les fleurs des abricotiers et les grappes des lilas ? »

Le printemps est, en effet, assez précoce au mont Saint-Michel et les variations de la température n'y sont pas excessives; dans les jardins qui s'étagent ou plutôt s'étageaient sous les bâtiments abbatiaux, c'est-à-dire au pied même des Exils, les arbres fruitiers, soit en auvents, soit en espaliers, poussaient à merveille; les abricots et les figues y mûrissaient très bien. Seul, Blanqui, toujours grincheux, ne voulait pas reconnaître l'excellence des fruits. Un jour, son ami Fulgence Girard fit allusion aux poires et aux figues du mont Saint-Michel, Blanqui, furieux, répondit : « Ici il n'y a rien de bon[1]. »

---

1. « Tu as fait un article sur notre délicieux Mont Saint-Michel, dont tu vantes les figues en les mettant de beaucoup au-dessus de celles du Midi. O calomniateur ! apprends, mon cher, qu'il n'y a rien de bon au Mont Saint-Michel et rien absolument. Je n'en donnerais pas deux liards, de ton Mont Saint-Michel et s'il dépendait de moi, je lui bourrerais le ventre de

— « De soleil, répondit-il aussitôt au médecin, je n'en connais qu'un : celui de la Liberté ! » et il ne voulut point descendre dans les jardins.

Du jardin du directeur nous avons une description bien bizarre sortie de la plume d'un marin qui se targuait de littérature; puisqu'il s'agit du jardin du plus haut fonctionnaire de l'administration pénitentiaire, peut-être ne sortirons-nous pas trop du cadre de cette étude en reproduisant une vingtaine de lignes de cette prose extraordinaire : « Le second de ces jardins, dit M. de Maud'huy[1], inférieur comme niveau au premier, devant être d'un grand agrément local, est, en conséquence, affermé cinquante francs à la plus haute notabilité de l'endroit, c'est-à-dire au directeur de la maison de détention. Hautement situé, jouissant de la plus favorable exposition, de son intérieur un peu négligé, la presque totalité du tout (sic) ce que nous venons de décrire étant caché, n'ayant pour ainsi dire plus de vue que sur la grève et le continent, dans la belle saison, l'air parfume par l'arome des plantes et des fleurs ; là, à l'écart, pouvant se dérober aux influences locales, y songer en paix à l'austérité de ce qui nous entoure, d'un beau jour réjoui par les chants de quelques petits oiseaux, dont le domicile le plus retiré de l'homme n'est jamais dépourvu, réjoui par la verdure des plantes, par celle de quelques arbres et arbustes, par la beauté d'un ciel dont le dôme immense va au loin

---

six mille kilogrammes de poudre pour faire sauter la calotte de cet infernal gâteau de Savoie. » Lettre de Blanqui à Fulgence Girard, du 10 octobre 1840.

1. De MAUD'HUY, *Marin retraité de l'État, Le Mont Saint-Michel au péril de la mer, dans son état actuel physique et social.* Paris, Marie-Louise, 1835. Dans le galimatias de cet ouvrage, on trouve cinq ou six détails intéressants.

s'appuyer aux limites d'un vaste horizon, avec les sentiments humains nécessaires pour jouir de toutes les émotions qui peuvent en venir. » Telle est la description burlesque que M. de Maud'huy fait du jardin du directeur; évidemment ce n'est pas celle du jardin abandonné de Victor Hugo ni du Paradou, de Zola; on peut seulement en conclure que le jardin était ensoleillé, tranquille et égayé par le chant des oiseaux.

Mais Blanqui ne voulait rien devoir au *séide de Monsieur Philippe;* il refusa donc la promenade au jardin.

Que Blanqui se montrât grincheux avec M. Theurier, rien d'étonnant, mais il était souvent aussi de méchante humeur avec ses co-détenus, quand il les rencontrait accidentellement ou quand le petit groupe des politiques réussissait à tenir une parlote secrète dans la cellule de l'un d'eux. Barbès et Blanqui se détestaient et l'on sent l'animosité de ces deux hommes jusque dans la lettre que Blanqui écrivait à sa mère le 12 février 1842 :

Je me porte, écrit-il, comme à l'ordinaire. Nous avons tenté de nous évader, Barbès, Martin Bernard, Huber et moi. *Barbès étant descendu trop vite* n'a pu se retenir sur le talus de la muraille et il a glissé rapidement sur ce talus *en faisant un grand bruit, ce qui a donné lieu à l'alarme.* De notre côté, le bruit inattendu et vraiment effrayant nous a fait croire que Barbès était tombé parce que la corde était trop courte ; mais il n'en était rien. *Barbès a essayé de gagner les grèves*[1], mais il avait glissé si rapidement sur les reins qu'il avait le corps tout contusionné. Du reste la corde n'a pas cassé, Barbès n'est point tombé. Il se fût tué sur la place, s'il avait lâché la corde ou si elle lui eût manqué. *Tout provient de ce que le commencement de la descente ayant été rapide,* il n'a pu se retenir sur le talus,

1. Cette insinuation est inexacte.

une fois qu'il y est arrivé et qu'il a glissé, entraîné qu'il était par le mouvement de la descente. De plus les forces qui commençaient à lui manquer ne lui permettaient pas d'arrêter ou de ralentir cette descente rapide. Heureusement ce ne sera rien ; il a seulement quelques parties écorchées au haut des cuisses, au bas des reins, par suite de ce glissement accéléré sur la muraille. Il est aussi courbaturé ; mais enfin ce n'est rien. Tu pourras rassurer ses amis et les nôtres en leur disant l'exacte vérité et détruire les inquiétudes qu'ils concevraient, naturellement, en entendant les récits exagérés qu'on ne manquera pas de faire d'une chute de 60, 80 ou peut-être même 100 pieds ! On a cru, ici, que la corde avait cassé ; mais la cassure qui terminait le bout de la corde venait de l'essai que nous avions fait en tirant à trois sur elle. Elle avait cassé et par conséquent, nous avions relégué ce bout qui n'avait que quelques pieds à l'extrémité inférieure. Comme la corde était plus longue que la hauteur du mur, Barbès n'est pas même arrivé à cette partie, qui, du reste, n'aurait pas cassé, car elle était en état de soutenir deux et même trois hommes. Le bout de la corde qui correspondait à cette cassure a dû être retrouvé chez Huber ou chez Thomas. Il avait un pied ou deux de long. Je t'ai raconté notre assez triste aventure pour que tu en fasses part à nos amis communs. *Elle n'eût pas eu lieu, peut-être, si Huber était descendu le premier, car il était le plus fort et le plus expérimenté et il serait arrivé sans encombre.* Enfin ce qui est fait est fait. Nos gardiens sont enchantés et nous désappointés. C'est l'inverse de ce qui aurait lieu en cas de succès.

Ne sent-on pas gronder dans ces lignes une sourde colère contre le pauvre Armand Barbès ?

Mais il nous faut remonter, pour suivre un peu Blanqui au cours de sa détention, au mois de septembre 1840. Il reçut alors la visite de sa mère et c'est par son intermédiaire, ou mieux par celui de Guilmain, qu'il réussit à correspondre avec M. Fulgence Girard. Il écrit à celui-ci le 5 septembre :

Mon cher Fulgence,

Le plus grand des hasards, un changement de cabanon, m'a appris que tu habitais à Avranches et que tu y rédigeais un journal. Guilmain vient d'entrer dans la chambre qui est au-dessous de la mienne et il m'a appris qu'il était en relations avec toi et que tu correspondais avec nos amis. Je t'avoue que, jusqu'à ce moment, j'ai ignoré ces communications par suite du système cellulaire qui m'a isolé de ceux qui étaient en rapport avec toi. Mais il se trouve justement que Guilmain vient occuper la chambre voisine et qu'en outre ma mère est venue me voir dans ma prison. Je profite de ces deux circonstances. Ma mère va aller à Avranches avant de me faire sa dernière visite, et je lui remets cette lettre pour qu'elle aille te voir et te la donner.

De ce jour, Fulgence Girard et Blanqui correspondent entre eux plus ou moins facilement. On projette une évasion, la nuit, avec l'aide d'un batelier de Granville. Blanqui harcèle son correspondant de questions faciles à poser, mais bien difficiles à résoudre. Avant de gagner Jersey, Blanqui pourrait être caché quelques jours dans la ferme de Bacilly, qui appartient à M. Girard; mais tout cela ne va pas sans gros risques, sans périls de toutes sortes. Les rôderies de l'avocat d'Avranches autour du Mont Saint-Michel sont signalées à l'administration et le projet tombe dans l'eau..

D'ailleurs l'apparition trop fréquente des détenus aux fenêtres de leurs cellules avait inquiété l'administration ; les factionnaires reçurent l'ordre de faire feu si les condamnés se penchaient au dehors pour faire des signes à l'extérieur[1]. Les doubles grilles furent posées.

1. Cet ordre, d'après Blanqui, aurait exaspéré Delsade. Un soir que celui-ci prenait un peu l'air à la fenêtre, le faction-

Éloignant alors de son esprit toute idée d'évasion, Blanqui écrivait, écrivait, écrivait. Il rédigeait aussi plaintes sur plaintes. Il poussait en avant ses co-détenus et restait dans l'ombre. Theurier le notait ainsi : « Blanqui est profondément dissimulé et méchant; très égoïste. Il accepterait, je pense, toutes les grâces que l'on voudrait lui accorder [1]. »

La population montoise qui est en rapports avec les gardiens, dont plusieurs sont mariés dans la ville et dont les parents sont restaurateurs, serruriers et menuisiers, parle en assez bons termes de Barbès; mais le *coryphée du parti libéral*, comme Blanqui est appelé par M. Theurier, est mal vu : on rapporte ses impertinences, ses invectives. On disait de lui : *le vieux coquin de Blanqui* [2]. Un notaire d'Avranches, venu un jour au Mont Saint-Michel pour y recevoir un testament, demandait à l'aumônier, M. Lecourt :

— « Eh ! bien, monsieur l'abbé, que faites-vous de Blanqui ? »

— « Heu ! Heu ! soupira l'aumônier, pas grand' chose de bon, mais ça viendra ! »

Ce qu'il advint fut une dénonciation de Blanqui contre le monstre en soutane, le prétendu inventeur des doubles grilles, l'émule du cardinal La Balue, l'auteur tout aussi légendaire des cages de fer !

---

naire le menaça de faire feu. Delsade saisit sa chandelle, la posa sur le rebord de la fenêtre et collant sa tête contre les barreaux, s'écria : « Tire donc, Jean F... Tire donc, tu verras clair pour viser ! »

1. *Archives de la Manche, Prisons*, dos. Blanqui, cité par M. V. Hunger.
2. Le *vieux coquin* n'avait alors que 35 ans, étant né à Puget-Théniers le 12 pluviôse, an XIII (1ᵉʳ septembre 1805).

L'anticléricalisme était un article courant au Mont Saint-Michel, vers 1840[1].

Cependant, la santé de Blanqui laissait à désirer. Il avait été très douloureusement impressionné par la mort de sa femme, Amélie Suzanne, survenue le 31 janvier 1841. Son esprit était devenu plus sombre que jamais et son caractère s'aigrissait au point que les gardiens évitaient de lui parler. Il se plaignait de tous et de tout ; le Mont Saint-Michel est pire que la Bastille ; il n'y a ni hôpital, ni même infirmerie. Les visiteurs du Mont Saint-Michel font sur les condamnés des réflexions abominables et barbares. Blanqui raconte que le directeur, faisant visiter la cuisine à des étrangers, leur montra les aliments apprêtés spécialement pour les politiques : « Comment, s'écrièrent les visiteurs, ont leur fait une cuisine à part. Mais c'est un tort, un très grand tort. Ces gens-là ne doivent pas être nourris autrement que les voleurs ! » Et Blanqui, qui jusquelà ne s'était jamais plaint de la nourriture, d'écrire : « Parlons-en de cette nourriture trop succulente, de cette cuisine exceptionnelle, qui indignait les compatissants bourgeois, qu'est-ce, bon-dieu !... Figure-toi de la vache gâtée, nageant dans de l'eau de vaisselle, et tous les jours, tous les jours, éternellement, ce morceau de vache dans la même rinçure. Nous appelions cela le vomitif. Souvent dans cette pitance dégoûtante, j'ai trouvé de gros asticots. Le matin, on nous sert une purée de pois,

---

[1]. Cependant, Armand Barbès, Martin Bernard, Delsade et Austen, lors des formalités d'écrou, le 17 juillet 1839, avaient déclaré qu'ils appartenaient à la religion catholique et qu'il leur serait agréable d'assister aux offices le dimanche. *Arch. Manche*, rapport Theurier, 20 juillet 1839.

ou plutôt une purée aux vers ; c'est sans doute des pois de dix ans, et la purée se compose de débris de larves; tous les matins, éternellement encore, la purée aux vers ! Pas même des haricots ! Ce serait trop recherché pour nous [1]. »

Les plaintes de Blanqui auxquelles Martin Bernard mêla les siennes n'étaient pas fondées. Il est établi par les pièces officielles conservées aux Archives de la Manche que la nourriture des politiques était saine, abondante et variée, qu'elle était soumise à l'examen des médecins et que le directeur contrôlait avec soin les fournitures de l'entrepreneur-soumissionnaire.

Le 15 septembre 1840, on annonça à Blanqui l'arrivée de sa mère. Il demanda dans quelles conditions il pourrait la voir : « Vous ne pourrez pas, lui fut-il répondu, communiquer seul avec Madame votre mère, dans votre chambre; les visites auront lieu dans une autre pièce, en présence d'un gardien. Vous serez fouillé avant et après les visites. »

« Jamais, s'écrie le prisonnier, je ne consentirai à me soumettre à une humiliation contraire à la dignité des condamnés politiques présents et à venir ! »

C'est par des phrases grandiloques comme celle-là que Blanqui saluait la venue de cette pauvre femme, accablée de douleur et épuisée par les fatigues d'un long voyage. Par son obstination, il se priva longtemps des embrassements de sa mère. Il la vit au parloir, « séparé d'elle par un couloir dans lequel se tenait un gardien ». Mais du moins sa *dignité* fut sauve : on ne le fouilla pas.

1. E. GIRARD, *Histoire du Mont Saint-Michel*, p. 261.

Si les panégyristes de Blanqui admirent dans cette circonstance « l'homme se taisant devant le citoyen », il est consolant de voir Mme Blanqui ne pas se contenter d'avoir avec son fils un entretien aussi pénible. Elle sollicita du ministre de l'Intérieur une autorisation spéciale afin de parler plus librement à son fils et de l'embrasser. La réponse fut favorable, mais elle comportait une réserve : le directeur du Mont avait la faculté de suspendre cette autorisation.

M. Theurier fut bientôt dans l'obligation d'user de cette interdiction. Il n'avait pas tardé à s'apercevoir que Mme Blanqui, de même que Mme Carles, servait d'intermédiaire entre les politiques et leurs amis d'Avranches et de Paris ; elles faisaient passer aux condamnés, des cordes, des ficelles, de l'argent, des ressorts de montre et de petites scies.

Il n'est pas pas douteux que les deux femmes, et plus particulièrement Mme Blanqui, préparèrent l'évasion de la nuit du 10 au 11 février. L'inspecteur Gaujoux faisait remarquer dans son rapport du jour même « que Mme Blanqui était venue hier encore, à 4 heures du soir, voir son fils » ; Bonnet, le nouveau directeur, faisait également connaître à l'autorité préfectorale par une lettre du 15 février « que Mme Blanqui, seule, avait fait passer aux détenus les instruments qui avaient servi à l'accomplissement de leur projet, et que cette dame avait quitté le Mont Saint-Michel le 14 février[1] ».

---

1. Les outils étaient remis à Mme Blanqui par M. F. Girard : « Alexandre Thomas, ouvrier mécanicien, attaqua les obstacles avec une ardeur que secondaient puissamment l'adresse et la facilité de la main que lui donnaient ses anciennes habitudes d'état. L'arrivée de Mme Blanqui permit de leur imprimer une

Mme Blanqui ne résidait pas au Mont Saint-Michel, comme on l'a écrit, mais bien à Avranches, où elle avait loué un petit logement dans le quartier de Changeons, non loin du jardin des Plantes et sur le coteau, aspecté à l'ouest, d'où l'on domine toute la baie. C'était une femme vaillante ; malgré ses soixante ans elle franchissait au moins toutes les semaines, à pied, les 14 kilomètres qui séparaient Avranches du lieu de la détention de son fils. Une fois même, pour activer les préparatifs de l'évasion, elle fit le double trajet en quinze heures.

Mais, contrairement à l'assertion du directeur Bonnet, ce n'était pas le 14, mais bien le 11 février que Mme Blanqui avait quitté le Mont ; immédiatement après avoir appris la chute de Barbès et la réintégration de Martin Bernard, d'Huber et de Thomas dans leurs cellules, elle s'était dirigée, à pied, vers Granville, où elle savait trouver M. F. Girard. Celui-ci s'était rendu dans le port, afin de faciliter, le cas échéant, aux évadés leur embarquement pour Jersey. L'avocat avranchinais avait tout d'abord pensé à faire gagner la Suisse aux évadés, après les avoir déguisés et les avoir munis de passeports réguliers. Blanqui devait être, en raison de sa maigreur et de sa petite taille, habillé en femme ; les passe-ports seraient établis par M. Chauvin, maire de Vitré, qui s'était abouché avec M. Girard, par l'entremise de M. Taillandier, un vieux républicain de Rennes. Mais le plan de M. Girard fut jugé trop aventureux et abandonné.

activité nouvelle. Ce fut *par son intermédiaire* que je leur fis parvenir les instruments les plus indispensables, de petites barres de fer, limes, forets, etc. » F. GIRARD, *Histoire du Mont Saint-Michel*, p. 315.

L'avortement de l'évasion ruina, du coup, toutes ces belles espérances.

Cependant la santé de Blanqui laissait beaucoup à désirer ; un abcès, qui s'était formé près de l'oreille, le faisait beaucoup souffrir ; il se plaignait de maux de gorge et attribuait à sa détention aux Loges une affection du larynx, pareille à celle dont Armand Barbès était si gravement atteint. Le docteur Eugène Voisin étant venu consulter Barbès au Mont, visita également Auguste Blanqui. Le médecin fut d'avis que le climat du Mont Saint-Michel était mauvais pour ce dernier, mais il devait encore se passer de longs jours avant que Blanqui ne fût envoyé dans une autre maison. Ce n'est qu'en février 1844 que le gouvernement ordonna le transfert de Blanqui à la maison de détention de Tours. Ce départ eut lieu sans incident; Blanqui, toujours théâtral, phraseur et grincheux, essaya bien encore de protester contre la mesure dont il était l'objet et qu'il avait, selon son habitude, vivement sollicitée, tout en affectant de rester étranger aux démarches de ses amis. Nous ne savons trop la foi qu'il faut ajouter au récit d'un certain garçon boulanger qui aurait vu Blanqui, tout grelottant de fièvre et de froid, attendant, dans une charrette, sur un fauteuil de paille, au seuil de l'auberge de la Pomme d'Or, que les gendarmes et le conducteur aient vidé leurs verres. Cet incident, vrai ou faux, a permis à M. Gustave Geffroy d'écrire une trentaine de lignes bien émouvantes. Nous aimons mieux reproduire ici, tout simplement, le mot de l'abbé Lecourt, sur le départ de Blanqui :

« Enfin, *nous* allons avoir la paix ! » Nous, c'était l'aumônier, l'inspecteur, le directeur, le sous-préfet, le procureur du roi, le préfet et le procureur général, les gardiens et les détenus, même les détenus politiques. Ceux-ci étaient las des récriminations de Blanqui ; ils reconnaissaient, dans leur for intérieur, que les sévérités de l'Administration avaient pour cause les agissements du trop célèbre *coryphée* et le zèle déployé par des ennemis passionnés et maladroits en faveur d'un être hargneux et détestable.

CHAPITRE XV

LA LITTÉRATURE PÉNITENTIAIRE. LES DISTRACTIONS DES PRISONNIERS

« La calendre en cage » de Guillaume de Saint-Pair. Tous poètes! Le nouveau chansonnier des républicains. — L'incendie du Mont en vers français. Les œuvres de MM. Travers et Caillaux. — Une chanson de Barbès. Élie et la belle rousse. — Les nuits de Mathieu d'Épinal. Explication physiologique des maladies des prisonniers. Chaud et froid. — Les œuvres de Martin Bernard. Les politiques pouvaient-ils lire et écrire librement ? Le cabinet de lecture de la mère Fénard. Les rats de bibliothèque. — Ce qu'on lisait au Mont, de 1839 à 1844. Les soucis du père Bourdiguel, relieur à Avranches. L'avocat-conseil des politiques : M. Fulgence Girard. De la Broïse en Bacilly au Mont Saint-Michel. Consolations aux prisonniers; *le Chant du départ* et *la Marseillaise* sur les grèves et dans la nuit. L'exaltation du républicanisme. — Les petits cadeaux aux politiques. Les écureuils et les moineaux; les distractions de la geôle. — Un dessinateur malheureux. — Un mauvais statuaire.

La poésie est-elle fille de la solitude et de l'isolement ? On pourrait le croire en examinant, de près, les occupations des prisonniers politiques du Mont Saint-Michel, qui n'étaient astreints à aucun travail manuel. Désœuvrés, ils rêvaient dans leurs cellules et ceux qui connaissaient les poètes du moyen âge devaient se rappeler les vers de Guillaume de Saint-Pair, le chantre romien de l'abbaye-forteresse, au douzième siècle :

> Kalendre [1] chante plus en cage
> Quel ne ferait au vert bocage ;
> Aussi sert plus Dieu et honoure
> Cil qui en la cage demoure [2].

Les Colombat, les Prospert, les Blanqui, les Barbès, les Martin Bernard, les Mathieu d'Épinal n'honorèrent pas, croyons-nous, la Divinité, mais leurs cellules virent éclore prose et vers ; le goût de la versification ne fut jamais plus poussé qu'aux Loges ; il y eut un moment où tout le monde écrivait. La contagion gagna même le médecin de la maison. Il éprouva le besoin de consigner ses impressions dans un opuscule dont le titre, surtout, est curieux : *Épisode littéraire pour servir à l'histoire des ouvriers de la pensée relatif au testament médical philosophique du docteur Dumons de Montaux, dernier médecin pénitentiaire du Mont Saint-Michel.*

> L'hirondelle gentille,
> Qui voltige à la grille
> Du prisonnier,

inspira des centaines de chansons ; naturellement la politique s'en mêla. En 1834, parut le *Nouveau*

1. Alouette.
2. *Der Roman du Mont Saint-Michel, von Guillaume de Saint-Paier, wiedergabe der beiden handschriften des Brittischen Museums,* von Dr Paul Redlich, Marburg, 1894.

chansonnier des républicains du Mont Saint-Michel. Louis-Philippe y était traité de la belle façon [1]. Un placard, avec images, venait de montrer de quelle horrible manière les républicains étaient enfermés dans la geôle où le souverain emprisonnait les amis de la Liberté [2].

L'incendie du Mont Saint-Michel fut célébré en strophes... enflammées. Il parut même un bien curieux sonnet renfermant une périphrase à rendre jaloux Delille lui-même. L'eau ayant manqué dans les citernes du château et du Mont, la population et les pompiers firent la chaîne jusqu'au bord de la mer. Le poète écrit :

    Les flots de l'Atlantique arment leurs mains hardies.

Le vent était assez violent; le feu atteignait les prisons, les détenus n'allaient-ils pas profiter de la panique pour s'échapper ?

    Aussitôt l'incendie ouvrit une aile immense
    Et souffla furieux l'air de la Liberté.
    Mais en vain les captifs sont affranchis d'entraves,
    Tous, de l'honneur français héroïques esclaves,
    Engagent sans pâlir un sublime duel [3].

---

1. Victor Basière, *Nouveau chansonnier des républicains au Mont Saint-Michel ou Choix de chansons.* Paris, P. Dupont, 1834, brochure in-8°.

2. Ouvrage anonyme, *Départ d'un républicain pour la prison du Mont Saint-Michel; traitement qu'on y fait éprouver aux détenus ; détails concernant leur captivité. Lettres adressées à leurs parents par les détenus républicains du Mont Saint-Michel.* Paris, Mie, 1833, f° avec images.

3. Julien Travers, *le Mont Saint-Michel*, sonnets, Cherbourg, Boulanger, 1834, in-8°. Extrait des *Mémoires* de la Société académique nationale de Cherbourg, pp. 381-412. Les descriptions en vers pullulaient. En voici un échantillon ; le poète nous invite à contempler la plate-forme du Saut-Gautier :

    C'est par là que Barbès essaya de fuir,
    Mais le vieux détenu n'y put y parvenir.

C'est exact, mais un peu... plat.

Ces vers font sourire nos parnassiens et nos naturistes ; ils faisaient l'admiration de nos pères en 1834 !

En avril 1836, un poète chartrain venait visiter le Mont Saint-Michel ; il composait, tout aussitôt, une pièce de vers intitulée *les Captifs ou En vue du Mont Saint-Michel* [1]. Il exalte les condamnés de 1832, « les nobles victimes du cloître Saint-Merry, ces Thermopyles de la liberté ! » Prospert, Jeanne, Blondeau, Lepage vont-ils entendre ses accents, lorsqu'il chantera sur les grèves

> A l'aspect de ce Mont qu'emprisonne un long mur,
> Ceux-là qui, dans la nuit des cachots solitaires,
> Ne se sentent qu'un tort, le tort d'être vaincus !

Les prisonniers de droit commun chantaient une chanson, faite par un des leurs et dont le refrain était :

> Dans les cachots tu me fais dépérir.

M. Ed. Le Héricher rapporte l'impression pénible qu'il éprouva en entendant un détenu, puni des fers et enfermé dans un des Jumeaux, lui lancer le refrain de ce chant, avec un regard chargé de haine.

C'est vers cette époque, août 1837, que Victor Hugo passait quelques heures au Mont Saint-Michel, au cours d'un voyage en Normandie et en Bretagne : « Le Mont Saint-Michel, écrivait-il, un lieu bien étrange ! Autour de nous, partout, à perte de vue, l'espace infini, l'horizon blanc de la mer ; les oiseaux envolés à toutes ailes, les vais-

---

1. CHARLES CAILLAUX, *la Plaine et la Mer*. Chartres imprimerie Félix Durand, 1838.

seaux à toutes voiles [1] et puis, tout à coup, dans une crête de vieux mur, la pâle figure d'un prisonnier. Jamais je n'ai senti plus qu'ici les cruelles antithèses que fait l'homme avec la nature. »

Barbès, dont quatre vers de Hugo avaient sauvé la tête, fut reconnaissant aux Muses, en les taquinant un peu, mais plutôt maladroitement. On lui attribuait, dans le quartier des politiques, une poésie où il faisait aussi parler sa sœur, Mme Carles :

> Oh ! bon geôlier, laissez-moi voir mon frère ;
> C'est du pain blanc que je veux lui donner !...

des limes et des scies également, puisque Mme Carles, avec « la Guilmain et la Blanqui », préparait l'évasion de son frère.

Élie soupirait des vers tendres et langoureux en l'honneur d'une jeune Montoise, une pêcheuse de coques « grande et svelte, légèrement dorée par la réverbération des grèves et qui, par les formes et par la couleur, rappelait les femmes de Rubens ». C'était une belle rousse qui n'avait pas froid aux yeux et qui fut très flattée d'épouser devant M. le maire et M. le curé une des célébrités du château, « un monsieur connu à Paris ». Le plus fécond producteur fut Mathieu d'Épinal. Il écrivit quatre ou cinq mille vers ; il jugea qu'un millier d'entre eux était digne de passer à la postérité ou, du moins, d'être imprimés [2]. Ce qu'il y a de meilleur dans ce volume de vers, c'est la pré-

---

1. L'œil énorme de Victor Hugo a grossi singulièrement les barques à fond plat de sept pieds de longueur qui naviguent, d'ordinaire, autour du Mont Saint-Michel !
2. MATHIEU D'ÉPINAL, *Mes nuits au Mont Saint-Michel*. Paris, Victor Bouton, 1844, petit in-12.

face en prose ; elle est datée des prisons du Mont Saint-Michel, du 16 octobre 1842. Il y donne l'origine des affections pulmonaires et laryngiennes, dont furent atteints plusieurs politiques. « Que dirais-je du passage subit d'une atmosphère lourde ou brûlante à une température humide, froide jusqu'à la glace. Après une heure de promenade au grand soleil sur des dalles de granit, échauffées comme les briques d'une fournaise, exposées à la réverbération d'une grève blanche, de huit lieues carrées, sans autre abri que le ciel, nous rentrons haletants, ruisselants de sueur, les yeux éblouis, aveuglés ; nous rentrons, dis-je, tout à coup, par l'église sombre et fraîche [1] ; nous descendons ensuite sous les voûtes qui surplombent et nous glacent ; la transpiration s'arrête, les pores se referment et la circulation se trouve ainsi obstruée, sans qu'aucune activité puisse la rétablir.

« De là les engorgements et les afflux de sang sur différentes parties du corps, selon les prédispositions locales que présentent les tempéraments de chacun. »

Plusieurs de ses poésies, banales par le fond, médiocres dans la forme, sont dédiées à certains compagnons de captivité, désignés seulement par leurs initiales : L. N. (Louis Nouguès), F. (Fomberteaux), A. B. (Armand Barbès ou Auguste Blanqui) ; M. Fulgence Girard, leur conseil et leur ami, est honoré de la dédicace d'une poésie sans titre où l'on célèbre « un noble jeune homme » et sa compagne « s'agenouillant devant les Exils » et

---

1. Le chœur seul servait de chapelle ; il était séparé du transept par une mauvaise cloison en planches.

« envoyant des baisers aux martyrs de la Liberté[1] ».

Le volume se termine par une évocation des chevaliers de Saint-Michel qui se lamentaient de voir converti en prison

> ... le vieux cloître assis sur un rocher
> Que redoute en voguant l'aventureux nocher.

Le reste est à l'avenant.

Blanqui noircissait feuillet sur feuillet ; mais défiant et peu communicatif, il cachait ses productions, si bien que Fomberteaux disait dans un entretien avec l'auteur de *l'Enfermé*[2] : « Blanqui lisait et pensait ; il n'a jamais beaucoup écrit. »

Martin Bernard prenait note sur note. Ses feuillets qu'il réunit dans un volume préfacé de Londres, le 27 décembre 1850, présentent un intérêt vif et soutenu. La part faite aux exagérations d'un détenu qui maudit, chose bien naturelle, ses juges, ses ennemis politiques et ses geôliers, on y trouve des détails assez précis sur les principaux événements qui se passèrent au Mont, pendant la détention de Martin Bernard, c'est-à-dire du 17 juillet 1839 au 28 juillet 1844, date de son transfert à la citadelle de Doullens.

Si les politiques écrivaient, ils lisaient aussi ; toutefois l'administration surveillait leurs lectures. L'ancienne abbaye ne possédait plus de bibliothèque ; le monastère qui, au moyen âge, avait l'honneur insigne d'être appelé « la Cité des Livres » avait été pillé au moment de la Révolution ; ses manuscrits avaient été déchirés ou brûlés, ainsi que les ouvrages imprimés que les bénédictins

---

1. *Mes nuits*, loc. cit., p. 195.
2. G. Geffroy, *l'Enfermé*, p. 115.

avaient acquis depuis les premières années du seizième siècle ; deux cent cinquante manuscrits environ avaient échappé à la destruction jacobine ; ils étaient conservés à la bibliothèque d'Avranches, où, de temps en temps, un érudit de la localité secouait leur poussière.

Certains directeurs possédaient une petite bibliothèque particulière ; ils prêtaient volontiers quelques ouvrages aux détenus politiques. C'est ainsi que M. Theurier confia à Martin Bernard les *Mémoires* du cardinal de Retz, l'*Histoire de Paris*, de Dulaure, et le *Cours de Littérature* de La Harpe. La provision eût été bien vite épuisée, mais les politiques eurent la ressource de faire des emprunts à la mère Fénard.

La mère Fénard tenait à Avranches une toute petite librairie dans la rue des Fossés. Son magasin, mal éclairé par une devanture étroite dont les vitres n'étaient jamais nettoyées, était encombré de vieux livres, de gros volumes reliés en veau marbré et dont les tranches rouges coupaient, par endroits, des piles de brochures et de plaquettes. Quelques amateurs de livres, les *helluones librorum* de la ville, comme les nommait le régent de rhétorique, M. Le Héricher qui connaissait son Horace, venaient y bouquiner de temps en temps. Les découvertes de volumes précieux étaient rares ; un jour on trouvait l'édition originale des premiers exercices de Jehan de Vitel, poète avranchois [1], dont *la Prinse du Mont Saint-Michel*

---

1. *Les Premiers exercices de Jan de Vitel, poète avranchois*, Paris 1588, au compte de Pierre Hury et d'Estienne Prévosteau. Une bonne édition de *la Prise du Mont Saint-Michel*, par Jan de Vitel, a été donnée par M. Eugène de Beaurepaire, Avranches, Anfray, 1861, petit in-8 de 68 pages.

est plein d'une mythologie extravagante ; ou encore *l'Union d'amour et de chasteté*, pastorale d'Aubin Gautier [1], apothicaire avranchais, un aïeul d'Émile Littré, dont on parlait déjà sur la place Baudange comme d'un étudiant instruit et travailleur. Les membres de la Société d'archéologie d'Avranches, de création récente, recherchaient des documents sur l'histoire de la Basse-Normandie et achetaient volontiers les tirages à part de M. de Gerville, un savant de Valognes, le premier maître de Léopold Delisle, et qui alors faisait autorité. On se passait les poésies de Léon Barbey d'Aurévilly, de Jean Burnouf, de Louis Blondel et de nombreux Manchots, qui occupaient tout un rayon à gauche, en entrant dans la librairie. Il y avait le coin des *Abrincatiana* en même des *Huetiana*, constamment fureté par M. de Pirch, M. de Saint-Victor, M. de Clinchamps et M. Mottet, studieux bibliophiles d'Avranches.

Mais cette librairie était avant tout un cabinet de lecture ou plutôt une *bouquinerie de prêt*, comme disaient les Avranchinais. La mère Fénard n'avait même pas une bonne réputation ; elle avait chez elle de mauvais livres, « elle prêtait des romans à la jeunesse et ainsi elle la perdait ». Plusieurs fois, les curés des trois églises d'Avranches avaient fait des allusions à ce cabinet où l'on trouvait des livres immoraux et dépravés. Ces ouvrages nous paraîtraient aujourd'hui bien anodins.

La boutique de la mère Fénard fournissait aux condamnés politiques de nombreux ouvrages que des commissionnaires portaient et rapportaient.

---

1. A Poictiers, chez la vefve Jehan Blanchet, 1606, petit in-8 de 66 ff.

Pour 0 fr. 10, on pouvait garder un livre pendant un mois, et un abonnement annuel de 3 francs permettait de prendre jusqu'à trois volumes par semaine.

« Ces messieurs du Mont Saint-Michel doivent être bien savants, disait la mère Fénard, *ils lisent de tout.* »

Martin Bernard se complaisait dans les études d'histoire locale; il avait payé trois suppléments pour conserver l'*Histoire pittoresque du Mont Saint-Michel*, de Maximilien Raoul [1], et *les Châteaux de la Manche*, de M. de Gerville [2]. Armand Barbès avait dévoré *Marceline Vauvert* et *Deux martyrs*, de son ami Fulgence Girard, et réclamait à cor et à cri *Un drame sur les Pontons*, du même auteur. Paul Féval était très demandé; il fallait s'inscrire à l'avance pour avoir *le Château de Croïat*, *les Bandits;* on se battait pour obtenir *les Nuits du Père Lachaise*, de Léon Gozlan. Blanqui lisait *le Pamphlet des pamphlets*, *le Livret de Paul Louis, vigneron*, de Courier, *le Livre du Peuple*, *l'Esquisse d'un philosophe* et *Une voix de prison*, de l'abbé Lamennais. Jules Janin, Alphonse Karr, Sainte-Beuve, Hugo, Alfred de Vigny firent aussi plusieurs fois le voyage d'Avranches au Mont. Le pauvre Mathieu d'Épinal égara les *Méditations* de Lamartine et brisa le dos de *Lucrèce Borgia;* il lui en coûta 3 fr. 75, plus une reliure chez le père Bourdiguel qui n'aimait pas beaucoup à travailler pour *ces messieurs* du Mont Saint-Michel.

---

1. MAXIMILIEN RAOUL, *Histoire pittoresque du Mont Saint-Michel et du Mont Tombelène*, ouvrage orné de 14 gravures à l'eau forte par Boisselat. Paris, A. Ledoux, 1834, in-8.
2. GERVILLE, *Recherches sur les anciens châteaux du département de la Manche*. Caen, T. Chalopin, 1825-1830, 4 vol. in-8.

Un mauvais plaisant lui avait dit : « Vous savez, si le Gouvernement apprend que vous faites des reliures pour ce vieux coquin de Blanqui, on augmentera bien certainement votre patente ! »

Cependant, *ces messieurs* du Mont Saint-Michel comptaient à Avranches quelques amis [1]; le plus zélé était, sans contredit, M. Fulgence Girard, dont nous avons cité le nom plusieurs fois, en parlant de la détention des condamnés de 1839. Originaire d'une petite commune du canton de Sartilly, Bacilly que Blanqui appelle Barilly dans une de ses lettres, il avait fait à Paris de bonnes études de droit et s'était fait inscrire au barreau de la capitale. Son aspect sympathique, son esprit vif, ardent même, lui avaient concilié l'amitié de certaines personnalités appartenant au parti libéral, et quelques-unes même affiliées à des groupements ou à des sociétés qualifiées de révolutionnaires. Il avait des relations avec les rédacteurs du *National*, du *Globe*, du *Constitutionnel*, du *Courrier français* et du *Temps*. Aussi préférait-il la plume à la parole et s'adonnait-il largement à la littérature, abordant, avec un succès très inégal, le roman, l'histoire et l'archéologie [2].

---

1. MM. Godin, Delouche, Foisil, etc.
2. Citons notamment : *Chroniques de la marine française sous la République, le Consulat et l'Empire*, 5 vol. in-8 s. d.; *Histoire géologique, archéologique et pittoresque du Mont Saint-Michel*, 1 vol. in-8, 1843; *Histoire du Mont Saint-Michel*, comme prison d'Etat, avec les correspondances inédites des citoyens Armand Barbès, Auguste Blanqui, Martin Bernard, Flotte, Mathieu d'Épinal, Béraud; Paris, Paul Permain, 1849; *Annuaire historique d'Avranches*, 1 vol. in-8. Marceline Vauvert, 2 vol in-8; *Deux martyrs*, 2 vol. in-8; *Un drame sur les pontons*, 2 vol. M. Fulgence Girard a publié aussi de nombreux articles dans la *France maritime* et dans *le Journal d'Avranches*, dont il fut longtemps un des principaux rédacteurs.

M. Fulgence Girard se plaisait surtout dans sa petite gentilhommière de Bacilly, appelée la Broïse [1]. Dès que *le Journal d'Avranches* lui laissait un moment de loisir, M. Girard courait à sa campagne et y travaillait dans le silence d'une nature pleine de charmes. C'est généralement de la Broïse qu'il partait pour se rendre au Mont Saint-Michel, où étaient enfermés ses amis. Il maudissait la prison, mais il admirait l'abbaye-forteresse dont il avait écrit sommairement l'histoire, en suivant d'un peu trop près ses confrères de la Société d'archéologie, MM. Boudent Godelinière, Blondel et Desroches. Mais, suspect à l'administration, qui connaissait par des rapports de police ses relations avec Auguste Blanqui, Armand Barbès et Martin Bernard, il n'avait pas accès auprès d'eux. Cela ne l'empêchait pas de venir par les grèves, de Vains et de Saint-Léonard ou de Genêts, jusque sous les murs des Exils [2] et de chanter, la nuit venue, quelque refrain en l'honneur de la Liberté et même les strophes de *la Marseillaise*. Un soir, il amena de la Broïse un groupe d'amis, cinq ou six libéraux d'Avranches; la grève était déserte et le ciel sans étoiles; quelques faibles lueurs éclairaient les fenêtres des Exils; de temps en temps un chien aboyait derrière les remparts et un autre répondait, tristement, du côté de la rive. Tous les quarts d'heure montait, des chemins de ronde vers le

---

1. Et non Terpsichore, comme on l'a écrit par erreur et qui est une propriété voisine.
2. « Je me cachais, écrit-il, dans les hautes herbes du cimetière municipal et l'on s'inquiétait de voir ma lorgnette fixée sur les cinq jours de souffrance des Deux Exils. » F. Girard, *Mont Saint-Michel.*

château, le cri des factionnaires espacés de soixante mètres en soixante mètres : « Sentinelles ! Prenez garde à vous ! » Le *vous* était traîné avec un accent douloureux et sinistre. Tout à coup, le *Chant du départ* éclate dans la nuit : c'est M. Fulgence Girard et ses amis qui envoient ce salut aux politiques, dont les cellules sont là, dans l'ombre, à cent cinquante pieds au-dessus des grèves. *La Marseillaise* est ensuite vigoureusement entonnée. Barbès, Martin Bernard, Mathieu d'Epinal et quelques autres politiques se lèvent de leur galiote. Des amis inconnus sont là. Des larmes coulent de leurs yeux. La scène est vraiment émouvante. L'un d'eux l'a racontée ainsi : « Un seul incident, mais bien poétique et dont le souvenir fait vibrer toutes les cordes de mon cœur, se rattache à ce mois[1]. Une nuit, alors que tout était silencieux dans le village, nous fûmes réveillés de notre premier sommeil par le bruit harmonieux de chants qui partaient de la grève. Il n'y avait pas à se méprendre sur la distinction de ces chants : c'étaient *le Chant du départ* et *la Marseillaise*. Oh ! qu'ils furent doux à nos oreilles et à nos âmes ; nous n'en perdîmes pas une syllabe. Et comme nous ne pouvions pas douter qu'ils ne partissent de cœurs qui sympathisaient vivement avec notre position, l'illusion devint pour nous si grande, que nous en vînmes à reconnaître la voix de plusieurs de nos amis de Paris; nous lançâmes même quelques noms aux échos de notre rocher. Mais soit que nos mystérieux amis craignissent de nous rendre l'objet des rigueurs de nos

---

[1]. Le mois de septembre 1839; Blanqui, Herbulet, Godart, Hendricks et Dubourdieu n'étaient pas encore au Mont, où se trouvaient Martin Bernard, Armand Barbès, Delsade et Austen.

geôliers, en provoquant de notre part des élans de sympathie, certes bien contraires aux prescriptions du régime odieux que nous avions à subir, soit qu'ils ne voulussent pas devenir eux-mêmes et bien gratuitement l'objet des investigations inquisitoriales du commandant de la place qui exerce un pouvoir presque dictatorial sur les étrangers qui viennent au rocher, les chants cessèrent instantanément et nous n'entendîmes plus que ces mots : « Adieu ! Courage [1] ! »

Mais Fulgence Girard apportait aux condamnés mieux que des chansons ; avec l'autorisation du directeur, il leur fit parvenir des écureuils. Il y en avait de bien jolis dans les bois de Bacilly, ou plutôt dans les bouquets de hêtres, ces futaies, où se complaisent les *jacquets*, nom donné en Basse-Normandie aux écureuils. Ne les voyait-on pas figurer, précisément, dans les armes des seigneurs de Tombelaine dont l'orgueilleuse devise était : *Quo non ascendam?*, si naturelle dans la bouche de ces grimpeurs alertes et rusés. C'était Martin Bernard qui était le grand dresseur de jacquets. Dans une lettre qu'il écrit à Fulgence Girard, il met, à la hâte, deux mots à l'adresse du grave *Constitutionnel*, mais il consacre plusieurs lignes aux écureuils. Celui que Mme Delsade lui a remis est un peu vieux ; il serait tout au plus bon à mettre en cage ; mais lui, l'apôtre de la liberté, il ne songe pas à emprisonner cette bête innocente ; son rêve serait d'avoir un jacquet tout jeune ; il le dresserait à sortir de son cabanon et à y rentrer ; il ferait ses petites commissions ; un jour, peut-être, il serait le messager, le facteur

---

1. MARTIN BERNARD, *loc. cit.*, p. 70.

de la poste aux lettres des infortunés reclus !

Hélas, les trois écureuils apportés par Mme Delsade eurent un lamentable sort. Martin Bernard qui serrait toujours le sien sur sa poitrine, l'étouffa une nuit, en dormant, tout comme une nourrice imprudente son nourrisson. Celui de Delsade s'échappa ; il entendait tellement parler d'évasions ! Celui de Quignot disparut un jour sans qu'on sût pourquoi. Son maître accusa le geôlier de l'avoir mangé en gibelotte !

On toléra aussi, pendant quelque temps, la présence dans les cellules de moineaux et même de poules ; mais celles-ci développaient trop souvent, en éventail, les plumes de leur croupion ; les planchers étaient sales ; les moineaux aussi s'oubliaient constamment. Le charmeur d'oiseaux était Delsade. Au préau, appelé la Fosse aux Lions, il n'avait pas son pareil pour engluer et prendre dans des lacets, par les temps de neige, les petits moineaux attirés par les miettes de pain ; Martin Bernard traitait Delsade de brigand, de tyran, de sicaire de Louis-Philippe et cherchait à éloigner des trébuchets « les pauvres petites fauvettes en leur lançant des boules d'une neige pure et libératrice » !

D'autres prisonniers se livraient au dessin. Le vicomte Walsh[1] rapporte, à ce propos, une anecdote émouvante. Pendant qu'il prenait un croquis de l'intérieur de l'église, un grand et beau jeune homme vint s'asseoir mélancoliquement sur la même poutre que lui. Il regarda avec attention le croquis ébauché, et, s'apercevant que l'artiste hési-

---

1. Walsh, Lettres vendéennes, *Écho de la Jeune France*, 1833-1834, p. 128.

tait pour tracer une ligne de perspective, il lui dit :

— « Si Monsieur veut me le permettre je lui ferai observer que cela devrait être ainsi ».

— « Vous dessinez donc ? » lui demanda le vicomte Walsh.

— « Oui monsieur, répondit le détenu. Ah ! les talents ! On me les avait tous donnés, mais comme on ne m'avait donné que cela, vous me voyez ici !... »

Il poussa un profond soupir, la rougeur lui monta au front et du revers de sa main il essuya de grosses larmes.

D'autres détenus faisaient de la sculpture. L'un d'eux modela même un saint Michel qui fut coulé en plâtre et placé sur un des autels de l'église. Le travail était grossier, affreux même ; les statues de saint Michel archange cuirassé à la romaine, couronné d'un casque de pompier ou d'une tiare pareille à un moule à riz et dont les modèles ont pullulé dans les églises, étaient des chefs-d'œuvre en comparaison de l'ouvrage du prisonnier. Le jour même où la statue avait été placée, une vieille Montoise, venue faire ses dévotions à l'église, fut si effrayée qu'elle prit l'archange pour Satan lui-même. Elle courut chez elle prendre un bâton, retourna à l'église et administra une volée sur la statue : « Tiens, tiens, tiens ! » hurlait-elle. Le sacristain accourut à ses cris et eut toutes les peines du monde à la désarmer. Le mal était fait ; le nez de saint Michel était emporté, la croix de sa couronne brisée, un bras rompu à la hauteur de l'épaule. Malgré ses blessures, saint Michel survécut encore quelques années, grâce à des replâtrages et à des armatures. Un jour, un prélat qui avait un peu de goût fut choqué de voir cette horreur ; il la fit disparaître, non sans peine.

CHAPITRE XVI

LA FIN DES PRISONS

Les débats parlementaires de 1844. — Intervention du député Joly. — Un inspecteur général au Mont. — La fin du régime cellulaire. — Plus libres... relativement. — Transfèrements divers. Le Mont est vide *de politiques*. Les Rouges et M. le directeur Régley : une curieuse médaille. — Un vœu au conseil général de la Manche en 1856. — Hygiène, esthétique et intérêt électoral. — L'abbaye en 1860. — Déprédations et mutilations. — Ateliers, cachots et latrines. — Le vœu unanime du conseil général en 1860. — Le gouvernement y fait droit. — Décret du 20 octobre 1863. — Évacuation des détenus. Fermeture des prisons.

Le 22 avril 1844, s'ouvrait au Palais-Bourbon une discussion relative au régime pénitentiaire susceptible d'être appliqué aux condamnés politiques ; elle donna lieu à des débats passionnés et les interpellations furent particulièrement vives, dans la séance du 18 mai, quand il fut question des attributions disciplinaires des directeurs des pénitenciers à l'égard de leurs prisonniers. Le ministre essaya de couvrir les directeurs du Mont Saint-Michel qui avaient été obligés de prendre des mesures particulièrement sévères à l'encontre des prisonniers politiques dont l'agitation était extrême [1]; mais le député Joly (de Toulouse) démontra que le système appliqué au Mont n'était rien moins, de quelque nom qu'on l'appelât, qu'un régime cellulaire très rigoureux. « Au point de vue légal, disait Joly, rien n'autorise à encelluler les prisonniers et surtout les prisonniers politiques ; c'est donc en violation des lois que vous avez suspendu pour eux le droit commun, que vous les avez soumis à la vie solitaire, que vous avez causé ainsi tous les maux dont nous nous plaignons. »

Les débats eurent pour résultat d'obliger le Gouvernement à envoyer au Mont Saint-Michel un inspecteur général. Les politiques, à la vue de ce fonctionnaire, M. Dugas, comprirent aussitôt qu'il s'était passé, à Paris, un événement extraordinaire, les touchant de près. Le 27 juillet, l'inspecteur général annonça aux politiques que les portes de leurs cellules seraient ouvertes de 6 heures du matin à la tombée de la nuit et qu'ils pourraient librement communiquer ensemble toute la journée.

---

1. On reprochait aussi au ministre de l'Intérieur de favoriser l'ingérence du clergé. L'administration se disculpa en affirmant « qu'elle s'était toujours tenue à la hauteur de cette doctrine : tous les détenus doivent être laissés à l'impulsion intérieure de leur conscience ». De son côté, le clergé publiait à la suite d'une mission (6 septembre 1846), une statistique constatant que si « 200 détenus refusèrent le pardon et la grâce de Dieu, il y eut, du moins, 25 premières communions, 200 confirmations et 400 communions ». Cette retraite fructueuse pour les âmes avait été prêchée par un vénérable ecclésiastique, M. l'abbé La Roque, auteur d'un ouvrage intitulé : *Retraites dans les Bagnes et les Maisons centrales*. Paris, Sirou et Desnoyers, s. d.

Peu de temps après, le 4 octobre, intervenait une ordonnance d'amnistie, mais elle ne s'appliquait, pour 48 sur 60, qu'à des prisonniers ayant moins de 6 mois de captivité à faire pour être libres.

Blanqui était à Tours depuis le 15 février 1844 et Barbès avait été transféré à Nimes, dès le 26 juillet 1843; il restait au Mont Quignot, Godard, Delsade, Vallière, Espinouze et Martin Bernard. Le 10 octobre, les bénéficiaires de l'amnistie virent s'ouvrir pour eux les portes du Mont Saint-Michel. Le 23 octobre, Martin Bernard, Pétermann, Vilcoq et Fomberteaux étaient dirigés, sous escorte, vers Doullens, où ils arrivèrent le 26 à neuf heures du matin [1].

Les prisons du Mont Saint-Michel ne comptaient plus et ne devaient plus compter aucun détenu politique.

Cependant elles devaient être encore en 1848 le théâtre d'un événement plutôt rare dans les fastes pénitentiaires. Le Mont Saint-Michel avait alors pour directeur M. Régley, fonctionnaire bienveillant et aussi paternel que possible avec les détenus. Certains d'entre eux, appelés *les Rouges*, menèrent contre M. Régley une campagne violente; elle trouva même un écho dans les journaux du pays. L'administration supérieure fit une enquête qui démontra l'inanité des griefs des Rouges. Il y eut mieux encore; la maison servait aussi de lieu de détention à un certain nombre d'insubordonnés militaires. Les Rouges avaient voulu les entraîner avec eux dans leur lutte contre M. Régley. Les insubordonnés qui

---

1. Dubourdieu fut transféré à Bordeaux.

appréciaient la bienveillance de celui-ci[1], refusèrent énergiquement de se joindre aux Rouges. Ils se cotisèrent même pour offrir à M. Régley une superbe médaille d'or, sur laquelle étaient gravés ces mots : *A leur bon directeur, les insubordonnés militaires du Mont Saint-Michel, 1848*... Une médaille et un brevet offerts par des détenus à leur gardien, la chose est assez rare ; elle méritait bien d'être signalée.

Devenu simple maison de correction pour des condamnés de droit commun, le Mont, depuis la fin d'octobre 1844, ne présente plus aucun intérêt historique ; c'est la prison banale, vulgaire et triste. Dès lors, elle s'achemina, lentement, vers sa fin.

En 1856, un rapport était fait au Conseil Général de la Manche, par un de ses membres qui avait été sollicité par les artistes et les archéologues du pays : « Quand de tous côtés, lisait-on dans le rapport, on cherche, en France, à conserver les constructions d'un autre âge et à restaurer les vieux monuments des temps passés, le cœur s'afflige, en voyant l'état de dégradation où est tombé l'édifice, fameux depuis tant de siècles, sous le nom de Mont Saint-Michel. L'église, ravagée par un incendie, il y a vingt-cinq ans, est soutenue par un échafaudage très grossier ; le cloître est dégradé par d'ignobles constructions qui le divisent en grande salle de travail et en petites cellules ; la prison a été mal choisie, les salles à compartiments

---

1. M. Régley s'occupait aussi d'architecture et d'archéologie. On lui doit le *Guide des visiteurs du Mont Saint-Michel et du Mont Tombeláine*, Avranches, 1849, in-8, lithographies de Flamand ; réimprimé et modifié sous le titre de *Guide du voyageur au Mont Saint-Michel et au Mont Tombelaine*. Avranches, 1865, in-8.

sont étroites et basses ; l'affreuse odeur des prisons[1] y séjourne malgré les précautions qu'on peut prendre. La face blême des détenus accuse la souffrance et l'étiolement ; ils sont si mal qu'ils sont arrivés à ce point de commettre des délits[2], afin de faire aggraver leurs peines ; ils appellent de tous leurs vœux le bagne et quelques-uns l'échafaud.

Les conseillers généraux firent la sourde oreille ; il y avait, dans les cantons de l'arrondissement d'Avranches, trop d'électeurs intéressés au maintien des prisons pour que l'on songeât à les supprimer. Que leur importait l'hygiène, la vie même des condamnés ? Le côté pratique seul était à envisager ; les considérations artistiques n'existaient pas pour eux ; un des plus beaux monuments de la France, un des plus merveilleux édifices du monde pouvait tomber en ruines, pourvu que ses débris suffisent encore à faire vivre une clientèle électorale, exigeante envers ses pourvoyeurs. Des notes prises par un visiteur en 1860, il résulte que le Mont était dans un état lamentable ; la Merveille était emplie d'une odeur de latrines[3], le tran-

---

1. « Nous avons à supporter constamment les fétides émanations de l'ignoble vaisseau, dont on connaît l'usage. Pas un seul lavage ; pas une goutte de chlorure de chaux ; le meuble infâme est là, toujours à demeure ; la fermeture n'est qu'une dérision et nous en aspirons le méphitisme 23 heures sur 24 heures, puisque nous n'avons qu'une heure de sortie. » Mathieu d'Épinal, *loc. cit.*, préf. p. VII.

2. C'est le même argument que celui qui fut développé par Garnier Pagès, en 1833, quand les condamnés de juin furent envoyés, sous le ministère Thiers, au Mont Saint-Michel.

3. Les latrines avaient été établies primitivement au nord et en dehors de la Salle des Chevaliers. Ce détail que nous nous excusons de signaler ici a, cependant, son importance. On a discuté et l'on discute encore sur la destination de cette salle. Le fait que trois latrines y étaient accolées démontre que cette

sept de l'église était converti en cuisine ; une des gracieuses piscines de la basilique avait été transformée en un évier dégoûtant. On n'osait même plus faire visiter les salles ; on permettait, tout au plus, de jeter un coup d'œil sur la nef de l'église, à travers un guichet ménagé dans une porte donnant sur la plateforme de l'ouest ; la crypte des Gros Piliers, appelée quelquefois église souterraine et dont les assises colossales font l'admiration de tous, était couverte de suie et de noir de fumée ; deux fourneaux, employés au vernissage des boutons, étaient installés dans le déambulatoire méridional et des parements de briques escaladaient jusqu'aux nervures de la voûte ; le promenoir était devenu un atelier de chapeaux ; la crypte de l'Aquilon était un bouge, où l'on enfermait les condamnés « à mater ». Dans l'aile du cloître, à Beauregard, sur le Saut-Gautier, circuculaient des prisonniers à faces patibulaires, marchant cinq de front ; chaque file était séparée par une autre, venant en sens contraire ; des gardiens, en vedette le long des parapets, surveillaient d'un œil mauvais « ces tristes rebuts de l'humanité ».

En 1860, un conseiller général émit encore le vœu que le Mont cessât d'être une prison ; il fit mieux ; il demanda que l'abbaye devînt le musée des gloires guerrières du moyen âge. « En 1856, disait un rapport très habile, le conseil général avait été saisi d'une demande de suppression pure et simple des prisons du Mont. Il l'avait écoutée avec une profonde sympathie et il ne s'était résolu à l'écarter que parce qu'il lui semblait dangereux,

---

salle était habitée par de nombreuses personnes et rend très vraisemblable l'hypothèse de M. Corroyer voyant dans cette salle le dortoir de la garnison, dès le treizième siècle.

pour la conservation de la vieille abbaye, de lui enlever sa distinction actuelle sans lui substituer une désignation précise. L'auteur de la proposition complète aujourd'hui son vœu en demandant qu'à la prison soit substitué un Musée des gloires guerrières du moyen âge. »

Ce vœu fut adopté à l'unanimité ; peut-être les conseillers généraux avaient-ils cru que ce vœu, comme tant d'autres, demeurerait platonique ; mais le gouvernement, sous la pression de l'opinion publique, s'en empara ; les soumissions devenaient de plus en plus difficiles ; les rabais proposés par les entrepreneurs étaient insignifiants ; les prisons coûtaient cher ; son budget soulevait de nombreuses critiques au Parlement ; les agents des services pénitentiaires depuis les simples gardiens jusqu'aux directeurs n'aimaient point ce poste ; l'abbé Lecourt, cet aumônier... par destination, venait de prendre sa retraite ; l'abbé Bonnel qui lui succédait n'avait ni son zèle, ni son dévouement ; le 20 octobre 1863, un décret supprima la maison de correction et tous les prisonniers quittèrent le Mont Saint-Michel par des convois organisés en novembre et décembre 1863 et en janvier 1864.

Les Prisons du Mont Saint-Michel avaient vécu.

FIN

TABLE DES GRAVURES

Pages.

La cage de fer du Mont Saint-Michel. — Cette gravure n'est qu'un essai de reconstitution, d'après les récits des visiteurs du dix-huitième siècle et surtout d'après le rapport de M. Badier, subdélégué, à M. d'Argenson. (2 octobre 1746). Un dessin, conservé à la Bibliothèque nationale, (Estampes, topographie d'Indre-et-Loire, 1659), représente aussi une cage de fer. Une reproduction de ce genre figure au *Magasin pittoresque*, 1841. Tome IX, p. 392. Cliché L. Lemonnier . . . . . frontispice.

Arrivée d'un convoi de prisonniers; la traversée des grèves. — Dessin de Stanfield, gravé par Wallis. Il représente un convoi de prisonniers de droit commun, surveillés par la gendarmerie. La scène se passe vers 1835. Cette gravure nous montre le télégraphe à signaux Chappe, au sommet du Mont. On distingue les ruines de l'Hôtellerie, écroulée en 1817; le plan incliné, dit poulain, par lequel, au moyen d'une roue, on hissait les provisions; la voie d'accès par paliers, rampes et degrés permettant d'entrer au château sans passer par la rue de la ville; enfin le moulin à vent établi sur la tour Gabriel. On remarque aussi une croix, au-dessus du premier ravelin. 48-49

La maison de la Cassagne. — C'est la maison domaniale de la Cassagne, appartenant aux dix-septième et dix-huitième siècles à la famille Dijols, d'Espalion. Le domaine de la Cassagne, commune de Gabriac (Aveyron), est, aujourd'hui, la propriété de M. Serpantié, de Saint-Geniez d'Olt. La Cassagne a donné son nom aux Dijols; Victor Dijols de la Cassagne n'est autre que le fameux Henri Dubourg, l'homme de la cage de fer, au Mont Saint-Michel. Cliché Villiers, février 1913 80-81

Acte de décès de Dubourg, photographié sur l'original. Cliché Le Grin. Registre des décès de la paroisse de

Pages

Saint-Pierre du Mont Saint-Michel, pour l'année 1746. Archives du greffe du Tribunal civil d'Avranches. Cette pièce démontre que Dubourg est mort dans la cage. . 96-97

UN DRAME SUR LES GRÈVES. — Cette gravure est extraite de *la France maritime*, année 1846. Elle porte pour légende *Grèves du Mont Saint-Michel* (peint par C. Boulanger, gravé par Traversier). Elle accompagne un récit de Fulgence Girard, intitulé *Un drame sur les grèves*. Ce dessin est une œuvre de fantaisie ; Marguerite Le Baffle est représentée avec la coiffe des Granvillaises, dite Bavolette, sous l'accoutrement d'une pêcheuse avec hotte et croc à poisson. Dubosc, embusqué derrière le clayonnage d'une pêcherie et savourant sa vengeance, est habillé comme un élégant de 1814. . 192-193

UNE ÉVASION EN 1840. — Cette gravure est extraite d'un roman historique, à peu près inconnu, *le Mont Saint-Michel*, par A.-C. Blouet, et édité à Paris, en 1851, par l'Union des Auteurs. Elle représente un détenu politique se laissant glisser de sa cellule jusqu'au chemin de ronde. Un autre détenu, qui l'a précédé, lui tend les bras. Un complice civil, d'un rang distingué, à en juger par la redingote et le haut de forme, fait le guet au pied du mur 272-273

LA RÉVOLTE DES DÉTENUS POLITIQUES. — Même source. Ce dessin a été certainement inspiré par la rébellion qui se produisit le 21 mai 1841. La gravure représente les détenus politiques s'emparant de tabourets, de morceaux de bois et de bouteilles ; les soldats du 1er léger interviennent ; le gardien chef, porte-clés Turgot, n'a pas encore dégainé ; mais son sous-ordre a tiré le sabre. Le directeur, ceint de son écharpe, cherche à éviter la collision. Un politique, armé d'un couteau, rampe derrière M. Theurier pour le frapper. Ce dessin, comme le récit, dramatise beaucoup cette rébellion et la transforme en émeute 278-279

PRISONNIERS DE DROIT COMMUN SUR LES REMPARTS. — Ils étaient astreints aux gros travaux, non seulement à l'intérieur du château, mais encore sur les murs et aux tours. Le dessin de Stanfield montre un groupe de forçats sous la surveillance des militaires ; les détenus sont étroitement enchaînés. L'atelier ambulant travaille entre la tour du Nord et l'ancien logis de la « Truie qui file », vieille auberge au bout du chemin des Loges. Cette gravure vient d'une collection anglaise éditée à Londres en 1834 292-293

TABLE DES MATIÈRES

Pages.

Avant-propos 1

CHAPITRE PREMIER

LOUIS XI AU MONT SAINT-MICHEL. LES CAGES DE FER

Le départ d'Amboise. — L'escorte royale sur les chemins montois : l'itinéraire du *viage*. — Le registre des comptes de l'Hôtel. — Un déjeuner dans une auberge normande. — Louis XI à Avranches. — Les chiens du roi ; la meute, les moutons et les oies ; égorgements et indemnités. — Le protocole de la visite d'un souverain ; le roi en pèlerin. — Pourboires et aumônes. — Souterrains et couloirs. — Libération d'une *femme hostayge*. La prétendue incarcération de Noël Béda. — Un bel anachronisme. — Une légende sur le cardinal La Balue. — La caricature d'un *bon diable d'évêque*. — Louis XI à Tombelaine. — A travers la Normandie ; le retour à Amboise. — Les Cages de fer ; leur fabrication, leur coût, leur description. — La Cage de fer du Mont Saint-Michel ; les autres cages du royaume. — Comment fut démolie la cage du Mont, d'après Mme de Genlis. — Les tortures de Simon de Quingey. — Une cage au Japon en 1811 11

CHAPITRE II

LES PRISONNIERS ÉCOSSAIS AU MONT.
L'ÉVASION DE KIRKCALDY ET DE SES COMPAGNONS

Pages.

Le Mont en 1549 ; la transformation de l'armement et de l'architecture militaire. — Le jour des Rois en Basse-Normandie : bombances et beuveries. — La fuite des *Scots*. — Le récit de Charles de Bourgueville. — Recherches sur l'identité des prisonniers. — Le registre des Tabellions de Cherbourg pour 1547 : noms estropiés, noms véritables. — Les meurtriers du cardinal Beaton. — Knox et ses partisans. — De Rouen aux galères de la Loire et aux prisons du Mont Saint-Michel. — Un prieur frivole et un lieutenant débauché ; ribaudes et sergents d'armes, moines et hérétiques. — Pression religieuse. — Projets d'évasion. — Un cas de conscience : Knox et l'effusion du sang. — La ruse des Écossais ; l'auberge où l'on s'amuse. — En pleine ivresse. — Comment fut franchie la Porte du Roi. — La fuite à travers les grèves. — De Saint-Malo au Conquet. — Le navire sauveur. — En route pour l'Écosse, la petite ferme de la Grange en Kinghorn. 31

CHAPITRE III

L'INTERNEMENT D'AVEDICK, PATRIARCHE DES ARMÉNIENS

L'abbaye sous Étienne Texier de Hautefeuille et sous Frédérick Karq de Bébambourg. — Les recherches de dom Julien Doyte, prieur. — Le salon de l'abbé et la salle du gouvernement. — L'installation d'un prisonnier de marque. — La cellule d'Avedick. Les aventures du patriarche des Arméniens. — Démêlés avec le marquis de Ferriol ; l'ambassadeur de France viole le droit des gens ; l'enlèvement de Chio. — Avedick en France : son transfert de Marseille au Mont Saint-Michel. — Les instructions gouvernementales. — Au secret ; la correspondance officielle; Pontchartrain et le Père Louvel. — Un religieux *mouton*. Les secours de la religion ; la confession du patriarche   53

CHAPITRE IV

VICTOR DE LA CASSAGNE, DIT DUBOURG, DANS LA CAGE DU MONT SAINT-MICHEL

Fort comme une légende. — Un prétendu journaliste hollandais, victime de Louis XIV. — Un cadavre vivant; les rats dévorent un goutteux. — Un géographe révolutionnaire : les horreurs de l'ancien régime. — Comment M. Vérusmor écrit l'histoire. — A la lumière des documents authentiques. — Victor de la Cassagne; son domaine en Rouergue, sa famille. — Les intrigues d'un publiciste ; le pamphlétaire à Francfort. — Imprimerie clandestine. — Victor de la Cassagne, dit Henri Dubourg, au Mont Saint-Michel. — L'incarcération et la mise en cage. — Les interrogatoires de M. de la Mazurie. — Notes confidentielles et rapports officiels ; les instructions de M. d'Argenson. — Une information judiciaire. La pièce à conviction : une scène émouvante. — La mort dans la cage ; folie et inanition; l'acte de décès du prisonnier. — Recherches sur les traitements dont il fut l'objet. — Humanité des religieux. — Les réparations à la cage; leur coût. — Une correspondance apocryphe. — Le prix de la pension de Dubourg. Les ennuis des religieux. — L'État, mauvais payeur . . .   76

CHAPITRE V

« MESSIEURS NOS EXILÉS ».
UNE FORTE TÊTE : M. DE RICHEBOURG

Ce que nous apprennent les registres paroissiaux de l'église Saint-Pierre du Mont. — Quelques nobles *exilés*.

Pages.

Un témoin d'importance : M. Eprit Desforges. — Pourquoi fut-il interné au Mont? — A-t-il *tâté de la cage ?* — Un étranger mystérieux : M. Stapleton. — Le Grand et le Petit exil; la Trappe. — Les règlements du service intérieur : repas et menus, chambres et ameublements ; sorties et promenades. — Correspondances et lectures des *exilés ;* leurs plaintes et leurs récriminations ; les exigences de MM. Millet, Ponsel, de la Barossière et de Soulanges. — Le ciel de lit du Frère Mathias. — Les détenus en août 1770. — Une forte tête : M. de Richebourg. — Il sème le vent ; le prieur récolte la tempête. — M. de Richebourg, de son vrai nom Nidelet, discute un règlement et le fait modifier. — Les détenus en 1776. — Toujours des plaintes. — L'incident de M. de Chabot. — Le feu au Château : 16 avril 1776. — Encore une légende: le Saut-Gautier 100

CHAPITRE VI

L'AFFAIRE DU CHEVALIER D'ÉLIVEMONT

Une enquête administrative dans les prisons du Mont, en 1781. — Un vert-galant de Bretagne : M. Armez de Poulpry. — Les protestations de MM. de Panloup, d'Esparbez et du Père Thierry. — Meslé, délégué de l'intendant, interroge M. Anne-Scipion d'Élivemont. — Plaintes et promesses. — M. de Vergennes ouvre une information. — Les investigations de M. Couraye du Parc. — Une enquête bien menée. — Les inquiétudes de dom Maurice : le prieur n'est pas sans péché. — Seul à seul ; graves révélations. — La scène du 9 janvier. M. d'Élivemont refuse d'obéir ; la menace de la cage ; à coups de tisonnier. — L'intervention du serrurier Turgot et du porte-clefs Hamel. — Les brutalités de M. Toufair, agent des religieux. — Un coup de fusil malheureux. Qui l'a tiré ? — La blessure de M. d'Élivemont ; le chirurgien Natur. — M. le chevalier dans la cage. — Témoignages contradictoires. — La clôture de l'enquête : sanctions proposées ; le déplacement de Toufair, *la lettre forte* au prieur ; les avertissements aux prisonniers 123

CHAPITRE VII

BROUTILLES ET MENU FRÉTIN

Pages.

Une maison de correction pour jeunes nobles ; l'incarcération de M. des Faucheries. — Les tracasseries de M. de la Chastière. — Un personnage mystérieux : le Père François de la Bretonnière. — A-t-il *tâté de la cage ?* — Le chevalier d'O. — M. l'abbé Chauvelin. — Les registres de la paroisse de Cendres : pensionnaires et exilés. — L'hôpital de Pontorson. — Décès et inhumations. — Les registres de Saint-Pierre du Mont ; prisonniers de marque. — L'exilé de mars 1787 : l'affaire Baudart de Sainte-James : un trésorier coupable et malheureux. — M. Sabatier de Castres : une douce captivité. — Un terrible fils de famille : M. Louis de Saint-Pern : une victime d'usuriers, un gosier toujours sec. — Lettres de cachet ; à la veille de la prise de la Bastille ; un prieur bien content. — Une évasion au Mont, à la fin du dix-huitième siècle ; poursuites contre le citoyen Pierre Mézière, gardien chef de la maison du Mont. — Une sentinelle innocentée. 139

CHAPITRE VIII

LE MONT PENDANT LA RÉVOLUTION. L'INVENTAIRE LÉGAL. A LA RECHERCHE DE LA CAGE DE FER. LE CŒUR DE CUIVRE

Les religieux du Mont Saint-Michel et les événements de 1789. Ce que renfermait la Bastille normande. — Le loyalisme des Pères de la congrégation de Saint-Maur. — Les lois de février 1790. — La déclaration des biens meubles et immeubles. — Un inventaire au Mont, le 12 octobre 1791. — Les citoyens Auvray, Maillard et Guillou. — Où est la cage ? — La décision d'une société patriotique en 1790. Bel exemple à suivre ; cruelle déception. — Le pillage du Chartrier. — L'inventaire des matières d'or, d'argent et de cuivre. La pesée et le triage. — L'émotion du citoyen Maurice Auvray ; un faux accès de fièvre paludéenne ; honte et remords devant un ex-voto ; le petit cœur de cuivre ; deux initiales : M. A.; une mèche de cheveux blonds ; un saut dans le vide ; une trouvaille en 1811 sur les grèves du Mont Saint-Michel. 164

CHAPITRE IX

LE MONT PENDANT LA RÉVOLUTION (suite). L'ÉVÊQUE CONSTITUTIONNEL LE COZ. LES VENDÉENS AU MONT. LES PRÊTRES INSERMENTÉS. SOUS LES CENT JOURS.

Une réception en 1793 au palais de Justice de Rennes. — Le Carpentier et l'évêque Le Coz. — Une réplique en vers de Voltaire. — Incarcération du prélat. — Son transfert au Mont Saint-Michel. — Une longue étape ; un convoi de 180 prêtres. — Odieux traitements : une belle noyade manquée. — Les plaintes de Le Coz : les prêtres manquent de pain. — L'agent Frain. — A propos d'un exemplaire d'Homère. — Le bréviaire de l'abbé Bréard. — Les Vendéens au Mont Saint-Michel ; molestation des hôteliers ; les républicains se terrent à Tombelaine. — Le récit du Livre Blanc. — Une invention de Le Coz ; sa vantardise et ses mensonges ; ses dénonciations ; il correspond avec la citoyenne Hérodière. — Un brave prêtre : l'abbé Faligant; un prêtre savant : le docteur Cousin. — Une femme vaillante : la mère Roullé, de Carolles. — Les prêtres dans le Cachot du Diable. — Une victime des Cent Jours ; le père Le Baffle ; un drame sur les grèves 175

CHAPITRE X

LE CARPENTIER ET MATHURIN BRUNEAU

Le décret du 6 juin 1811. Les prisonniers durant les Cent Jours. — Les cours prévôtales. Le Mont au point de vue pénitentiaire ; les directeurs des prisons de 1817

Pages.

à 1864. — Le décret du 2 août 1817. — Nouvelles mutilations dans l'abbaye-forteresse ; le récit de Walsh. — L'état du Mont de 1820 à 1824, d'après le docteur Ledain, détenu politique. — Le régime des prisonniers; vêtements, literie et alimentation ; malades et blessés. — Le mouvement de la population pénitentiaire en 1820, 1821, 1822 et 1823. — L'épidémie typhique de 1820. — L'eau au Mont Saint-Michel. Sources et citernes. — Le système Pasteur employé au moyen âge ; la grande citerne à filtre ; l'eau des toits ; l'intoxication saturnine; manifestations pathologiques ; troubles intestinaux, nerveux et visuels. — Le travail des condamnés ; la répartition des salaires ; le denier de poche ou *comptant à la main*. — L'incarcération de Mathurin Bruneau. — De Saint-Malo à Rouen ; de Rouen à Gaillon ; de Gaillon au Mont Saint-Michel. — La prétendue tentative d'évasion du faux Louis XVII. — Le dauphin fait des sabots. — Sa mort, son autopsie, son acte de décès. — Le Carpentier au Mont. Sa détention dans la tour Perrine. — La visite de l'abbé Manet ; les notes sur Le Carpentier données par le directeur de la Maison centrale. — Changement d'attitude de l'ex-conventionnel. — Racontars divers. — Les aumôniers de la prison. — Mort de Le Carpentier ; son acte de décès ; le mystère de sa tête ; un bocal introuvable 195

CHAPITRE XI

L'INCENDIE DE 1834 ET L'ÉVASION DE COLOMBAT

Les incendies du Mont-Saint-Michel. Le feu, dans la nuit du 22 au 23 octobre 1834. — L'alarme et l'épouvante. — Une population de 600 détenus: prisonniers de droit commun et prisonniers politiques. — Les citernes sont vides. — Une chaîne à la mer. — Le sang-froid du directeur et de l'aumônier. — L'attitude du prisonnier Prospert. — Le détenu Colombat. — Le clou libérateur ; l'ingratitude du gouvernement. — Colombat engage Jeanne, Blondeau et Lepage à s'évader. — Un travail de taupe : le trou dans le mur. — Une épouvantable oubliette. — Hors des murs. — Loin du Mont. — L'auberge du condamné. A beau mentir qui... vient de prison. — Marc Caussidière. — Le procès des accusés d'avril. — La Société des Saisons. — Le 12 mai 1839 . 221

CHAPITRE XII

L'INCARCÉRATION DE BARBÈS (17 juillet 1839).
LES PREMIERS MOIS DE DÉTENTION

Pages.

Un sous-préfet bien agité ; la prison d'Avranches. — Quatre passagers d'importance. L'écrou provisoire de Barbès, de Martin Bernard, de Delsade et d'Austen. — D'Avranches au Mont. — Barbès et ses compagnons sont conduits dans leurs chambres. — La disposition du Petit Exil. — Où furent logés les condamnés ? Description de la Tour Perrine ; le prétendu cachot de Barbès ; la classe de l'abbé Le Vatois. — L'âge mythique, d'après Martin Bernard. — Portrait de M. Theurier, directeur de la Maison centrale. — La charge de M. Gustave Geffroy, d'après l'esquisse de M. Fulgence Girard. — Une administration bienveillante. — Comment étaient traités les politiques. — Barbès et son banquier de Granville. — Notes sur Barbès, d'après ses notices individuelles, rédigées par le directeur du Mont, le sous-préfet d'Avranches et le préfet de la Manche. — Un détenu emporté. Les récriminations de Martin Bernard. — Arrivée de Blanqui ; l'agitation commence. — L'abbé Lecourt et M. F. Girard. — Un prétendu monstre en soutane. — La colère de Martin Noël. Une scène douloureuse. — Dans les cachots. — Le ferrement des condamnés en état de rébellion. 234

CHAPITRE XIII

UNE FEMME SUSPECTE AUX GEÔLIERS : *la Guilmain*. LA TENTATIVE D'ÉVASION DE BARBÈS ET DE BLANQUI. BARBÈS EST TRANSFÉRÉ A NÎMES (26 juillet 1843).

Les agissements de Mme Guilmain ; une femme suspecte aux gardiens. Hendricks trahit ses compagnons. — Le *mouton* du directeur. — Les tribulations de « la Guilmain ». — Parlottes entre détenus politiques :

la cellule de Delsade. — Hendricks est *brûlé*. — Les inquiétudes du directeur Theurier; le fil d'archal révélateur. — Visite du sous-préfet d'Avranches. Mesures de sécurité. — Découverte de limes, de scies et de cordes. Transfert des prisonniers politiques au-dessus du cloître. Les Loges. — Scènes de tapage, d'injures et de violences. — L'agitation des politiques; l'indignation de la presse libérale. — La vérité sur les Loges ; leur description. — Alimentation des détenus ; cantine, supplément; ce que payait l'État aux entrepreneurs. — Barbès fait une scène terrible ; le récit du capitaine Régnier. — L'intervention de Flotte. — Les bonnes notes de Barbès. — Il est suspect au sous-préfet. — L'extraction des Loges. — Les nouvelles cellules, les Doubles Grilles. — Encore l'aumônier ; trop de visites. — M. et Mme Carles. — Un nouveau directeur. La nuit du 10 au 11 février 1843. — La tentative d'évasion : la chute de Barbès, d'après les rapports officiels. — La démission de M. Bonnet. — Son successeur, M. Leblanc ; il parle peu, mais agit beaucoup. — Barbès aux Loges; sa maladie; une consultation du docteur Voisin   260

CHAPITRE XIV

L'INTERNEMENT AU MONT DE BLANQUI.
(6 février 1840-15 février 1844.)

Blanqui, Herbulet, Godart, Quignot, Dubourdieu et Hendricks à la maison d'arrêt d'Avranches. — Ils sont transférés au Mont Saint-Michel. — Blanqui apprend la tentative de suicide d'Austen. — Une crise d'aliénation mentale. — Le *Polonais* à Pontorson. — Blanqui attrape un rhume ; la mauvaise humeur de *l'enfermé ;* toujours grincheux et phraseur. — Le jardin du directeur et le soleil de la Liberté. Fleurs et fruits. — La prose d'un marin retraité. — Rapports entre Blanqui et Barbès. — Les projets d'évasion de Blanqui ; le plan de Fulgence Girard. — Les visites de Mme Blanqui mère. — Les habitants du Mont et « ce vieux coquin de Blanqui ». — Un mot de l'aumônier. — La santé de Blanqui : abcès et laryngite. — Nouvelles visites de Mme Blanqui. — L'intransigeance du prisonnier : encore des phrases. — Une consultation du docteur Voisin. — Blanqui est transféré du Mont à Tours. — Soulagement des habitants du Mont Saint-Michel. — Bon voyage!   303

CHAPITRE XV

LA LITTÉRATURE PÉNITENTIAIRE
LES DISTRACTIONS DES PRISONNIERS

La Calendre en cage, de Guilllaume de Saint-Pair. — Tous poètes. — Le nouveau chansonnier des républicains. — L'incendie du Mont en vers français. — Les œuvres de MM. Travers et Caillaux. — Une chanson de Barbès. — Élie et la belle rousse. — Les nuits de Mathieu d'Épinal. — Explication physiologique des maladies des prisonniers : chaud et froid. — Les œuvres de Martin Bernard. — Les *politiques* pouvaient-ils lire et écrire librement? — Le cabinet de lecture de la mère Fénard ; les rats de bibliothèques. — Ce qu'on lisait au Mont de 1839 à 1844. — Les soucis du père Bourdiguel, relieur à Avranches. — L'avocat-conseil des politiques : M. Fulgence Girard. — De la Broïse, en Bacilly, au Mont Saint-Michel. — Consolations aux prisonniers : *le Chant du Départ* et *la Marseillaise* sur les grèves et dans la nuit. — L'exaltation du républicanisme. — Les petits cadeaux aux politiques. — Les écureuils et les moineaux ; les distractions de la geôle   320

CHAPITRE XVI

LA FIN DES PRISONS

Les débats parlementaires de 1844. — Intervention du député Joly. — Un inspecteur général au Mont. — La fin du régime cellulaire. — Plus libres... relativement. —

Transfèrements divers. — Le Mont est vide de *politiques*. *Les Rouges* et M. le directeur Régley : une curieuse médaille. — Un vœu au conseil général de la Manche en 1856. — Hygiène, esthétique et intérêt électoral. — L'abbaye en 1860. Déprédations et mutilations. — Ateliers, cachots et latrines. Le vœu unanime du conseil général de la Manche en 1860. — Le gouvernement y fait droit. — Décret du 20 octobre 1863. — Évacuation des détenus. — Fermeture des prisons 336

TOURS

IMPRIMERIE E. ARRAULT ET Cie.

3466

www.ingramcontent.com/pod-product-compliance
Lightning Source LLC
Chambersburg PA
CBHW060056190426
43202CB00030B/1837